神秘中国的千古之谜

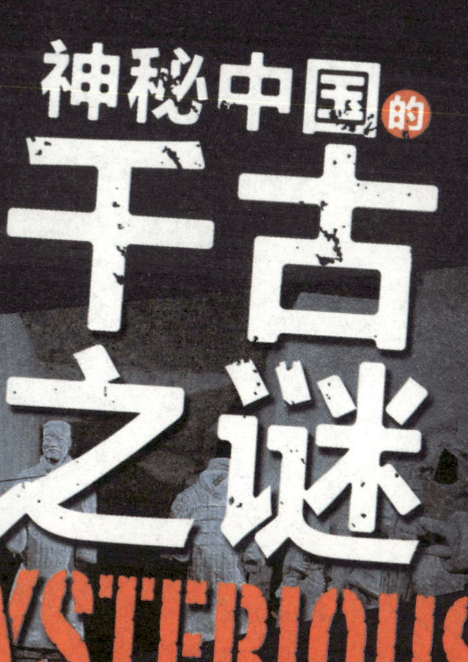

MYSTERIOUS CHINA ETERNAL MYSTERIES

总策划／邢　涛　　主　编／龚　勋

前言 FOREWORD

一个个神秘诡异的未解之谜……

思维是地球上最美丽的花朵，探索精神是其中最灿烂的一枝。探索未知领域，解开心中的疑团，不仅能给人以力量，更能给人以知识、乐趣和智慧。千百年来，人类用孜孜不倦的求索精神，在对未知领域的探究中，建构起了多彩多姿的迷人世界。

中国，具有五千年的悠久历史，在这片广袤的土地上蕴涵着太多的神秘和奥妙，它们时时激发人们的好奇心去探索，并成为永不枯竭的话题。在本书中，我们追寻着探索者的脚步，汇集了自然奇观、生物奥秘、历史秘闻、文化谜案、民俗现象等方方面面的未解之谜，引领读者去发现一个个不曾知道的神秘世界。这里面有骇人听闻的自然灾难，有永远无法破译的生物秘密，有扑朔迷离的历史谜案，有神秘失踪的古老民族，有残垣断壁下隐藏的辉煌历史，有神秘怪异的民风民俗……这些未解之谜就像一个个蒙着神秘面纱的幽灵，飘荡在历史的上空，像梦一样时时与人为伴，却又令人百思不得其解，吸引着千千万万的探索者迈开永不停歇的脚步……

本书为当代青少年量身定做、专业打造，集知识性、科学性、趣味性于一体，讲解深入浅出，语句流畅自然，剖析精辟生动，图片精美传神，将所有的故事娓娓道来，让读者如同在时间隧道中漫步，探索一个个神秘诡异的谜案。阅读本书，不仅能够满足青少年的好奇心，提升青少年的求知欲，让青少年体会到探索的快乐、收获的喜悦，还能激发青少年对人类未解之谜的关注之心，对未来科学问题的探索之志。

神奇瑰丽的大千世界，蕴藏着包罗万物的无穷奥秘，激荡着我们渴求探索的心灵，让我们赶快翻开这本书，来共同探索那个神秘的未知世界，感受探索中蕴涵的无穷魅力吧！

目录 CONTENTS

CHAPTER 1 神秘的自然奇观

CHAPTER 2 玄妙的生物奥秘

CHAPTER 3 迷失的历史秘闻

CHAPTER 4 离奇的文化谜案

CHAPTER 5 奇异的民俗现象

MYSTERIOUS

1 CHAPTER 神秘的自然奇观

在九百六十万平方千米的中华大地上，自然界亿万年的沧海桑田造就了无数令人震撼的自然奇观，它们在大自然浩瀚无际的舞台上演绎着地球不老的传奇，留给我们无限的遐想。海中怎么会发出奇怪的声音？“魔鬼谷”中上演了怎样的恐怖事件？巨大的天坑中隐藏着什么秘密？……翻开这一章，一系列神秘的自然奇观将一一展现在你的面前，带你走进一个奇幻的自然世界，去领略中国境内神秘的自然之美！

日月同辉天下奇

2005年11月2日凌晨，四位专程从上海赶到浙江省南北湖景区的游客，徒步爬上了海拔1800多米的鹰窠顶。6时11分，一轮红彤彤的太阳开始从海平面上缓缓升起，渐渐跃出了海平面，与此同时，月亮像一个淡黑色球状阴影从云层中升起，与太阳相会在一起，同步并升。

“在相会过程中，月亮非常活跃，时左时右，时上时下，时而与太阳合为一璧，就像青年男女在约会一样！”终于观赏到这一“日月相会”奇观的盛承叶激动地说道，“为这一刻，我整整等了十年！真是太神奇了！”

所谓“日月相会”，正式名称是“日月并升”，出自清代著名思想家黄宗羲之口。这一天象奇观，一般出现在每年农历十月初一的清晨。其实，每个月的农历初一，日月都是并升的，只是由于月亮和太阳位于同一方向，太阳的光芒会远远超过月亮，因此人们只能看到太阳，看不到月亮。然而在鹰窠顶上，人们却能看到上述那一幕“日月并升”奇观。最令人奇怪的是，这种异常的天象奇观只有在鹰窠顶上才能见到，而在周围的其他小山上都无法看到。

“日月并升”的天文奇观神秘而又稀少露脸，它正在吸引着越来越多的科学工作者、天文爱好者前来探究：太阳和月亮为什么会像情人一样相拥约会呢？

有人说，这是日食的一种。但是，在科技发达的今天，人们可以精确地计算出日食发生的时间，日食并不一定非要出现在农历十月初一，并且每个地方都有可能观赏到。还有一个特别值得注意的事情是：1984年，浙江省海盐县曾经组织专人去观察这个奇怪的天象，当时所有在场的人都看到了“日月并升”奇观的发生，但事后发现，当时拍摄的录像和照片上只有太阳正常升起的画面，并没有记录下“日月并升”的画面。

一日一月，在深色天幕的映衬下，构成了“日月同辉”的天象奇观。

对此，有些气象学家认为：“日月并升”是一种“地面闪烁”现象，是由于当时近地面大气密度的急剧变化引起的。由于南北湖的自然条件比较特殊，冷暖气流对流频繁，使空气的密度不停地变化。太阳光在不同密度的空气中传播，会产生各种异常的折射现象。这时候看上去，太阳仿佛一直在蹦跳，一会儿上，一会儿下。

不过，随着科研的深入和学术理论的发展，专家又给出了一种新的解释："日月并升"现象主要是受到大气"绿闪光"的影响。由于大气层密度有疏有密，太阳光线在传播过程中，直射光经折射而分成了绿紫光。这就是在"日月并升"过程中太阳周围会出现偏绿色光环的原因。

而一些医学专家则认为，"日月并升"只是人的视差错觉而已。清晨观看日出时，人眼由于红感物质过于强烈而产生疲劳，便感受不到红色物质，只能看到绿色和蓝色的物质。这就是目击者所见到青蓝色月影的原因。

当然，不管结论如何，"日月并升"依旧年复一年地吸引着如潮的游人，人们仍然对它的成因充满好奇。不过，假如有谁想成为"日月并升"的揭秘之人，一定要在农历十月初一的凌晨，在鹰窠顶上寻找一个最佳的观测点。

"冰"临天下

1987年5月14日，家住河南省周口市北郊乡许营村的朱凤荣正在自家堂屋门前的水泥地上闲坐。忽然，她听到一阵呜呜声由远及近而来，抬头一看，只见一道黑光从天而降，落下来一个蓝盈盈的圆东西。那个圆东西打了一个滚儿，就停在1米多宽的粪坑东侧不动了。

起初，朱凤荣有一些恐惧，不敢靠近。这时，与朱凤荣同时听到响声的邻居于桂英走过去摸了一下那个圆东西，顿时觉得透骨凉，原来是一块大冰块，用手掂掂估计约有1千克重。

天降奇冰！这件事惊动了一百多位村民前来观看。大家发现，这块奇冰呈现一种奇怪的青蓝色，还有浓浓的香皂味儿，一面较平展光滑，另一面却有许多麻点，中间还有一个带麻点的小圆坑。有好奇的村民费了很大的力气才把冰块砸碎，还有人拿着冰块在胳膊上蹭了蹭。据这些村民说，身上的香味三天后依然存在。还有一些村民将冰块装在瓶子里，冰块化成了蓝色的冰水。

这块奇怪的冰块是从哪里飞来的呢？有人说这可能是从飞机上掉下来的，也有人说可能是冰雹。但事实上，这天既没有飞机从上空经过，也没有明显的天气变化。因此，这块奇冰的来历至今还是一个谜。

无独有偶，事隔十年，又有一块奇冰降落到了人间。这次事情发生在浙江省宁波市余姚新桥村郑渭荣的家。他家的房顶竟然被一块从天而降的冰砸出了个大窟窿。

郑家的屋顶高3米多，冰块能将它砸出大洞，应该是从很高的地方落下来的，可是郑家地处郊区，房屋周围没有高层的建筑。

难道是冰雹？如果真的是冰雹的话，这块冰雹的直径起码要有60厘米到70厘米。可是，宁波市气象首席预报员表示，根据当天当地的气象条件，下冰雹是不可能的。

太空中飘荡着无数的陨石和陨冰。

有人猜测，这是飞机上掉落的冰块。因为新桥村处于民航航线的边缘地带，冰块很有可能是飞机经过上空时的坠落物。但是，根据飞行规定，飞机在飞行过程中是全封闭的，只有着陆后才会处理废弃物，在飞行途中是不可能向外面抛撒物体的。

也有人说，这是极其珍贵的陨冰。与陨石的成因类似，陨冰是在太空中游荡的冰块，在地球引力的作用下才会改变轨道，进而飞向地球。陨冰对研究地球大气及水圈的形成演变、太阳系的天体成因以及生命的起源有着重要的意义。在落地的过程中，大气层的高温会燃烧掉大部分的陨冰，只有极少数能够降落到地面上，而即使能够落到地面上，也基本上会化作一摊水。所以，迄今为止，全世界发现的陨冰也只有几十例。

那么，这块神秘的冰块是不是陨冰呢？目前还没有明确的官方检测结果，对此，我们不得而知。

海鸣异象

神秘莫测的大海，经常会发出各种各样的声音，诸如惊涛拍岸的轰响，地震和火山引起的呼啸，以及鱼类和其他海洋生物发出的声音。我们把这些海中的声音统称为“海鸣”。有些海鸣的声源是众所周知、显而易见的，可是，有些地方发生的海鸣，其声源却一直难以弄清。

每当风云突变，天气异常，或风暴即将来临时，广东省湛江硇洲岛东南的海面上就会发出一阵阵有节奏的“呜、呜、呜”的声响。这声音犹如闪雷，一高一低。多年来，当地人对这种声响甚感惊奇，但谁也弄不清它来自何处。

从几位花甲老人口中，我们得知了这样一个说法：这种海鸣是由沉放在海中的水鼓发出的。在很久以前，建造硇洲灯塔时，法国人在附近海域中放置了水鼓。硇洲灯塔建于海拔81.6米的马鞍山上，是与伦敦灯塔、好望角灯塔齐名的世界著名三大灯塔之一，是目前世界上仅有的两座水晶磨镜灯塔之一。据老人回忆，建成后的灯塔给过往的船舶指引航向，水鼓则会做出海上气象预报。也许，水鼓是一种海底情况的探测报警器，以声音为媒介，随时向人们发出风浪变化的信息。可是，谁也没见过水鼓的真实模样，更不知道它究竟被安放在哪里。当地有关部门曾专门派出船只到硇洲岛东南一带的海域中巡视搜索，结果却一无所获。

1969年，人们曾在这一带海域中发现过一群海兽在游动，有人说是海猪（一说是海牛）。于是有人提出，奇怪的海鸣是海猪（或海牛）的嚎叫，可能是海猪（或海牛）预感到天气或海况即将变坏而烦躁不安所发出的叫声，也可能是海猪（或海牛）游动过程中相互联络的信号。

1976年以后，硇洲岛东南海面上的海鸣之声逐渐减弱。持“水鼓说”的人认为，这是水鼓年久失修，功能减退的结果。持“海猪（或海牛）嚎叫说”的人认为，海鸣减弱是因为近年来人们在这一带海域的活动明显增加，影响了海猪（或海牛）的正常活动，迫使它们迁移到别处去了。

作为中国第一大火山岛，风景秀丽的硇洲岛吸引着成千上万的中外游客，越来越多的人来到这里寻觅那神奇的海鸣之声。也许，在若干年之后，会有人揭开这一神秘现象的真正谜底。

海中的“世外桃源”

我国南海的中北部有数不清的岛屿，像朵朵莲花般漂浮在美丽纯净的热带海域中，这里就是令人神往而又神秘的西沙群岛，被誉为海中的“世外桃源”。今天，来这里旅游度假的人越来越多，但是，隐藏在这座海中“世外桃源”里的秘密，又有多少能被人真正知晓呢？

西沙群岛拥有为数众多的由珊瑚礁形成的岛屿。关于珊瑚岛的形成，目前比较权威的说法是，珊瑚岛是由一种名叫珊瑚虫的海洋生物“盖”起来的。生活在热带、亚热带的珊瑚虫有着独特的生存方式，它们的躯体柔软脆弱，为了保护自己，珊瑚虫会分泌一种钙质为自己建造一个栖身之所。珊瑚虫死亡后，它们的后代便会在祖先的“房子”上继续修筑自己的“房子”，日积月累，从海底直至海面，珊瑚岛便形成了。珊瑚岛是整个珊瑚礁的凸出部分，下边一片没有露出水面的珊瑚林就是珊瑚礁盘，它仿佛一个巨大的托盘托着珊瑚岛。

那么，为什么如此大面积的珊瑚岛只出现在西沙群岛，而在附近其他海域都不存在呢？

科学家们经研究后发现，珊瑚虫的最佳生存环境是深度在60米以内的海域，而西沙群岛的海域水深常常达几百米甚至上千米。在这么深的海水中，珊瑚虫是无法获得充足的光照、温度、氧气等条件的，也就不能进行繁殖和生存。于是，大多数科学家认为，是冰川造就了这些岛屿。在几亿年前，地球上有着大面积的冰川，后来，这些冰川逐渐消退，使全球的海平面发生了变化，而海平面的这种缓慢的上升过程正好为珊瑚虫的生长提供了条件，因此西沙群岛存在深海珊瑚岛也就不足为奇了。

不过，西沙群岛的秘密并不只限于珊瑚岛，在西沙群岛上还有一个方圆只有几百米，被人称为“石岛”的小岛。

地质学家来此考察时，惊奇地发现石岛的年龄比周围其他岛屿要长很多。石岛由坚硬的层状生物砂岩组成。一般的层状生物砂岩是底部比上部年代更久一些，石岛却截然相反，其底部砂岩最年轻，越往上年代越久。这种独特的结构又是怎样形成的呢？

有学者认为，在很久之前，石岛是一个由生物砂岩组成的大岛屿，在风化作用下，岛顶部比较新的生物砂岩被不断地剥蚀下来堆积到底部，而较老的底部生物砂岩便留在了顶部。就这样，石岛便出现了年龄倒置的现象。如果真是如此，石岛理应比现在更大更高，所以这一种观点目前仍然无法得到证实。

另有学者认为，上述现象是雨水冲蚀作用造成的。组成石岛的生物砂岩是生物的骨骼碎粒，主要的化学成分是碳酸钙。当石岛上层的生物砂岩遭到雨水冲蚀，一部分碳酸钙被溶解，并随着雨水渗到石岛底部沉淀下来，这就使下部岩石的年龄变轻了，而相对于上部生物砂岩来说，便形成了年龄倒置现象。

美丽的西沙群岛是一片充满神秘感的海中“世外桃源”，诸如此类的神奇之处还有很多，它静静地等待着好奇的人们前去探寻，去揭开它那一层又一层的神秘面纱。

玛瑙湖传奇

1984年，在厦门市的一个小玉雕公司内，一位老人正准备加工一些来自内蒙古的石料。他随手摸到了一块圆石，居然是一块玛瑙，圆圆的特别像一个鸡蛋。他拿起激光笔往石头上一照，里面竟然真的“睡”了一只“雏鸡”。老人小心翼翼地剖开半个“蛋壳”，“雏鸡”露了出来，洁白的羽毛，黄黄的鼻子，红红的小嘴，黑眼睛正好奇地张望着外面，就像人工雕出来的一样。

这就是被命名为“玛瑙雏鸡”的稀世珍宝。当年，全球的宝石界为之轰动。通常的动物化石是硅化物，而这只活灵活现的“小鸡”却俏皮地身处亿万年风雨的杰作——玛瑙之中。这种罕见的宝石奇观令人惊叹不止又困惑不已。

一些美丽的宝石就是被灼热的火山岩浆造就的。

这枚珍贵的“玛瑙雏鸡”就来自我国西北茫茫戈壁之中的一个神秘之境——玛瑙湖。它位于内蒙古自治区巴彦淖尔盟乌拉特后旗境内，是一片宽阔的玄武岩平凹地，据说是远古时代的一个火山口，周围有起伏不断的布满火山石和奇形怪状风化石的山脉，也有平坦的荒漠草原和砂石遍野的戈壁。

曾经，在这几十平方千米甚至更大的面积内，铺满了晶莹鲜红、透亮可爱的玛瑙石子，一颗颗圆润可爱的玛瑙如鸡蛋般大小，色彩斑斓，有白色、淡黄色、橘黄色、灰色和红色，受大漠独有的蓝天、阳光的映衬照耀，光芒四射。据说人们从飞机上往下看时，这里竟是水光潋滟，烟绕云蒙，都以为是湖泊无疑，加之此地蕴藏着玛瑙石，因而得名“玛瑙湖”。

相传，在很久很久以前，这片戈壁滩是一个清澈透底的大湖。湖中碧波荡漾，天水一色。天上的仙女被这美丽的湖吸引了，纷纷飘入湖中洗浴。她们在水中嬉戏，竟忘了返回天庭。忽闻天鼓震响，仙女们匆匆离去，慌忙中丢下了许多珠宝，就变成了现在的玛瑙。

美丽的神话故事为玛瑙湖增添了神秘色彩，但故事不能代替科学。相关学者认为，这里的奇石如此这般的多姿多彩，要归功于火山的喷发。

经过科学分析，玛瑙湖的玄武岩是一亿多年前火山喷发的产物。由于火山气体迅速飘散，岩石中留下了许多气孔和空洞。饱含二氧化硅的火山热液填满了这些气孔和空洞，经过长期地质演化，形成了玛瑙。后来，强烈的风化剥蚀作用，使玛瑙从玄武石中解脱出来，散落在荒漠上，随后被狂风暴雨带入湖中。由于连年干旱，湖水干涸，便露出铺满玛瑙的湖底，于是便有了这奇特罕见的自然景观——玛瑙湖。

想当年，玛瑙湖那丰富的奇石资源以及罕见的自然奇观令所有人为之惊叹不止而又困惑不已。现如今，玛瑙湖正在无声地哭泣，它失去了往日那种绚丽多姿的风采，在人类无度地开采之后，它早已变成千疮百孔的茫茫戈壁。

对于今天的我们而言，再来探究玛瑙湖的成因已经是没有意义的课题，曾经隐藏在它身上的秘密也随着玛瑙湖的“死亡”而消逝了，唯一能够肯定的是：地质演变的科学证明，地球上再造就一个玛瑙湖必是数亿年以后的事了！

“听命湖”的秘密

一天，一个采药人进入云南省高黎贡山寻找草药，山路布满荆棘，他又累又渴，于是走到一个湖边休息。当时正值盛夏，山中一点儿风都没有，他一时兴起对着湖喊道：“太热了，要是能下点雨就好了！”没想到，山中竟然刮起了风，而且越刮越大，随后湖面的上方突然乌云密布、雷电交加，不一会儿就下起了倾盆大雨。

这个人真是奇怪极了：“难道天神听到了我的祈求，让湖听从了我的命令？”回到家后，他把这件怪事告诉了其他人。人们半信半疑，纷纷来到湖边大喊，最后都能下起雨来。于是，人们把这个能够听从人的命令的湖称为“听命湖”，有关“听命湖”的传闻越传越广。

后来，当地旅游部门的工作人员连同电视台的记者组成了一支探险队，决定进山去一探究竟。

这一天，天气晴朗，丝毫没有要下雨的征兆。探险队员站在湖边，用力地大声呼喊，山谷里不时传来呼喊的回声。但是，探险队员嗓子都要喊哑了，也没有下一滴雨。难道这“听命湖”的故事是假的吗？就在探险队员万分惆怅的时候，奇迹发生了。湖对面的山冈缺口处飘来了一团云雾，这团云雾慢慢涌来，笼罩在湖面上，山风也大了起来。大约过了十分钟，天空中果然飘起了蒙蒙细雨。探险队员被这一景象惊呆了！

按照气象学理论，我们平常见到的雨是这样形成的：首先要有一块充满水汽的云，然后云遇到一股气流，使云不停地运动；云内部的水汽在运动中遇到灰尘之类的凝结核，在高空低温的状态下形成小小的冰晶；这些冰晶不断碰撞、长大，最后云层托不住了，冰晶就掉下来，变成液态的水珠，形成降雨。人工降雨也是利用了这一原理。

在云南高黎贡山地区，空气湿润，山里常年云雾缭绕，这样就满足了下雨所需要的条件之一：充足的水汽。但是，“听命湖”中的气流又是如何上升的呢？水汽又是如何凝结的呢？

通过反复实验，专家终于弄清楚了其中的原因。原来，人们发出的声波在一定程度上搅动了相对稳定的空气，从而使湖面产生上升气流，这种声波的搅动在这里起到了一种使云层加速运动的促发作用，在这一过程中水汽便凝结了。

既然声波可以引起空气对流，那么是不是在我国南方的很多湿润地区，不论海拔高低、不论城市乡村，只要人们喊上几句，都能像“听命湖”一样产生下雨的效果呢？答案是否定的。因为，在人类活动较多的地区，有太多复杂因素影响着天气。在一些多云的天气里，虽然云层很低，但是我们发出的声音也不足以引起下雨，这是因为我们平常所处的环境并没有处在下雨与不下雨的临界状态。

而在“听命湖”，由于地处低纬度高海拔的山区，常年云雾缭绕，雨量丰沛，即使没有人们的喊叫声，也是常年雨水不断，局部气象一直保持在一种不稳定的临界状态。也就是说，由于“听命湖”附近水汽饱和，这种饱和的水汽一旦受到影响，就会发生变化，量变积累到一定程度就达到质变。因而我们在湖边大喊，影响到气流的变化，从而形成降雨。

这就是“听命湖”能够听从人类命令的奥秘所在。如果有兴趣，你可以亲自去体验一下，感受大自然的神奇。而且，在很多人迹罕至、原生态保持得比较好的地方，往往还有着很多不被人类所认知的奇异现象，等待着世人的探寻。

黄河之水何处来

黄河，被誉为中国的“母亲河”，是中国第二长河、世界第五长河，也是世界上含沙量最多的河流。若把中国比作昂首挺立的雄鸡，黄河便是雄鸡心脏的动脉，它见证了中华民族五千年的伟大发展历程。

古语云“黄河之水天上来”，可以想见黄河的雄浑气势，但黄河的源头究竟是哪里，千百年来一直是人们争论的话题。

黄河全长5464千米，流域面积75.24万平方千米，上千条支流与无数溪川相连，犹如无数的毛细血管，源源不断地为中华大地输送着生机与活力。

奔腾不息的黄河水孕育了中华民族，诉说着远古的神奇。

在五千多年的漫长历史进程中，炎黄子孙对黄河的源头进行了千万次的探索，但每次都没有能够解答这个问题。

据史载，黄帝曾问风后氏："我想知道黄河之源头在什么地方？"风后氏答道："黄河源头有五处，它们全都开始于昆仑之墟。"由此可见，远在几千年前，我国古代先民就已经开始了对黄河源头的调查和研究。

生活在古代中原王朝的人们，对黄河这条浩荡大河源出何处更是充满了好奇，但沿河溯源之路艰险异常。中原王朝的使节在通往西域（今新疆地区）的路途上，惊骇于罗布泊的浩瀚无比，惊骇于塔里木河的充沛水量。更让他们感到百思不得其解的是，塔里木河水注入罗布泊，源源不绝，罗布泊却并没有溢出来。于是，古人的想象穿越了千里河西走廊，把罗布泊与黄河联系在了一起。他们认为：塔里木河水注入罗布泊后，一定是通过一条暗藏地下的河流，"潜流千里"，在积石山下复又露出地表，这才有了黄河。

到元朝时期，古人寻黄河之本源，寻到了青海附近的星宿海，因见其"小泉亿万似星，不可胜数"，故名其为星宿海。星宿海，在藏语里读作"错岔"，意为大片沼泽以及许多小湖组成的低洼滩地。现如今，这里密密的短草成堆形块状，散布在水中，枯叶烂根年年积累，形成了表面松软的沼泽地带。然而，星宿海并不是真正的黄河源头。

新中国成立后，国家曾多次派出黄河源头勘查队，历经千辛万苦，寻找黄河的源头。在一次次的探寻中，学术界也一直争论不休，直到20世纪50年代初期才达成了一个基本的共识：黄河源出约古宗列曲。

目前，主要有两种看法：

一种认为黄河有多个源头，分别是扎曲、卡日曲和约古宗列曲。

另一种意见认为，卡日曲应为正源。因为在一年之中，扎曲大部分时间是干涸的。约古宗列曲仅仅只有一个泉眼。而卡日曲最长，流域面积也最大，在旱季也不干涸，因此能够提供丰富的水量。

对于这条"母亲河"，我们不但没有弄清楚它的上流来源，即便是对它的下流河道也无法掌握。黄河的下流河道变化无常，忽而入渤海，忽而入黄海，忽而又入渤海，自古至今变迁较大者至少已有八九次，究竟哪一处是它本来的流路？恐怕没有人能准确指出。就是在大禹治水的时代，曾分黄河下流为九条，究竟哪一条才是主干，我们如今也很难得知。

滔滔黄河水，既哺育了黄河两岸的人们，又见证了中华民族上下五千年的文明历史，其真正的源头成为萦绕在所有炎黄子孙心中久久挥之不去的一个巨大疑问！

天外来石

2003年10月，陨石爱好者王金来和王家超在江苏省太湖附近的一片淤泥里仔细寻找着什么，他们时不时地捡起一块石头，翻来覆去地审视着。忽然，他们注意到淤泥里有一根棍子，捡起来一看，原来是一根石棍，可仔细一瞧，又似乎是铁质的。“这会不会是陨石？”两人不约而同地意识到这一点。随后，他们又陆续发现了一些带孔的、好像炼铁的炉渣，还有一些形状似人或动物的石头。

带着兴奋和不安的心情，两人拿着这些神秘的“天外来石”不断地去请教苏州、上海、北京、广州等地的多位专家学者。但是，由于这些石头十分奇特，各位专家各有各的说法，一时间难以定论。

2008年，王金来和王家超来到了南京大学地球科学系，见到了陨石专家王鹤年教授，王鹤年教授对这些奇怪的石头也深感疑惑。为了弄清真相，王鹤年教授联合南京大学的多名专家，组成了一个专门的研究团队，对这些奇石展开了深入的研究，并组织了多次实地考察。经过两年的不懈努力，王鹤年教授终于证明：这些“奇石”是陨石冲击坑的溅射物。

这一结论一经公布，立刻在学术界和社会上引起了轩然大波。这又是为什么呢？因为，这个结论与学术界一个一直争论不休的疑案有着莫大的关联，那就是太湖的成因。

美丽的太湖位于风景如画的江苏省无锡市，是中国长江中下游五大淡水湖之一。关于它的成因，人们直到今天还在争论。

一些地质工作者大胆假设，太湖是由陨石撞击形成的。图为陨石坑。

在20世纪初期，著名地质学家丁文江教授最早对太湖的形成提出了自己的看法，他根据太湖的形态特征，认为太湖是一个构造下沉的盆地，并为沉积物不断填充，以致成为今天的大型浅水湖泊。这就是“结构沉降说”。

此外还有“堰塞湖说”、“火山说”等多种假说，而其中影响最大的是“潟湖说”，持这一观点的是著名地理学家竺可桢和汪胡桢。他们认为在距今约六百万年前，太湖平原是一个大海湾，但由于长江口南岸和钱塘江北岸两大沙嘴的不断增长，使这一海湾逐渐被封闭，成为潟湖。至此，太湖的成因似乎有了权威性的定论。

但是，事实并非如此。

通过科学测量，学者们发现太湖的湖底十分平坦，湖中没有深槽，也没有大规模浅滩，基本上为坚硬的黄土物质所组成。这与“构造下沉，并为沉积物不断填充”的推论显然不符。同时，在黄土层上，还可以清晰地看到一系列被淹没的河道与洼地，这些河道与现在的太湖出口大体吻合。这些湖底地形和沉积特征表明，太湖的前身并不是海湾和潟湖，而是一个覆盖着黄土的冲积平原。

之后，学者们又陆续发掘出大量的古脊椎动物骨骼和古文化遗址，包括各种石器、动物骨骼化石以及黑陶、夹砂陶、印陶、古稻谷和各种编织工具。这就表明，早在六千年前，古人就已在这里定居，从事农耕生活，太湖及太湖平原上这些湖泊的形成都是在近世人类历史时期。

近年来，太湖西南侧的圆弧地貌特征引起了国内外学者对“陨石冲击坑成因说”的关注及争议。

王金来和王家超发现奇石的地方是在一个名叫石湖的地方，紧邻太湖。据说，这些奇石上保留着陨石冲击溅射的明显特征，其体态特征是一般的地壳运动无法形成的。于是，一些地质学者便做了一个大胆的假设：在数万年前，突然有一天，一个巨大无比的陨石自天外飞来，巨大的冲击力将地面砸出了一个很深、很大的陨石坑。随后，经过上千年漫长的地质变化，陨石坑最终形成了一个湖泊，这就是今天的太湖。

综合以上种种观点，到目前为止，学术界对于太湖的成因还没有形成统一的认识，但这些不同的观点都有助于推动人们进行深入调查和研究。相信随着不断地深入研究，人们一定能解开这个扑朔迷离的太湖成因之谜。

西湖的“水”“火”传说

千百年来，杭州的西湖有着经久不衰的魅力，她的风姿倩影，令人一见钟情。就连唐朝大诗人白居易离开杭州时也念念不忘西湖，“未能抛得杭州去，一半勾留是此湖”。美丽的西湖畔有着许多优美的神话传说和民间故事，其中既有白娘子、许仙感人至深的爱情，也有才女苏小小婉转凄美的传奇。同样，在民间流传的故事中，西湖也有着非比寻常的身世。

惊涛拍岸的海湾，真的是风光秀丽的西湖的“前世”吗？

“西湖明珠自天降，龙飞凤舞到钱塘。”相传，天上的玉龙和金凤把一块白玉雕琢成了一颗璀璨的明珠，王母娘娘发现后欲抢明珠。在争抢中，明珠降落到人间，变成了西湖，玉龙和金凤也随之下凡，变成了玉龙山（即玉皇山）和凤凰山，永远守护着西湖。

这一美丽的神话传说，寄托了人们对西湖的热爱与崇敬。事实上，关于西湖的成因，至今仍然是一个难解的谜题。

1909年，日本地质学者石井八万次郎在东京《地质学杂志》中撰文称，西湖的成因与日本的中禅寺湖相似，西湖的南山是古生代岩层的山坡，溪水北流被西湖北山的火山岩堵塞而成。

1920年，我国著名科学家竺可桢提出了“潟湖说”。距今两千多年前，西湖还是一个浅海湾，处于钱塘江的入海口。随着海水的冲刷，海湾四周的岩石逐渐变成泥沙沉积，使海湾的深度逐渐变浅，同时，钱塘江携带来的大量泥沙逐渐在此沉积。泥沙越积越多，最终将海水截断，内侧的海水就形成了一个湖。这种现象在地质学上称为“潟湖”。

然而，经过近年来的地质勘察，浙江地质调查院的一批地质学家认为，西湖的成因与火山喷发有关。如今的西湖，最初是火山的喷发口，“潟湖”只是在西湖形成过程中的一个小小的环节。

地质调查队员发现，在西湖边的宝石山上，有一条古代遗留下来的火山通道。这个火山通道位于岳庙附近，因此被命名为“岳庙火山通道”。这个通道的附近分布着一些特殊的大块岩石，它们一般只有在火山口附近才会出现，地质学上称其为火山集块角砾岩。经科学检测，整个火山通道向南延向西湖，出露面积约2000平方米。而就在距岳庙数千米的灵隐一带，其山体的岩石与火山集块角砾岩完全不一样，属于沉积岩，距今已有两三亿年的历史，而“岳庙火山通道”的历史则不会超过一亿年。除了火山喷发，没有其他的理由可以造成这样的结果。

“欲把西湖比西子，淡妆浓抹总相宜。”今天的人们很难想象，秀美的西湖曾是惊涛拍岸的海湾，或者曾经是烈焰喷发的火山口，千百年前的“沧海变桑田”毕竟在千百年前，“水”与“火”的假说至今也未完全证实。关于西湖形成的详细原因、形成的确凿年代等，仍然在等待着后人去解开。

谁人遗墨"仙字潭"

1915年，一位白发老者拄着登山杖，穿过茂密的树林，循着潺潺的流水，顺着曲折的小径慢慢攀行。忽然，前方豁然开朗，一汪清潭出现在他的眼前。只见这里两山夹峙，溪流弯曲成潭，北岸峭壁林立，老者激动地在岩壁上仔细搜寻着。终于，他找到了他梦寐以求的东西——"仙字潭"摩崖石刻。

这位老者就是岭南大学的黄仲琴教授，他这次是专为"仙字潭"摩崖石刻而来。在福建省漳州市华安县沙建镇内的太溪中游北岸的岩壁上散布着几组"怪字"，这些"怪字"有别于传统观念上的文字，似画又过于抽象变形，由于年代久远，深奥难懂，人们便将其讹传为神仙所书，故名"仙字潭"。

澄澈的潭水和神秘的"仙字"使"仙字潭"声名鹊起，有着"千古之谜"、"江南一绝"的美誉。

其实，早在一千多年前，"仙字潭"摩崖石刻就已被人发现。据宋代《太平广记》引唐代张读《宣室志》云："泉州之南，有山焉，峻起壁立，下有潭，水深不可测，周十余亩……石壁之上有凿成文字一十九言，字势甚古，郡中士庶，无能知者。"据说，曾经有人拿着这些石刻拓本，去请教唐代大文学家韩愈。韩愈在一番潜心精研后，回复道："似上帝责蛟螭之辞。"也就是说，这可能是上天责怪一种名叫蛟螭的动物的话。可韩愈是如何得出这个结论的呢？无人知晓。

黄仲琴教授在这次实地调查之后，认为摩崖石刻"疑即古代兰雷民族所用，为爨字或苗文的一种"。但可惜的是，黄教授当时仅仅是在潭边远远地观察，只发现了十个图像，所以不能不说他的结论具有一定的局限性。

直到1957年8月，福建省文管会派专人再次深入实地，进行了更加详细地调查，这次科考活动引起了学术界对"仙字潭"摩崖石刻的重视和热烈讨论。

"仙字潭"摩崖石刻共有六处，自东往西长30多米。除一处写有"营头至九龙山南安县界"的汉字外，其他五处共有三十六个符号，最大的长0.74米、宽0.35米，最小的长0.15米、宽0.09米。它们排列无序，深浅不一，多数像一个个人形，有的还拖着尾巴，有的则像一条爬虫摆弄着各种姿势。这些石刻中最大的有半米见方大小，其硕大的"头"上顶着两只小眼睛，模样之奇特不由得让人联想到外星人。

这些符号是字还是画，学术界一直众说纷纭，莫衷一是。

持"文字说"的专家认为，崖刻是文字的雏形，基本具备文字的特征，是类似甲骨文或商周青铜器铭文的一种文字。

持"岩画说"的专家则认为，这是经过作者艺术夸张，浓缩、符号化了的原始图画。例如：图像最多、面积最大的画面，是由众多的人体图形组成的，专家称之为舞娱神图。画面最高处是一个奇特的图像，刻画与众不同，用圆点表示的头下，双臂平伸。专家认为，中间两个圆点表示乳房，下肢分开夹一圆点，表示女性的生殖器，这应该是母系氏族的图腾。其左下方是两个大腹的人形，似乎是酋长；其右下方则是手持飘带或其他法器的人形，没有大腹，大概是男性。其他舞者大多双臂平伸，肘部下垂，双腿分开做蹲踞状，臀下有尾饰，个别舞者做倒立状。这明显是一个氏族部落祭祀娱神的舞蹈场面。如是看来，各组岩画都有其特定内涵，或为祭祀祖先，或为祈神降雨，或为纪念某一酋长或英雄。

究竟是怎样一个神秘民族，为我们留下了这些神秘的石刻符号呢?

此外，这些石刻是哪个民族、在什么年代、用什么工具刻画的，也是众说纷纭，有待研究。

在一种异常的宁静、安谧中，青山、绿水、“仙字”交织成景，侧耳倾听，风声、水声、鸟声奏出美妙的旋律，仿佛是一首让人回味无穷的天籁之音。在这远离凡尘的世界中，一个个古怪的“仙字”愈加散发出神秘的气息，它们到底是在表达什么？只能等待后人来解答了。

神医啤酒泉

啤酒是一种颇受人们欢迎的饮料，尤其是在炎热的夏季，饮用适量的啤酒可以消暑解热。在日常生活中，人们所饮用的啤酒都是经由谷物发酵而成的，那么你听说过无需加工、天然而成的啤酒吗？而且，据说这种啤酒还有驱邪治病的神奇功效呢！

这种神奇的啤酒出自内蒙古锡林郭勒大草原上的阿尔善“圣泉”，当地人将之称为“阿尔善宝力格”。这眼“圣泉”中喷出来的泉水清澈冰凉，是橙黄色的，并伴有大量的气泡，看起来特别像啤酒，泉水虽然闻起来没有任何特殊气味，可喝在口中却甘甜清爽，等到下咽时又稍稍有一点儿苦味，还有一丝难以说清楚的酸味，简直可以与鲜啤酒相媲美。颇为神奇的是，泉水只在涌泉处喝着有啤酒味儿，要是装在瓶子里带到别的地方，啤酒味儿就会消失。

让人更深感神奇的是，“圣泉”不但是一座天然的酿酒厂，而且还能够驱邪治病。关于这一点，当地还有一个美丽的神话传说。

相传，在很久以前，草原上有很多牧民都得了一种怪病。有人说，这是天神在惩罚人类的罪恶。于是，人们便举行了盛大的祈祷仪式，祈求天神的原谅，但病情还是没有好转。于是，牧民们便结伴去草原外面寻找良药。在漫长的路途中，他们忍受着烈日的炙烤和病痛的折磨，很多人倒下了就再也没有起来。就在人们灰心失望的时候，突然，一片碧绿的草原出现了，草原上一眼清澈的泉水在涓涓流淌着。喜出望外的人们争相跑到泉水边上，捧起泉水痛饮了一番。就在这时，奇迹发生了。喝过泉水的人，不但病情好转，而且神清气爽，浑身上下都充满了力量。于是，人们把这眼泉水称为“圣泉”，认为这是上天赐予人间的仙水。“圣泉”之水能够驱邪治病的故事，也从此在草原上流传开来。

直到今天，每当夏季来临，牧民们便骑着马，赶着勒勒车，从四面八方来到“圣泉”边上，搭起蒙古包，并向“圣泉”献上洁白的哈达。他们喝了清凉的泉水，脾胃病迅速好转；他们把泉水浸泡过的黑泥抹在身上，躺在草地上晒太阳，皮肤病、关节炎等病痛也随之有所缓解。这样，有病的治病，没有病的疗养，阿尔善“圣泉”的知名度越来越高，这眼天然酒泉也吸引了许多专家的目光。

锡林郭勒盟蒙医研究所科研小组对阿尔善“圣泉”进行了三年的考察研究后认为，泉水对慢性消化系统疾病、关节炎、皮肤病、高血压、过敏性疾病及神经系统疾病确实有着不同程度的疗效。其中，对慢性消化系统疾病、皮肤病、高血压的疗效最为理想。

同时，还有专家对泉水的化学成分进行了分析，发现其中含有丰富的矿物质和多种微量元素，十分有益于人的身体健康。

如今的阿尔善“圣泉”，环境幽雅，空气新鲜，蓝天碧野，水草丰美，患者不仅能够治愈疾病，而且能够享受清静的疗养，每年仲夏时节，来此治病者源源不断。可是，这座天然酿酒厂的“生产原理”到底是什么呢？专家们至今也没弄清楚。

清澈的山泉中也可能隐藏着不为人知的秘密。

一夜崛起的黄土高原

2002年3月的一天早晨，在宁静的北京城里，突然刮起了一股强劲的西北风，地上的沙土、小石子儿、树叶、纸片、塑料袋等全都被风卷起，一时间天昏地暗，路上的行人、车辆都不得不停了下来。20分钟以后，风力渐弱，人们发现衣服上、脸上早已落满了尘土，而且，即使是在关着窗户的房间里，所有的东西也都蒙上了一层厚厚的尘土。

当时，遭遇这一切的人们都惊恐万分，而时至今日，相信很多人对此都不会感到陌生。这就是每年春季都会在北方出现的恶劣天气现象——沙尘暴。

北京在春天发生沙尘暴的短暂一幕，只不过是中国北方连绵约40万平方千米的黄土高原在二三百万年中每年都要经历的天气过程，所不同的是，后者的风力更强，刮风的时间更长。

这就是黄土高原成因假说中的一种——风成说。学者们推断，黄土高原上的黄土来自中亚、蒙古高原等广大干旱沙漠地区。在久远的地质年代，这些地区的沙石经过骤冷骤热的环境变化，在热胀冷缩的作用下逐渐被风化成粉末。内陆盛行的西北风将数以百万吨计的沙粒和粉尘卷入天空，并携带着它们随风南下。于是，粗大的沙粒残留在原地形成戈壁；较细的沙粒则落在附近地区，聚成成片的沙漠；细小的粉尘则随风飘落到秦岭北麓。经历了数百万年的搬运和堆积，终于形成了广袤的黄土高原。

在科学考察中，有专家发现黄土高原与其底部的基岩成分不一样。黄土高原下部地貌形态多样，起伏也比较大；但上部沉积黄土厚度大体相近，并且呈现从东到西逐渐变薄的趋势，黄土的颗粒越往西越粗，与黄土来源于西部的说法是一致的。这就为“风成说”提供了科学依据。而且，翻开中国的古典史籍，可以发现很多关于“雨土”、“雨黄土”、“雨黄沙”、“雨霾”的记录，其中最早的“雨土”记录可以追溯到公元前1150年。所谓“雨土”，就是我们今天所熟悉的“沙尘暴”。这便又给“风成说”提供了历史依据。

但是，这种学说受到了不少科学家的反对，因为科学家们又发现了许多用“风成说”无法解释的现象。如果上述观点成立，那么黄土高原应该到处是黄土，可黄土高原上超过二三千米的山地上并没有多少黄土分布，反而由另外一种土质覆盖着。在一些黄土底层剖面上，有明显的分层现象。这种分层现象只能是由流水造成的。同时，在黄土层的底部，科学家们发现存在着一道砾石层，这种浑圆的砾石是典型的河流沉积物。于是，这些科学家们认为：黄土应该是由水流从黄河的上游冲刷下来而形成的。

对此，我国学者李明光便提出了新的理论——“水成说”。他用大量的证据证实，灾变性的大洪水和冰川融化水挟裹着泥石流，向当时尚是草原低地的黄土高原地区滚滚流淌，并深埋一切动植物。洪水退去后，留下了绵延千里的茫茫黄土。

在石英砂电镜分析结果中，专家们发现黄土中的颗粒形态种类多样，整体呈流线型或螺线型。因此，又有一些学者推测黄土应该形成于温带草原环境，是经过风、水双重选择的沉积物，从而出现了“风水雨相说”。这是一种综合性的观点，认为黄土不单单是风成或者水成的，而是通过各种作用共同形成的。

综合以上种种科学分析结果，各种形成学说都有自己的根据，又都存在不确定因素。所以，究竟是何处飞来的黄土，形成了今日这样一块地球上绝无仅有的黄土高原，对此学者们仍然争论不休。

寻找失落的香格里拉

“这是一片为永恒、透明、和平所统治的雪山和草原的世界，这里是藏族人的家园。蔚蓝清澈的湖水、碧蓝如洗的苍穹、写有喇嘛教经文的色彩鲜艳的藏族幡旗以及远处隐约可见的神秘寺庙，在洁白的大雪山的山谷间，散落着质朴的房屋，金黄色的玉米从屋檐上悬挂下来，忘情玩耍着的藏族少年黝黑的笑脸，是那么的天真无邪……”

1933年，小说家詹姆斯·希尔顿在小说《失去的地平线》中，描述了这样一个永恒、和平而宁静的净土——香格里拉。

神秘而美丽的香格里拉，引起了无数人的向往。香格里拉真的存在吗？它究竟在哪里？

有人认为，香格里拉只是小说家的虚构。但虔诚的藏传佛教徒们相信，香格里拉至今仍然存在，它是最后一块人间净土。

香格里拉，源于藏语中的香巴拉王国。关于香巴拉，藏文史籍中有很详细的记载：香巴拉位于雪山中央的西端，如同莲瓣，周围被雪山环抱。从白雪皑皑的山顶到山脚下的森林，生长着各种鲜花和药草，大小湖泊星罗棋布，青草茂盛，绿树成荫。而且，人们在藏传佛教的典籍中，发现了很多指引人们前往香巴拉的信息。据说，想要进入香巴拉圣境，需要获得香巴拉保护神的庇佑，越过许多的高山和沙漠，经过无数的雪山和河流。而在布达拉宫的神殿之下，就隐藏着进入香巴拉圣地的入口。

如果，这样一个美妙的极乐世界不存在，那么藏传佛教史籍又为何如此大费笔墨呢？所以，多年来，无数的探险家、旅游家坚持不懈地在印度、尼泊尔、中国西藏一带寻找着。

最先进入人们考察视野的，是云南迪庆藏族自治州的中甸。这里有金字塔一样的雪山、美丽的峡谷和湖泊、金碧辉煌的喇嘛庙、安静苍凉的古城，还有人与人之间的和平相处……所有这一切似乎一一印证着希尔顿小说中的描述。

云南的梅里雪山也是藏民心目中的一处香格里拉。

然而，香格里拉之谜并未因此而平息，争论反而愈加激烈。紧接着，怒江、丽江等地争相发言，坚持说真正的香格里拉在他们那里；之后，四川又爆出一则消息，最后的香格里拉在稻城。各地都可举出有力的佐证，证明田园诗般的香格里拉就在自己的区域内。

正当中国各地争论不休之时，原本发生在中国的故事却在临近的印度拉达克地区得到了证实："真正的香格里拉在印度拉达克地区！"

早在20世纪70年代，美国《国家地理》杂志就宣称，位于印度北部、中国西藏阿里以西的拉达克地区就是地球上最后的香格里拉。中国环球旅行探险家马中欣在花费了十年时间考证之后，证实了这一结果。隐藏于崇山峻岭之中的拉达克人迹罕至，仅靠数条小径与外界来往。那里有清澈的雪水，葱绿的树木，艳丽的花草，清净而美丽，浪漫而奇特，无不显示出一个远在东方崇山峻岭之中的永恒、和平、宁静的"香格里拉"。

神秘而美丽的香格里拉到底在哪里？或者它根本就只是一个童话？人们为之兴奋，又感到迷惑。于是，有人说：香格里拉，这一方失落的人间净土，是一个世界之谜，一个千年难解之谜。

风魔之家"魔鬼城"

在一个风沙弥漫的傍晚，一位老牧民正赶着羊群急匆匆地回家，凄厉呼啸的大漠狂风在他身边呼啸着，令人毛骨悚然的鬼哭狼嚎声在他身边回荡着。老人胆战心惊地赶着路，内心充满了恐惧，因为他此时经过的是禁地，一片恐怖的死亡地带！突然，他发现旁边掠过一个奇怪的影子，老人害怕极了，惊叫着跑回了家。回家之后，老人仍然惊魂未定，他相信自己见到的就是传说中住在“魔鬼城”里的魔鬼。

故事中的“魔鬼城”名叫乌尔禾风城，是一座面积约达10平方千米的天然砂土城，它位于我国新疆准噶尔盆地西北边缘，是一块弥漫着诡异和神秘气息的土地，没有人了解它的过去和现在。

当地蒙古族人把这座城称为“苏鲁木哈克”，哈萨克人称它为“沙依坦克尔西”，意思是“魔鬼出没的地方”。因为它的造型似城而非城，每当大漠风沙凶猛刮来的时候，土城里便沙土飞扬，烟尘弥漫，遮天蔽日，沉寂的城堡内发出凄厉的吼声，如泣如诉，让人感到恐怖和怪诞，感到神秘和惊讶，疑心这里肯定是风魔居住的地方，“魔鬼城”也因此而得名。若是在月光惨淡的夜晚，“魔鬼城”内静寂阴森，怪影迷离，情形更为恐怖。长期以来，总有人有意无意间进入这片戈壁，时有遇险和死亡的事件发生。

那么，这个世界上真的有“魔鬼”吗？从科学的角度而言，答案当然是否定的。至于故事中老牧民所见的鬼影，据专家推测极可能是当地的一种野生动物。

可是，面对这样一个神秘而鬼魅的奇观，人们在心存敬畏的同时，仍然有着种种疑惑和不解。“魔鬼城”是谁建造的？是什么时候形成的？对此，不同领域的专家给出了各自的答案。

地质学家给出的解释是，“魔鬼城”属于典型的雅丹地貌，是大自然的杰作，是风力的一次次雕琢，一次次构思，是大自然的鬼斧神工造就了各种奇异的地貌形态，似城堡、舰船、楼阁，似人物、动物、蘑菇。

而因为“魔鬼城”外形酷似城堡，所以有人猜测“魔鬼城”可能是一座古代文明的遗址。这里距离古代丝绸之路并不是很远，在古代经济发达、商业繁荣的丝绸之路上曾经有多如繁星的城堡和民族，它们大多数都被戈壁的风沙所掩埋，让后人无从考证。“魔鬼城”中最像城的一部分，是一座1000多米长的小山，山体岩层错落有致，酷似一排排门窗，极像古代城堡。最神奇的是它的左侧，耸立着一大一小既像古塔又像门楼的巨岩，其酷似人工建筑的逼真

在大漠蓝天的掩映之下，“魔鬼城”一片沉寂。

程度令人惊叹不已。

在近期的勘探考察中，专家们又发现，在大约亿万年前的白垩纪时期，这里曾经有一个巨大的淡水湖泊。当时，气候温暖湿润，湖岸边生长着茂盛的植物，水中栖息繁衍着各种远古动物。后来，经过两次大的地壳变动，湖泊上升为陆地，变成了间夹着砂岩和泥板岩的陆地瀚海，地质学上称它为“戈壁台地”。

如今，神秘的“魔鬼城”依然静穆在茫茫戈壁中，在呼啸的西北狂风中，隐藏着诸多恐怖与危险，散发着鬼域的神秘气息，谁都不能断定它的秘密就此终结！

神秘莫测的“魔鬼谷”

为什么这里山谷中的天气总是阴晴不定，随时都会突然电闪雷鸣，撼天动地？为什么每次雷雨过后，这里的牧场就会变为坟场，到处遍布烧焦的尸体和树木？为什么误闯山谷的人或牲畜会莫名其妙的失踪，而过了一段时间之后，尸体又像幽灵般“走”到一个地方集中出现呢？……这种种疑问都集中在了一个散发着神秘而又恐怖气息的地方——“魔鬼谷”。

这个“魔鬼谷”就位于我国西北部的青海地区，是一个长约100千米、宽约30千米的狭长谷地。这里雨量充沛，气候湿润，林木繁茂，牧草丰美，是一片很好的天然牧场。以前，当地牧民称这条山谷为“那棱格勒”，在蒙古语里的意思是“太阳河谷”。

但是，后来这里被改称为“魔鬼谷”，被视为禁地，当地人一提起“魔鬼谷”便会露出恐惧的神情。原来，曾有许多人和畜群被这块魔鬼谷地夺去了生命。

天气晴朗时，“魔鬼谷”内的风景十分迷人，但是，一旦遇上天气变化，便立刻变得阴森恐怖，平地生风，电闪雷鸣，特别是滚滚炸雷，震得地动山摇，成片的树林被烧焦。在谷中的人和动物只要遇上这样的天气，便要遭殃，绝没有生还的可能。在民间广为流传的故事有着这样恐怖的描述：“当黑云笼罩着山谷，伴随着电闪雷鸣，即可看到蓝盈盈的鬼火，听到猎人求救的枪声以及牧民和挖金者绝望而悲惨的哭嚎。”

最初，人们不明原因，便认为是魔鬼干的。很多人都相信，在“魔鬼谷”中住着一种魔鬼，能够呼风唤雨，发出电闪雷鸣。也有一些人说，谷中可能居住着一些力大无穷的食人怪兽，每当它们发现人和动物的气息时，就会从暗处跳出来吃人，所以谷中才会突然出现那么多尸骨。

近年来，科学家们经过实地考察后发现，“魔鬼谷”里的“鬼”其实是雷电。

山谷内分布着大面积具有强磁性的岩石和矿物质，这些矿石使“魔鬼谷”成为一个天然的磁场区。一旦谷里的潮湿空气汇集到山谷中央，就会形成雷雨云，在磁场的作用下，雷雨云会不断释放出电荷，也就形成了闪电。在无其他高大树木和物体的情况下，站立的人、行走的牲畜、无处躲藏的野兽便都成了雷电击打的对象，这也就是“魔鬼谷”中树木和人畜会经常被雷电击中的原因。

可是，死去的尸体怎么会离奇地“游走”到一起呢？专家给出了这样的解释：“魔鬼谷”中有着深达数百米的冻土层，形成了一个巨大的地下固体冰库。当夏季到来时，近地表的上层冻土融化，形成地下潜水或暗河，因为地上长着茂盛的青草，这些地下潜水或暗河不易被人和牲畜发现，因而，很多人和牲畜在无意中走了进去，然后陷入其中不能自拔，最后被地下暗河拉入无底深渊。当尸体漂流到比较干旱或者泥泞的地方，就会停留下来，久而久之，这些地方便成了可怕的“坟场”。

虽然科学工作者冒着生命危险对这一谷地进行了一次又一次的实地科学探查，给出了一些解释，但“魔鬼谷”中还有着更多的疑问，人们还在期待着更为科学和权威的解释。看来，青海“魔鬼谷”之谜一时还难以解开，只能期待科学的进一步发展，以解开长久以来萦绕于人们心头的疑问。

地狱之门

在好莱坞灾难片《地陷危机》里，有这样一个可怕的片段：“正当市民庆祝圣诞节时，一名地下管道工在工作中遇到地陷掉到裂缝里，同一天有一名妇女开车陷入地裂的洞中。科学家认为是地下水减少形成空洞而引起的地陷，但是大面积的地陷还在发生，许多人掉进去有去无回……”

如今，类似情景在我国国内频繁上演着。自2010年4月底四川宜宾突现二十多个天坑以来，四川、浙江、广西、江西、广东等地在不到两个月的时间里连续出现天坑现象。人们都在惊呼“地狱之门”被打开了，世界末日即将到来！

可是，地质学者对此却提出了异议。因为，人们口中所谓的天坑与真正的天坑相比，简直就是“小巫见大巫”。其实，只有宽度和深度都大于100米的地洞，才有可能被称为天坑。

在我国广西，有着已发现的世界上最大的天坑群——乐业天坑群。据统计，乐业天坑群由二十多个天坑组成。从外形上来看，天坑一般都是四壁岩石峭立，深度达百米至数百米以上，幽深的洞口散发着神秘的气息，仿佛一道通往地狱的大门。

那么，这些天坑是如何形成的呢？有专家认为，这可能是地下暗河长期腐蚀造

巨大的天坑隐藏在崇山峻岭之中，等待着人们的探索和发现。

成地下空洞后引起地表大面积坍塌所致，属于一种特殊的喀斯特地形。

在乐业天坑群中，有一个名叫“大石围”的天坑，特别吸引着众多专家学者以及探险爱好者的目光：“大石围”究竟是如何形成的？它究竟有多大？它底部那些茂密的原始森林中蕴藏着多少奇珍异品？那里面是否真的有传说中的怪物存在？……

2001年，一场声势浩大的考察开始了。通过先进的GPS卫星地球测量仪，专家最终测出了它的“身材”：“大石围”深613米，坑口东西走向600米，南北走向420米，容积约为0.8亿立方米，位列世界第二大天坑，仅次于重庆小寨天坑。

科考专家们发现“大石围”底部分布着密无间隙的原始森林，存有多达上千种的植物，而且绝大部分都不同于坑外的植物，其中的冷杉、血泪藤树都是非常珍贵的植物，还有被称为国家一级保护植物的桫椤。并且，专家还在坑底发现了一种从未见过的、羽脉排列十分奇异的蕨类，这可能是一种可以与桫椤媲美的珍贵史前植物。除此之外，这片原始森林里还蕴藏着多少奇花异木，目前尚不得而知。

在“大石围”的地下暗河里，生存着一种非常奇特的生物——盲鱼。据说，可能是由于长时间处于无光的黑暗环境中，鱼的眼睛退化致盲。这对于研究天坑的形成和特殊环境具有非常重要的科研价值。同时，盲鱼引发了一个新的猜测：地下暗河里还会有其他特别的生物存在吗？

随着一些旧谜团逐渐被解开，一些新的谜团又接二连三地出现：乐业境内是否还存在着不为人知的天坑？在这片神奇的崇山峻岭下面，是否还有仍在继续坍塌的溶洞？它们还会形成新的天坑吗？……人们希望这些疑团能随着科学考察、探索的深入被一一解开。

“隐身”的森林

“森林是雄伟壮丽的，遮天蔽日，浩瀚无垠。风来似一片绿色的海，夜静如一堵坚固的墙。那就是森林，地球尚未造就人类，却已经造就了它，植物世界骄傲的代表。可是你，却为什么长在这里？长在这阴森森、黑黝黝的峡谷……啊，你这个世上罕见的地下森林。你从哪里飞来？你究竟遭受了什么不幸，以致使你沉入这黑暗的深渊，熬过了那么漫长的岁月？”

这首满怀激情的生命赞歌是专为一座神奇的森林谱写的。说它神奇，是因为它隐身于一处火山腹中，无声无息，静静地等待着人们初见它时的震惊和敬畏。

在黑龙江省宁安县张广才岭南坡、镜泊湖西面的小北湖林场区内，有七个大小不等的火山口分布在长约20千米的山坡地带，其中最大的一个火山口直径约500米，深达145米，呈锅盆状，与其东北部的火山口有天然隧道相连。因为火山口内森林密布，深陷地下，所以人们把这一奇观形象地称为“地下森林”。这种奇异独特的景观，在我国乃至世界上都是极为罕见的。

站在火山口顶向下一望，只见陡峭的山壁上，林木郁郁葱葱，其中蕴藏着丰富的自然资源，有红松、黄花落叶松、紫椴、水曲柳、黄菠萝等名贵木材，有人参、黄芪、三七、五味子等名贵药材，还有木耳、榛蘑、蕨菜等名贵山珍。

拾级而下，时不时地就能看到鸟、蛇、兔、鼠等小动物穿行于树林草丛中，一片生机盎然。这里不仅有很多小动物，而且像马鹿、野猪、黑熊这样的大型动物也会时隐时现，甚至连罕见的国家保护动物青羊也经常出没其间。

下到石级尽头，便到达了火山口底。火山口底比较平坦，似乎无奇可赏。然而稍加留意，就不难发现这里暗藏着火山洞。洞内气温反常，酷夏有薄冰，严冬有清泉，十分奇特。游人初入洞，即使溽暑，也会暑意全消，感到异常舒适。但越向里行，越觉阴冷，仿佛走进冰窖一般，最后不得不赶快出洞。

人们在惊叹于地下森林如此神奇而又富饶的同时，也不由得追问一个问题：这个地下森林是怎么形成的呢？

这片隐身于地下的森林隐藏着许多不为人知的秘密。

关于地下森林的成因，众说不一，至今尚难定论。目前，有一种观点获得了大多数人的认可。

地下森林所处的这片火山群，大多是距今一万年前喷发后不再活动的死火山或者是休眠火山。所以，有些专家推测，在一万年前，这些处于活动期的火山喷发出了大量岩浆，岩浆冷却之后就形成了很深的巨大坑洞。在风化作用下，大量火山灰经过堆积，形成了火山坑内肥沃的土壤。后来，又经由山中的飞鸟、鼠类的活动，把植物的种子带到火山口内。由于火山口内的日照比较少，植物生长所必需的光线有限，所以洞中的植物都使劲向火山口方向生长，日久天长便形成了茂密的地下森林。

这一处经历了上万年的地壳运动、火山喷发的自然景观，吸引着越来越多的国内外游客前来探寻其中的秘密。

探秘海滩清泉古井

1962年的夏季，在我国广东省南澳岛的海滩上，一位到海边捞虾的青年发现海滩上居然有一口水井，并且在井石四角的石缝中捡到了四枚宋代铜钱，上面分别镌刻了“圣宋元宝”、“政和通宝”、“淳熙元宝”、“嘉定通宝”的字样。

这口古井是用花岗石砌成的，口径宽约1米，深约1.2米。人们不禁要问：在这样一片连接滔滔大海的海滩上，怎么会有这样一口古井呢？尤其令人不解的是，尽管古井常常被海浪、海沙淹没，但一旦显露，井水便奔涌不息。尽管四周是又咸又苦的海水，但涌出的井水却质地纯净，清甜爽口。

经有关部门考察分析，发现古井所处的海滩原是滨海坡地，后因陆地不断下沉而形成海滩，古井也就被海沙吞没了。被厚沙覆盖的古井，一般难以被人察觉，但当特大海潮袭来，惊涛骇浪卷走大量沙层时，它便会裸露出来。继1962年夏天之后，1969年7月、1978年10月和1981年9月，这口古井接连神秘现身，而且每次都是在强台风掀起的罕见大海潮后出现的。

众所周知，沿海的滩地为盐碱地，地下水因海水淹浸掺和，多半为咸水或半咸水，不能灌溉庄稼，更不能饮用。但南澳岛上的海滩古井却不然，不仅井水奔涌，而且水质清甜。更令人惊奇的是，它还具有过滤功能，当人们把苦咸的海水倒入古井，隔一会儿再打水上来，井水依然纯净甜淡，这是什么道理呢？

原来，当雨水降落到沿岸滩地表面以后，一部分会渗入地下，由于古井所处的海滩地势较低，渗入地下的雨水便向古井处汇集。一旦井口露出海滩，地下水就有了出口，在水位差的压力作用下，就会在井底形成泉涌之势。同时，古井的底部为沙，在沙的孔隙中，海水与淡水的混合非常缓慢，又因为海水比重稍大于淡水，所以淡水可以“浮”在海水表面。这就难怪把苦咸的海水倒入古井，隔一会儿汲上来的依然是淡水，因为倒进去的海水沉到淡水的下面去了。

如果说井水奔涌的成因已初步得到阐明，那么，井水水质异常纯净的问题仍然留有疑问。有人曾经用水质纯度测量表测得古井水的电流是80微安，而当地食用的自来水的电流是85微安。根据欧姆定律所述，电流越小，水质越纯，可见古井中的水比当地自来水还要纯净。

每次古井出现，本县人乃至潮汕、广州等地的许多人都会不辞劳苦前来观赏，并汲水带回家中冲茶和珍藏。据说，有人贮藏了一瓶古井水，三年后开盖闻之，不仅气味如常，而且水质仍旧纯净，这实在令人难以理解。

据说当年的古井有三口，分别名为龙井、虎井和马槽。根据分析，1981年9月显露的是马槽井，现在已经成为县级重点保护文物。可是，如果确有三口井，为什么人们从来没有发现过其他两口井呢？三口井为什么从来没有同时出现过呢？这一切疑问只能留待后人去解答了！

农家“鬼火”

1989年11月5日下午4时30分左右，湖南省邵阳市新邵县花桥乡张家村的何荣华一家人正在屋后的一块地里挖红薯。突然，家中冒出滚滚浓烟，他们立即赶回家，踢开房门，发现堆在床上和床边椅子上的棉被、衣服、蚊帐等正在燃烧，绿红色火苗蹿到2 米多高。待大火被扑灭后，何家人发现屋内的床和椅子却完好无损。

接着，6日上午9时至8日下午4时，又接连发生了十一起自燃火，其中九起从燃烧到熄灭，均被何荣华家的人亲眼目睹。被烧的有被褥、柴草等物，不论干湿，大都从顶端燃起，且火苗有红有绿。

这种神秘而离奇的自然火灾，令何家人寝食难安，惶惶不可终日，当地村民更是把其视为被魔鬼缠身而发生的“鬼火”。一时间，村子里人心浮动，害怕这种“鬼火”也会找上自己。

为了揭开“鬼火”的神秘面纱，邵阳市地震办及新邵县科委、环保局派出科技人员专程到现场考察。

专家说，村民口中的“鬼火”，其实是一种自燃现象。自燃，是指可燃物在空气中没有外来火源的作用，靠自热或外热而发生燃烧的现象。实际上，自燃现象在自然界里是很普遍的，只不过我们有时候没注意到，或者说我们看不见。

据说，在江西省抚州市有个罗姓家庭同样发生了类似的“鬼火”事件，他家中的衣服、塑料脸盆等也会莫名其妙地自燃。

有关专家在实地考察之后，发现在罗家附近有一个鸭子孵化场，堆积了大量的鸭蛋壳，而蛋壳中正好含有大量的含磷物质——磷化钙。磷是化学中的头号易燃物质，极易生成一种叫做磷化氢的气体，而磷化氢在常温条件下就会自行燃烧，白天是看不到的，在晚上才能看到一种幽蓝色的火光，这也就是人们在坟地里经常看到的“鬼火”。

火灾有非常大的破坏性，也有很特殊的神秘性。

再加上罗家房屋所在的位置是全村中地势最低的地方，邻近两个地下沼气池，沼气通过地底下的空洞、孔隙进入屋内后，从地板裂缝中渗出，附着在就近的极易吸附气体的家用物品上，当空气中的磷化氢的浓度聚集到一定程度后，磷化氢发生自燃，随后就引发了沼气的燃烧，最终酿成了火灾。

随后，罗家在专家的建议下采取了一些措施，比如用水泥重新铺设地面，堵住地下气体进入的通道；打开沼气池的出气盖，切断沼气来源；同时加强房屋通风效果，改善周围的人居环境。果然，这种“鬼火”现象不再发生了，这可以说明专家的研究结果是符合客观事实的。

那么，何家农宅“鬼火”的起因，是否与上述罗家“鬼火”如出一辙？

技术人员在考察后猜测，何家发生自燃火灾的原因有两种可能：其一，可能是磷化氢引起自燃；其二，可能是地壳发生变化前的预兆。但是，对于这两种猜测，技术人员都无法找到可靠的证据予以证实，何家农宅“鬼火”的起因仍是一个谜。

神奇香稻水田

大千世界，无奇不有。那么，你相信这个世界上存在着一个会“特异功能”的水田吗？

这块神奇的水田就位于重庆市石柱土家族自治县悦来镇寺庙村的土家山寨里，它有一种“特异功能”，能将普通的水稻变为香气扑鼻的香稻。

寺庙村海拔1300余米，地处黄水国家森林公园保护区内，这里群山绵延，古树参天。数百亩的良田宛若明镜镶嵌在一道道翠色屏风之间，其中的五块水田所产出的水稻清香扑鼻，美味可口，是当年巴渝官吏呈献给皇宫的纳贡品。

相传，早在汉朝时期，石柱县的香稻就名扬海内，耕种香稻的农民是不得留下香稻自己食用的，故有“皇米”、“贡米”、“官米”之称。在清朝《石柱厅志》中就有记载：“香稻产悦崃寺院，此米呈明色，晶亮；香味扑鼻，馥溢四邻，成饭后，如油拌，胜过糯米……”

从表面看来，这五块水田与其他的水田并无特别之处，但在这几块地里种出的稻谷，与周围水田经同耕、同播、同生长、同管理种出的稻谷却判若两样，犹如生长在两个天地，其色明洁，晶莹如玉，做成米饭后油润而酥软可口，略带糯米糍性，而且米质优良，营养丰富，是健脾开胃的滋补佳品。

香稻的成因让人难以捉摸。

最奇特的是，不论变换什么稻种，这五块田地都能产出香稻，而且不论遇上多大的干旱和灾害，这里总是旱涝保收，稻谷香气不减，米色和米质不变。这不能不令人称奇叫绝！

有学者认为，这五块神奇的香稻水田与周围的数百亩普通水田所得的“天时”、“人和”实际上是一样的，那么，为何香稻水田能出产香稻，其又为何竟然千年不衰呢？就只有从“地利”上来揭开秘密了。

据有关科研资料，目前有以下两种解释：

第一是“地气”。香稻水田出产香稻是得益于“地气”的缘故，其依据是清朝乾隆皇帝游览江苏无锡惠山“天下第二泉”时所作的《乙酉仲春御题》诗：“圆池方之上，堪与含至理。得气擅清轻，应较下为美。方自圆流出，非逸品乃低。虽然甘不逮，犹自胜梁溪！” 但是，乾隆皇帝毕竟不是专业的科研人员，其题诗只是个人判断，是否可靠，还有待科研人员来进行考证。

第二是“地矿”。香稻水田出产香稻，可能是因水田下面含有目前我们尚不知晓的某种芳香型矿物质的缘故。这种芳香型矿物质兼而具有抗旱、防涝、促生的多种“特异功能”，可以自控蓄水、溢水，恰到好处地满足稻谷生长的需要。而这也只是一种推测，既是推测，也就有待进一步通过科研来验证。

石柱县土家山寨里的这五块香稻水田究竟是怎么一回事，至今都无人能解释其中之奥妙。我们相信，香稻水田之谜在不久的将来就会揭开，一旦揭开，定会具有土壤学、地理环境学等方面的重大科研价值。

怪异“气象石”

1988年的一天，跟往常一样，四川省石柱县马武乡安田的几位农民在农作之暇，又聚集到一块大石头上歇息聊天。这时，一个人突然发现，这块石头变得潮湿起来，慢慢地渗出了水珠。没多久，天空暗了下来，下起了雨。

难道这块石头能预报天气？从这天起，这几个人便每天都会注意这块石头的变化。经过一段时间的观察，他们发现这块石头的变干、变湿与天气变化有着极为密切的关系。当水珠汇集于石头表面的某一方向时，就预示那个方向将要下雨；水珠汇集于石头中部时，表明当地即将下阵雨；水珠布满整个石头表面时，预示着将要下大雨。更神奇的是，每当石头表面潮湿变黑时，就预示着阴雨连绵天气的来临；石头表面由潮湿转干并且发白时，就预示着阴雨天气很快要结束了；若石头冒蒸汽，则是多云有雾、气温下降的预兆。

一般说来，石头在大雨来临前出现“变潮”现象是很正常的，但如此变化多端、能预报天气的石头实属罕见。

天下之大，无奇不有。在我国的其他地方，也有能预报天气的奇石。

在安徽省黟县西牙乡陈阁村的一位农民家里，珍藏着一块高约0.7米的奇石，它能准确无误地显示出当地天气的变化情况。当石头呈白色时，表示阳光普照，晴空万里；由白转灰时，天气即由晴转阴；一旦石头颜色变为深灰，且顶峰呈现墨色，则说明小雨即将来临；当墨色浸满整块石头，且浑身湿漉滴水时，则意味着大雨滂沱，山洪即将暴发。

在贵州三都水族自治县的板甲乡，也有一块奇异的巨石。自20世纪70年代以来，人们就发现它有预告天气变化的功能，其准确程度不亚于气象台发布的天气预报，被当地老百姓誉为“晴雨石”。如果石面呈白色，则表示天气晴朗；如果石面呈暗色，则预示风雨来临；若由黑转白，则预兆天气将由阴雨转晴。

此外，还有能够预告汛期的奇石。我国广西壮族自治区环江毛南族自治县东兴乡怀村渡口有一块巨石，从河底拔地而起。这块石头乍看与普通石头一样，奇就奇在露出水面的部分会改变颜色，时而红，时而青，时而黄。当奇石出现红色时，两三天之内河水必涨，颜色越深，水涨得越高。涨过之后，红色即退，出现青色或黄色。

人们将这些能预示天气变化的奇石称之为“气象石”。气象石何以能预示天气变化呢？一些科学家研究认为，可能是大气压和空气湿度的相对改变引起石面颜色改变的结果。但同样的气压和湿度改变为何不会使普通石头变色呢？这至今仍是未解的自然之谜。

会“说话”的石头

“有一个美丽的传说，精美的石头会唱歌……”石头本来不会说话，可是，在民间传说中，人们往往赋予石头以某种灵性，来寄托愿望和向往。在许多文学家的笔下，石头会唱歌，能说话，还会哭泣。

传说有虚构的成分，文学作品有拟人的写法，那么，现实中真的存在会“说话”的石头吗？告诉你，还真有这种神奇的石头！

在我国河南省林州市太行大峡谷风景名胜区内，有一个名为高家台辉伏岩自然村的小村子，当地百姓供奉着一块神奇的石头，因为它能发出像猪叫一样的声音，故而得名“猪叫石”。

“猪叫石”整体呈紫红色，体形方正，呈头西尾东的方向，斜插于山崖下，层理和节理比较明显，石缝参差不齐，凹凸部分较多。四周群山环抱，山峰突兀，层峦叠嶂，松柏茂盛，四季如春。从外表看来，这是一块很普通的石头，但在头部有一双眼睛，不知是天然形成的，还是后人描画上去的。这双眼睛给这块石头带来了一种莫名的神秘感。

传说，每逢天下有事发生，“猪叫石”必叫无疑，大事大叫，小事小叫。叫时，用手摸上去有微颤之感，如果周围有响动，叫声戛然而止，安静之后叫声复起。据说，其叫声很有动感，像猪在石头里边跑边叫，声音忽高忽低，一次能叫百余声。

据当地老人说，在我国近代历史上发生的几次大事，“猪叫石”都发出了预兆。1937年，“猪叫石”叫了一个月之后，日本就发动了侵华战争。1949年，当新中国成立的时候，“猪叫石”发出了欢快的叫声。1976年，猪叫石再次发出叫声，而不久之后，唐山大地震就发生了。近些年来，香港回归、中国加入世界贸易组织、北京申奥成功等大事发生时，“猪叫石”都发出了叫声。

在云雾缭绕的大山深处，不知还隐藏着多少奇石。

但是，这些也只是当地人的传说，并没有录音证明。所以，人们对“猪叫石”大多持一种怀疑的态度。“猪叫石”吸引了许多中外学者、专家、游人前来考察猎奇，但这个谜至今未解。

同样是在河南省，还有一块能够发声的神秘之地，这就是位于登封市以北的一个被人称为“鸡娃地”的地段。

如果人们在这里用力鼓掌，就会听到小鸡“叽叽”的叫声，并且这种声音受掌声控制：掌声大，“叽叽”声也大；掌声紧凑，“叽叽”声也随之紧凑。

更离奇的是，这种鸡叫声具有选择性：如果人们在这里喊叫，并不能听到鸡叫声，只有拍出掌声才会有回应声。当地一些年过古稀的老人说，他们小时候就知道这块神奇的“鸡娃地”，不过那时这里是块空地。现在，“鸡娃地”的两侧已经修建起了许多房屋院舍，但酷似鸡叫的回声依然如故。

难道这里的环境对声波的反射有选择吗？“鸡娃地”的回声为什么与声源不同呢？酷似鸡叫的声音是什么东西发出来的？这些问题如果用简单的声波反射理论来解释似乎很牵强，也没有说服力。

一块没有生命的石头，一个非常普通的地段，却在民间的叙述中充满了灵性和神奇，这其中的种种谜题，还有待于专家做进一步探索，我们只能翘首以待。

会“长”的石头

传说，当年陕西关中地区既无平原也无河川，满眼都是望不到边的山峦。秦始皇为了富国强兵，想把这些山搬掉，开垦田地。后来，秦始皇得到了一个法宝——赶山鞭。赶山鞭一挥，山峦们立刻起身离开了。

当然，这只是传说。众所周知，泥土、石头、矿物都是没有生命的，它们不能像人一样走动，当然也不能生长。然而，奇怪的是，在我国四川省的九寨沟里却有一块会生长的石头。这块石头的外形很像乌龟，因此人们称它为“龟石”。

1968年，这块“龟石”仅有50厘米长、40厘米宽，一个人就可以搬动它。可是到了1990年，这块“龟石”已经长到了130厘米长，体积也增加了近十倍，十来个壮年男子也很难搬动它。

早在1978年，四川的一位地质工作者在前往九寨沟考察这块“龟石”时，因为好奇，便从“龟石”上敲下了几小块碎石，带回成都化验，结果发现这几小块碎石与其他普通的石头没有什么两样。十几年后，奇迹竟然出现了！这几块小碎石也和大“龟石”一样生长起来，竟然长到40厘米长、20厘米宽，比原来的重量增加了数十倍，并且这几块小碎石形状长得特别像小乌龟，十分逗人喜爱，吸引了不少人参观。

事有蹊跷，怪事成双。在湖北省钟祥市客店镇元台村五组高涛家里也有一块

自然界中有很多神奇的石头。

会生长的石头，这块石头就在他家的厢房中。据说，这间房屋是祖上留下来的，已经有三百五十多年的历史了。

在当年重新翻修房屋的时候，高家人为省力便没有把地基上的一块小的石头挖掉。结果，这块小石头竟然慢慢“长”大起来，外形特别像一头狮子，如今已经“长”成一个长约360厘米、宽约230厘米、高约210厘米的大“石狮”。

从外表看来，“石狮”呈灰褐色，有一层一层的皱褶，如海浪在奇石上留下沧桑的印迹。左看右看，人们都看不出它的奇特来。说它是玉石吧，有点像；说它是绿松石吧，猛一看也像。

于是，有人大胆猜测，这有没有可能是天外飞来的陨石？不然的话，为什么它会单单长在人家的堂屋里呢？

专家在初步勘察之后给出了两种假说：一是，这可能是一块脱离母岩的滚石，它紧挨大山，山上的树木都很高大，根系发育良好，树木的根系延伸到滚石下面松散的岩土层中，随根系的发育和生长，就把上部的岩石顶托起来了，在人们看来就好像石头慢慢长大一样；二是，也可能是这块石头与下面的岩石相连。由于地壳运动，岩石隆起，这块石头也会随之上长，就像农村的水牛卧在水里，牛角在外，水牛往上抬头，牛角也会自然向上举。

专家的解释能否服众，是否权威，尚待考证。而现如今，高家人早已搬出了这间屋子，“石狮”毫不客气地将这里据为己有，仍然在继续生长着。

这些稀奇古怪的石头为什么会生长，至今还是一个谜。

妙石生“花”

植物开花，这是众所周知的事情，那么你见过“石头开花”吗？

2008年11月，一名网友在网上爆料：广西都安瑶族自治县的山上，石头会开花！这位网友还出示了石头开花的照片。这是真还是假？一时间，大家议论纷纷，莫衷一是。

为此，广西新闻网的记者专程赶赴都安澄江乡红渡村，前去一探这神奇的石头开花之谜。

刚走到半山腰，带路的村民就大叫道：“快看，石花！”记者连忙赶了上去，只见一片坚硬的石头上开出了一朵朵有花瓣的石花，虽然个头小，但是数量很多。

随后，记者又来到了一处悬崖峭壁，忽然发现自己的脚下就盛开着一朵朵石花。这些石花比刚刚在半山腰上见到的要大许多，数量也更多，大的直径有7厘米，小的只有2厘米。每一朵石花都栩栩如生，花瓣多为褐色，由外向内，颜色逐渐变浅，有的含苞待放，有的娇艳欲滴，还有的已经凋零，真是令人大呼神奇。据村民们说，石花集中分布在这几十平方米的山坳内，少数分布在旁边的峭壁上。

其实，近年来在我国许多地方都发现了神奇的开花的石头。

1987年，家住山东省新泰市宫里镇王家庄的王周祥老人，从村南山坡上捡到了一块青石，随手放在了院子里。有一天，老人突然发现，这块石头不仅会“开花”，而且还在长高。消息传出后，周围许多村民都到王家争相观看这一奇石。为保护这块奇石不遭到破坏，王周祥专程把它送到了泰山石文化陈列馆。

在泰山石文化陈列馆，人们就能见到这块奇石。这块奇石高30多厘米，形状好像昂着头的海豹，表面鼓出了密密麻麻的白色“花蕾”。这些“花蕾”过不了几天便依次开出一朵朵红褐色的“小花”。这些由石头花瓣构成的花朵，直径从0.5厘米到2厘米不等。花开过后，紧紧相连，非常漂亮。在3年时间里，这块奇石已经生长了近6厘米。在初步鉴定后，地质部门的有关专家认为，青石开花可能是因为石灰岩骤遇空气水分发生分解而产生的。

一石激起千层浪，石头开花现象发生后，世界各国许多的生物学家、考古学家等都进行了深入的研究，得出了各种不同的结论。

有专家称，澄江乡红渡村会开花的石头大约形成于二亿年前，属于“浅灰色中厚层状含燧石结核生物碎屑灰岩”，“石花”就是其中的“燧石结核”。

法国地质微生物学家皮埃尔·阿道夫偶然发现，有一些细菌的变种可以把其赖以为生的钙转变成方解石。方解石的化学成分是碳酸钙，而富含碳酸钙的石灰岩和大理岩就是大大小小的方解石集合体。阿道夫推测，石头开花现象，很可能就是由这些在钙石上生长的细菌逐年产生方解石而形成的。

关于石头开花原因的争论还没有停息，又有一些人爆出猛料：石头不仅能开花，更为神奇的是，石花也像真花一样有花期，每隔一段时间就盛开一次。

石头为什么会开花？石花究竟有没有花期？这些问题目前还没有一个权威的解释，就让我们继续期待吧！

神奇风动石

说到奇石，不由令人想起《红楼梦》中的补天巨石，女娲“于大荒山无稽崖炼成高经十二丈、方经二十四丈顽石三万六千五百零一块”，其中还剩“一块未用，弃于青埂峰下”。

这块补天奇石是否存在于世间，我们不得而知，但在福建闽南风光旖旎的东山岛上，确有一块奇石——铜山风动石。它以巧妙的结构、奇特的身姿、惊险的场面，令人目睹生奇，流连忘返，号称“天下第一奇石”。

这块风动石危立于海滨，重达200多吨，外形特别像一只兔子，斜立在一块卧盘石上，但它与卧盘石的吻合点仅有几十平方厘米。每当海风吹来，强劲的气流会使它微微晃动，让人觉得它随时会掉下卧盘石。可风停之后，风动石又恢复了原样。风动石不仅在风的吹拂下会摇晃，人力也能使它晃动。如果有人仰卧在巨石上面，跷起双脚做蹬推动作，巨石也会摇晃起来，但仍旧不会掉下卧盘石。

千百年来，这块石头经历了无数次地震、海啸、台风，仍安然无恙，不得不让人称奇。据说，“七七事变”之后，日军曾经企图搬走风动石，他们将钢丝索系在风动石上，动用了一艘军舰，开足马力，拉断了无数条钢丝索，风动石却纹丝未动，最后日军只得放弃。

关于铜山风动石，历代名人吟唱甚多，如明代文三俊作诗曰：“是石是星丽太空，非风摇石石摇风。云根直缔槐杓上，月馆堪梯小八鸿。”风动石本来就已经令人叹为观止，而且与周围的景色交相辉映，这也就难怪文人墨客会在此留下“这里风景独好”的赞叹。

而近年来，人们发现远在四川的一座深山之中，隐藏着一块更加令人惊奇、令人赞叹的风动石。这块风动石体重约有600吨，头大底尖，底部与下部岩石的接触面积竟然不足1平方米，巍然地卧在一块突起的磐石上，外形极像乌龟，有头有颈，还有龟裂片，显得非常沧桑。大风劲吹之时，巨石便会微微摇晃，还会发出奇怪的声音。在没有风的情况下，几个人用手去推，巨石也会微微晃动。据当地人说，这块巨石已经有上千年的历史，无论风吹雨打，晃动后稳立如故，没有

这些千奇百怪的石头是怎么形成的?

移动毫厘。

这些神奇的风动石为何动而不坠呢？专家解释说，这是奇妙的力学原理。风动石的外形一般都是上小下大，重心位置偏低，上面石头的平衡点刚好与另一块石头巧妙地吻合，虽然接触面小，但能获得足够的支撑力，就不会倒下来，就像是不倒翁一样。

但风动石这一精巧的构造又是如何形成的呢？有人说，它们是外太空飞来的陨石，在长期的风化作用下，逐渐变成现在的状态。也有人说，有些从高处滚落下来的巨石，经地质变化，巨石下方形成断崖，就成了现在的风动石。而根据地质学家考证，花岗岩经长期风化，就会被切割成几小块，石块的棱角经风化而形成球状，地质学上称为“球状风化”，天长日久便形成了风动石。

这些奇特的风动石究竟是如何形成的呢？风动石的秘密等待着世人去探寻。

“生蛋”怪崖

众所周知，地球上高等动物的繁衍方式主要有两种：一种是胎生，一种是卵生。像鸟类、爬行动物、两栖动物、各种昆虫和鱼类都是通过下蛋来繁衍后代的。然而奇怪的是，有些崖壁竟然也能“下蛋”。

数十枚足球大小的“蛋”静卧在山间小路上，另有数十枚大大小小的“蛋”仍镶嵌在崖壁中，等待“出世”……这一“崖壁下蛋”的天方夜谭，就真实地出现在贵州省黔南布依族苗族自治州三都水族自治县姑鲁寨的登赶山上。

登赶山非常奇特，满山绿树成荫，芳草萋萋，唯独山腰上裸露出一块崖壁，当地人把它叫做产蛋崖。产蛋崖长约20米，高约6米，表面凹凸不平，几块巨大而尖利的岩石在高处横亘着，看上去极为险峻。而石蛋就在相对凹进去的崖壁上安静地孕育着，有的刚刚露头，有的已经生出了一半，还有的已经发育成熟眼看就要与山体分离。

紧靠产蛋崖而居的姑鲁寨是三都水族自治县一个典型的水族村寨，自从一千年前水族的一支迁入至今，这个村寨已经历经了千年的风雨。据当地的水族老人介绍，千百年来，这个山崖不停地生出石蛋来，同一个凹进去的石窝每相隔三十年就会产出一枚石蛋。

从外形看，这些石蛋为圆形或扁圆形，直径一般为30～50厘米，呈青赤色，质地非常坚硬，并且有类似树木年轮的圆形纹路。据说石蛋出生时，只要用手轻轻一敲，外层岩石就会脱落，露出一个完整光洁的圆蛋。还有人曾经好奇地把石蛋剖开，结果发现里面和普通石头一样，找不到动物的痕迹。

过去，村民们觉得石蛋代表吉祥，都纷纷把它们抱回家珍藏。据不完全统计，村民保存的石蛋已有百余枚。目前，崖壁上显露而尚未落地的石蛋仍有六十余枚。

对于“山崖产石蛋”的现象，地质专家给出的说法各不相同。

有的专家认为，产蛋崖处在一种特殊的地质层上，在几亿年的时光里，岩石由形成到不断运动挤压，由于原始成分的差异而形成了不同的形状。

在漫长的地质变迁过程中，石头会发生各种神奇的变化。

有的专家认为，这面崖壁中很可能含有一种名叫沉积礴石透镜状的岩石，经过上亿年的运动变化后形成独立体，从原来的岩石中脱离出来。

有的专家推测，这些石蛋可能很久以前就是圆形的石头，经过长年累月的沉积和风沙、水流等地质变化的洗礼，体积慢慢变大，最终变成现在的石蛋。

也有专家猜测，远古时期的贵州是一片汪洋大海，石蛋可能是海中的某种物质在沉积作用下形成的。

还有人猜想，石蛋的母石形成于三四亿年前，在漫长的地质过程中，经过海洋升沉、火山喷发、地质运动等作用，不断摩擦、碰撞、挤压、再造，最后剩下石芯，这些石芯被埋藏在山体内，遇到山体滑坡或雨水冲刷，便以石蛋的形态显露、滚落出来。

海陆变迁在世界各地都有发生，为何只有贵州的岩石中藏有石蛋呢？另外，石蛋每隔三十年就出生一次又该如何解释呢？对于这些问题，仍然没有定论，就让我们继续关注吧！

石河疑云

在我国浙江省安吉县报福镇深溪村，有一条奇特的石河。与常见的河流不同，石河里没有一滴水，却有一块块状如浪花的巨石，从20世纪开始就横卧在这里。

当地人管这条河叫作“深溪大石浪”。在苍山翠竹之中，只见一条巨大的石河从海拔1200多米高的山顶鱼贯而下，巨石毗连，横卧其间，石压石，石叠石，石抱石，远远看去就像一条巨大的河流一直倾泻到山脚下。

从前，当地人并没有在意这些石头，直到20世纪90年代，有村民准备修建房屋时，想把这些石头运回家做地基。可是，这些巨大的石头小则几吨，大则几百吨，要如何运输呢？于是，村民们想到了一个办法，将这些石头用钻钻开，化大为小。因为这些石头看起来很像风化石，应该很容易被钻开。可是，几个年轻力壮的小伙子费了半天力气也没能把石头钻开。这时，村民们才发现，这些石头是货真价实的坚硬无比的花岗岩。

也就在这时，村民们才意识到这条石河非比寻常。石河是怎么形成的？如此坚硬的石头又为何像浪花般向上翘起呢？长期以来，人们一直众说纷纭。

当地村民中流传着一个关于神秘石河的传说。据说当年大禹治水的时候，有一员很勇猛的大将，叫防风。防风经过天目山山脉的时候，遇见了一头在兴风作浪的蛟龙。于是，防风力斩蛟龙，制伏了洪水。当时蛟龙出现的时候，山崩地裂，于是就有了这么一条奇特的石头铺出的石河。

而据浙江省地质部门的相关资料记载，20世纪30年代，“中国地质学之父”李四光曾考察过这个地方，提出了石河为第四纪冰川遗迹的推断。在冰川时期，由于岩石裂隙处极容易产生风化作用，导致岩体不断崩塌或滚落，再加上山间河流的冲刷，由此形成了这条奇特的石河。

这条石河处于天目山间，好像是将一座山劈成了两半，形成了一条裂谷，这很符合地壳运动后构成的地形结构。并且其中还生长着很多上千年的植物，比如金缕梅和红豆杉，而这两种植物是喜暖的，如果是第四纪冰川遗迹，那么这些植物怎么还能生存至今呢？所以，有一些地质爱好者猜想这条神秘的石河是由于地壳运动而形成的。由于地壳变动、欧亚大陆板块挤压，造成了山崩地裂，随之而来的山洪不断地冲刷着山体，因此形成了景象奇特的石河。

石河还有一个让人费解的地方，无论人们穿上什么鞋踩在石头上都不会打滑，即便是下雨天也不例外。石头与石头之间还长着杜鹃花、金缕梅等植物，但就是不长毛竹，而两边山上漫山遍野都是毛竹。要知道，安吉县素有“中国竹乡”的称号，长竹子不稀奇，不长竹子可就奇怪了。于是就有人猜测说，这些石头可能来自另外一个星球，是陨石坠落形成的，陨石中含有特殊的不利于竹子生长的物质。

由于石河本身的奥秘，专家们仁者见仁，智者见智，并未达成共识，因而争论一直在继续，所以直到今天，人们还没有找到可靠的证据来解释石河形成的真正原因。

闻香识奇石

“天下之大，无奇不有”，此言不虚，世上还真的有能散发出香味的石头！

在陕西、四川两省交界处的汉中市米仓山上，流传着这样一则民间传说：有一天，一个药农进山去采药。在无意中，他走进了一个从未到过的山坳，忽然一阵微风吹过，飘来一阵清香。药农好奇极了，便向前搜索，结果在一片崖壁上发现了一块浅灰绿色的石头，摸上去有一种光润的石蜡似的触感，而香气就是从这石头中散发出来的。这莫非就是传说中能散发迷人香味的美玉——金香玉？想到这儿，药农如获至宝。

金香玉之说，古来有之，古语中就常说“有眼不识金香玉”，“有钱难买金香玉”，就说明了它的珍贵和难得。这种神奇的宝石不仅珍贵而且稀少，世人很难有机会一见其“庐山真面目”。

1991年，一位普通的陕西农民卢礼平与同伴在陕、川交界处的原始森林里寻找玉料，闲暇时，他随手捡起一块小石头拿在手上把玩。令他意外的是，在扔掉石头后，他竟然发现自己的手上有一种巧克力一样的香味。后来，卢礼平又发现这块奇石香味弥久，无论用清水洗刷，还是热水蒸煮，都不会令它失去香气。在潮湿的情况下，巧克力香味会变淡；在晴朗的天气里，这种味道就清新可人；如果沾染上了汗水，香味就会减弱。这一消息不胫而走，这种巧克力味道的石头从此成了声名远播的“金香玉”。

在实地考察之后，一些玉石专家认为，这些带香味的石头是蛇纹石化大理岩，具有较强的吸附能力。石头中散发出的香味可能来源于古代生长在这片区域中的香味植物，那些植物的落叶或根茎所蕴含的香味随着雨水流向地下而吸附在石头上。

但是，吸附香气到底需多长时间才能成为香石？这些石头究竟是不是传说中的“金香玉”，专家们仍然不能给出一个完美而确定的答案。

无独有偶，在广西壮族自治区天峨县向阳镇平腊村板凤屯的一条山路上，也有这么一块令人称奇的石头，它能发出浓郁的茴香气味，所以被当地人称为茴香石。

游人来到这里，只要在这块石头上连拍三掌，手掌上便会有一股奇特的香味，香味可存留约十五分钟。但令人不解的是，如果用手掌只拍一两下或超过三下时，手掌上就闻不到香味了。曾经有人不满足于现场体验，就动手敲下一块带了回去。但令人遗憾的是，石头一旦离开它的母体，就再也散发不出任何香味。真是好奇怪的石头！

据专家称，这应该是一种香味石，香味来自岩石中所包含的某种有机物。然而，对于具体是哪种有机物，为何拍三下才会释放出香味，这些都还是未解之谜。

MYSTERIOUS

2 CHAPTER 玄妙的生物奥秘

一草一木，一花一树，因为有了它们的繁茂，世界才充满生机；一鸟一兽，一虫一物，因为有了它们的繁衍，世界才生机盎然。但是，你知道吗，每一种生物的背后都隐藏着不为人知的秘密！翻开这一章，一系列玄妙的生物奥秘将一一展现在你的面前，带你走进一个玄妙的生物世界，为你展现不为人知的秘密。生物世界的旅程即将开始，你会在这段神奇的旅途中收获更多的知识与快乐！

青海湖“水怪”之谜

1982年5月23日下午，天气异常闷热，青海湖湖面上风平浪静，青海湖农场五大队二号渔船正在湖上作业。下午4时左右，这艘渔船开始返航。而此时，站在船尾的两名工人发现远处的湖面上突然卷起冲天浪柱，粼光闪闪，白花四溅。顷刻之后，浪平水静，只见一片黑色的“巨礁”渐渐从水中浮起，既像鲸背，又像鳖壳，宛如一座无名岛屿。工人大声高呼起来，舵手听到后，立即掉转船头向“水怪”直冲过去，但是，当船开到距离它大约50米的地方，可能由于渔船声音太大，惊动了它，“水怪”马上潜入水中消失了。

从发现“水怪”到目睹它消失，总共只有5分钟的时间。在场的目击者称，“水怪”身上闪着鱼皮似的光，下潜时水面上出现了一道又宽又大的回旋水流，一直持续了很长时间。而令人高兴的是，渔船记录簿上详细记述了整个目击经过，为研究青海湖“水怪”提供了第一次真实可靠的文字记载。

“水怪”出没的青海湖位于青藏高原北部，面积达4583平方千米，是中国最大的内陆湖。青海湖风光旖旎，四周山峦环绕，湖水清澈湛蓝，越往湖心浮力越小，几乎无人敢去。曾有一艘船试着向湖心开进，想一探究竟，可没驶上多远，船就翻沉了，从此再也无人敢冒险了。而近些年来，有关青海湖“水怪”的传闻更是给宁静的湖水蒙上了一层神秘的面纱。

当地人传说，青海湖湖心“水流急转形成旋涡，存在一种强磁场”，下面有“水桥”，直通遥远的黑海，“水怪”通过这座“水桥”来往于青海湖和黑海之间。但是，新中国成立以来，青海湖考察队多次到过湖心，均未发现什么“磁场”。机动船常在湖区捕鱼，也未发生过仪表受磁场影响而失灵的现象。考察队最后给出结论：所谓“湖心水流急转形成旋涡，存在一种强磁场”并非事实。至于说有“水桥”通往黑海，那更是没有科学道理的说法。青海湖海拔3194米，如果真有“水桥”通往黑海，那水早就流走了，不会有今天700多亿立方的蓄水量。

这些史前动物真的隐藏在青海湖中吗？我们还不得而知。

有人根据尼斯湖“水怪”的传说，推测青海湖中的“水怪”可能是恐龙。但科学家认为，青海湖“水怪”不太像是蛇颈龙之类的远古爬行生物，因为三次出现的“水怪”都是藏头藏尾的，无高大的背峰，这些均不符合蛇颈龙的特征。

多少年来，青海湖畔的藏民一向把天上飞鹰和水中游鱼奉为神灵，从不伤害和捕吃鱼类，久而久之，湖内鱼类繁殖到饱和程度，数十斤重的大鱼很常见。于是，有人便猜测，这“水怪”是不是一种罕见的大鱼呢？当然，说“水怪”可能是大鱼不足为信，因为淡水鱼最大也不可能长到十几米长。据文献记载，青海湖中的淡水鱼长到五六米长就属罕见了。

既然青海湖“水怪”不是远古巨兽，也不是大鱼，那又会是什么呢？青海湖“水怪”已经引起了全世界的关注，相信总有一天科学会揭开它的神秘面纱。

“血”染白石海子

2001年7月12日清晨，四川省茂县的羌族山寨里充满了喜悦的气氛。这一天是羌族人家最盛大的节日——转山节。身着鲜艳服装的羌族人，翻擂鼓山，拜八郎庙，绕金枪岩，入松平沟，在山水之间织成一片飘动的彩云，烂漫而又深情。

上午9时，突然有人惊呼：“看，那是什么？”人们从云雾的缝隙处向下看去，在绝壁悬崖下镶嵌着七个湖泊，叠缀相连，羌族人称之为“海子”，只见其中一个海子出现了一种令人震惊的异常情况：一种像血一样的红色液体从水下喷出，就像霍霍燃烧着的火焰，从西边一直烧到东边，整个海子像着了火一般。

出“血”的海子名叫白石海子，因岸滩上矗立着一尊白石而得名，崇拜白石的羌族人一直认为白石海子最为神秘，最不可揣测。白石海子出“血”后，巨大的恐惧笼罩着羌寨，各种惊闻骇见随之传出。

船民孙贤贵一脸惊骇地声称，海子出“血”时，他正与三名游客泛舟湖心。红水散漫之间，一个巨大黑影浮出水面，大家不看便罢，一看差点都傻了，原来竟是一只长着三个头的巨龟！一名正在拍照的游客吓得一失手，将相机掉入了湖中。

村民李茹芬、向连秀说，海子出“血”时，她们从转山路下来，赶到湖边祈祷，正磕着头，一眼看到海子里群鱼翻滚，条条闪着金光，领头的是一条一丈多长的大鱼，全身上下披着金盆一般大小的鳞片，摆着龙尾一样的尾巴，口吐红沫率群鱼而去。

当地乡党委书记张世奇介绍，自7月12日开始，白石海子出“血”持续发生，每天从早上9时左右发生，湖水先是晕浊，出现淡红血色；10时过后，颜色渐转为猪肝色；12时呈鲜红色，犹如水下正在进行大规模的屠宰，全是鲜红色的血；午后2时，红色开始变淡；直至下午6时左右，湖水才恢复到碧绿。

在2004年8月初和2005年7月底，白石海子两度出“血”，但都是在科研单位赶到之前便神秘消失。从此之后，科研人员对白石海子严密监控，在2007年的转山节期间，“血水”刚一冒头，就立即被捕捉到了。水样被特殊封装，专程送到了中国科学院水生生物研究所。

这片宁静的湖水下会不会也藏着令人瞠目的奇景呢?

在高倍显微镜下，这种神秘物种显露出了其真面目：它们的细胞有着各种各样的形状，多数细胞表面都有两条沟，一条叫横沟，另一条叫纵槽，槽里有一条鞭毛，就像一只小小的尾巴，在水里摆来摆去。经过详细比对，专家们大吃一惊，这家伙名叫甲藻，海边经常出现的“赤潮”就是由它们产生的。甲藻大部分生活在海洋里，只有15%的成员喜欢淡水，但跑到海拔2500多米的高原湖泊里的甲藻却是举世罕见!

世界上有千千万万个淡水湖泊，无论在何种条件下都很难形成赤潮，为什么地处高海拔的白石海子会出“血”？它对人类的藻类研究和人类生活究竟意味着什么？一切疑团都如看不清的迷雾，科学家们的追寻才刚刚开始!

发现恐龙蛋

1974年8月19日，这是一个极为特殊的日子，因为有一项震惊世界的发现从这一天开始了：原河南省地质局地质队员李含旭在河南南阳西峡盆地发现了恐龙蛋!

这好似一枚重磅炸弹炸开了沉睡亿万年的神秘大门，一时间吸引了众多科学家的关注。

到了20世纪90年代，上万枚恐龙蛋从尘封的泥土中被挖出。成千上万的恐龙蛋化石使河南西峡成为世界上著名的恐龙蛋化石埋藏地。从此，西峡也就有了一个为世人所熟知的名字——恐龙之乡。

在此之前，全世界发现的恐龙蛋化石总共约有五百枚，分别发现于蒙古、美国、加拿大、法国、印度、阿根廷及中国。而这次仅在南阳这一个地方就出土了万枚左右的恐龙蛋化石，至于埋在地下的则更加不计其数。经地质部门考察，南阳地区的恐龙蛋化石分布面积大约有300平方千米，范围包括内乡、西峡及陕西省的商南、山阳等地。

南阳恐龙蛋化石一般从3厘米至20厘米不等，少数的巨型蛋，形状就像一个哈密瓜，长轴达50厘米，这种形状的恐龙蛋在世界上非常少见。

中国恐龙蛋专家初步确定，南阳恐龙蛋化石可分为四科、八属、十二种，当然实际属种绝不止此数，这些蛋显然是不同种类的恐龙下的。是什么原因让恐龙蛋集中埋藏在这里？洪水、沙尘暴等自然现象首先成为怀疑对象，然而众多成窝保存完好的恐龙蛋化石告诉人们：在恐龙时代，西峡很可能就是恐龙的集中繁殖基地。但是，为什么这么多种类不同的恐龙都跑到一个地方来下蛋？这真是前所未闻的事。

据地质学家考证，西峡的恐龙蛋化石有几大特点：一是分布面积大，在近10平方千米的范围内，均能找到恐龙活动的踪迹；二是埋藏集中，从局部的发掘剖面上可观察到三个化石层，化石呈窝状分布，排列有序，每窝十几到三十枚不等；三是数量丰富，目前已发现的恐龙蛋已达数万枚，丰富程度举世罕见；四是原始状态好，基本未遭后期扰乱和破坏，除少量蛋壳受岩层挤压表面略有凹陷外，大部分完整如初，这在世界上可以说是独一无二的。

恐龙的起源、进化和灭绝一直是自然科学中最令人费解的长期未解之谜，科学家们也时常为此苦恼不已。西峡恐龙蛋化石群的出现，为研究地球发展史、地球上动植物的演化和生态环境以及地球灾变等提供了极其珍贵的资料。尤其是大量的恐龙蛋还没来得及孵化就变成了化石，说明当时地壳有一次强烈运动，气候发生了巨大的变化，很可能让恐龙从此绝了后代。

但是，究竟是什么原因造成了大量恐龙蛋化石的形成？这些恐龙蛋分别是由哪些种类的恐龙所下？我们能从这些恐龙蛋中提取出恐龙的DNA，然后复制出一条真正的恐龙吗？……这一连串的问题，还有待科学家们做进一步的研究。

恐龙公墓之谜

1958年春天，家住四川省自贡市复兴乡朱家坝村的八岁小姑娘邹春芳正在山上割草，突然发现一处岩壁上有一些怪石，颜色明显与周围其他石头不同，形状也非常奇怪。在回家路上，邹春芳在一个被挖掉树根的土坑边发现了一块有点像被血染红的石头，幼小的她以为自己将传说中的龙脉挖断了，没敢把这件事情告诉父母，把这个秘密在心里藏了二十多年。

1987年春节，三十七岁的邹春芳和丈夫来到自贡参观恐龙博物馆。在展览大厅，邹春芳发现一块恐龙肢骨化石与自己小时候看到的那块红石头有点像。回家后，她立刻跑到山坡上找到那块红石头，然后和丈夫背着石头来到了自贡恐龙博物馆。经考证，这块红石头正是距今一亿八千万年至一亿五千万年的中侏罗纪时代的蜥脚类恐龙肢骨化石。

1999年4月8日，自贡恐龙博物馆建馆以来的第一次大规模化石发掘工作在青龙山开始了。僻静的山坡上响起了“叮叮当当”的敲击声，层层叠叠埋藏着的二百多块恐龙骨骼化石现身于60平方米的范围内。这是自20世纪70年代以来，自贡市境内又一次发现的数量巨大的恐龙化石群。

自贡位于四川省的南部，是我国最重要的恐龙化石埋藏地，也是世界上最重要的古生物化石埋藏地之一。这里恐龙化石埋藏之集中、规模之宏大、数量之众多、门类之齐全、保存之完好，可称“国之瑰宝、世界奇观”，因此有些学者将其形象地称为“恐龙公墓”。

那么，恐龙公墓是怎样形成的呢？这个谜一样的问题吸引了许多科学家的兴趣。他们从不同的角度研究这个问题，得出了一些结论。

根据岩石学以及恐龙化石的埋藏特征，成都地质学院岩石学教授夏之杰提出了“原地埋藏论”。在一亿六千万年前的侏罗纪中期，自贡地区河流纵横、湖泊广布，成为了一个恐龙生存繁衍的“天堂”，成群结队的各类恐龙生活在这片植被茂密的滨湖平原上。但是，很可能是由于食用了含砷量很高的植物，大批恐龙中毒而死，并被迅速地埋藏在较为平静的砂质浅滩环境里，因此形成了本地区恐龙化石数量丰富、保存完整的埋藏特征。

但随后就有学者提出了异议，因为综观化石现场有一种不易被人所注意的普遍现象是：靠近上部或地表的化石较破碎零散，大都是恐龙的肢骨，而且很像是搬运后被磨蚀得支离破碎的样子；越是接近上部岩层，小化石越多，如鱼鳞、各种牙齿遍及整个化石现场，翼龙、剑龙与蛇颈龙的椎体也十分零星，并具有从南到北依次从多到少的分布规律；下部岩层则几乎都是体躯庞大的蜥脚类恐龙，保存都不完整，很明显是被搬运后的结果。因此，有些学者推测，恐龙是在异地死亡后通过某种方式被搬运到这里而埋藏下来的。

恐龙曾是地球上的霸主，对于它们离奇的灭绝之因人们百思不解。

随着调查的进行，越来越多的谜团呈现在了人们的面前。这些恐龙的死因是什么？它们是集体死亡的吗？恐龙公墓中是否隐藏着恐龙灭绝之谜的线索？这种种问题有待于专家们继续研究。

毒蛇的家园

从辽宁省旅顺口经老铁山角向北航行约25千米，有一座巍峨奇异的小岛矗立于万顷碧波之中，让人不禁联想到传说中的蓬莱仙岛，但当你踏上这座小岛，就会立刻被所见到的恐怖场景所吓倒。这座小岛就是闻名中外的世界奇岛——蛇岛。

蛇岛面积约为1平方千米，岛上地势陡峻，有很多洞穴和灌木丛。就在这样一个由石英岩和石英砂岩组成的小岛上，盘踞着成千上万条蝮蛇。蛇岛蝮蛇的最独特之处就是夏眠，而大陆蝮蛇并没有这种夏眠的习性。蛇岛管理处的工作人员认为，这与炎热的气候关系不大，只是因为那时没有鸟了，它们吃不到东西就会休眠。

据统计，目前蛇岛上的蝮蛇有两万多条，并且每年都会增殖一千条左右，这在世界上也是独一无二的。人们不禁要问，在这弹丸之地的孤岛上为什么栖息着这么多蝮蛇？

我国科学工作者经过考察研究后认为，蛇岛特殊的地理位置为蝮蛇的生存和繁衍创造了良好的环境。

蛇岛面积虽小，但和台湾岛、海南岛等岛屿的形成基本一样，都是第四纪时从大陆分离出去的“大陆岛”。在地质构造、岩石性质、植物种数等方面，蛇岛和旅顺、大连地区的情况差不多。岛上的石英岩、石英砂岩和沙砾岩中有许多大大小小的裂缝，这些裂缝既能蓄留雨水，又为蝮蛇的穴居提供了良好的场所。

其次，蛇岛位于温带海洋中，气候温和湿润，是东北地区最暖和的地方，对植物生长和昆虫、鸟类繁殖极为有利。每当春秋两季，过往的候鸟有几百只，树木茂密的蛇岛便是它们“歇脚”的好地方。蝮蛇有一套“守树逮鸟”的本领，它的鼻孔两侧的颊窝是灵敏度极高的热测位器，能测出0.001摄氏度的温差，因而只要鸟停栖枝头，距离在1米左右，蝮蛇就能准确无误地把它逮住。“植物—昆虫—鸟雀—蝮蛇”，就构成了蛇岛的食物链。

还有，岛上土壤相当深厚，土质结构疏松，水分丰富，宜于蝮蛇“打洞”穴居。蝮蛇生性畏寒，洞穴为它们提供了越冬的条件。同时，岛上人迹罕至，也没有刺猬等蛇类的天敌，对蝮蛇的繁衍非常有利。

如果说上述分析基本能令人信服的话，那么，为什么岛上蛇的种类都是清一色的蝮蛇呢？

有人认为，蛇岛的面积很小，可供蛇类吞食的东西有限，捕食鸟类也并不容易，往往还会遭到老鹰的袭击，对于那些食性狭窄、自卫能力弱的一般蛇类来说，难以在岛上生存。而蝮蛇的食性相当广，猎食和自卫能力都很强，在长期的自然演化中，蛇岛便逐渐成为了蝮蛇的天下。

但也有人不以为然，他们认为，蛇岛周围海域共有五个小岛，地理环境和气候条件差不多，为何其他四个岛上没有蝮蛇，唯独此岛上有这么多的蝮蛇呢？

看来，这还有待于科学工作者进一步努力，才能探明其中的奥秘。

巨蛇谜踪

在中国的民间传说中，蛇是一种有灵性的动物，它们总是与神话中的仙和魔有着联系。比如，《白蛇传》中经千年修炼成仙的白娘子。而现实中，蛇带给人们的则更多是一种恐怖的形象，令人望而生畏，尤其是体型巨大的巨蛇。

传说，在神秘的亚马孙丛林中，有一种世界上体型最大、最强有力的巨蟒，它是亚马孙丛林食物链的顶端，是恐怖与死亡的象征。它们最长可达10米，重达250千克，其最强的武器，不是利牙毒液，而是无人能及的力气。它们只要蜷曲身体，就可将猎物压个粉身碎骨，连世界最大的啮齿类动物——南美水豚也不能幸免于难。

幸运的是，巨蛇一般都会隐身在远离尘世的偏僻之地，但是有些人在有些时候还是会与巨蛇不期而遇。

1936年5月的一天，在江苏省射阳县一个小村庄里，雨过天晴，空气清新。陆伯吃过早饭，来到自己负责看管的村边的一大片芦苇滩边。芦苇滩里静悄悄的，似乎跟往常一样，但是接下来将要发生的事情让陆伯至今仍心存余悸。

在无意中，陆伯抬起头向河边看了一眼。突然，他看到在距离自己80米远的地方，居然有一条巨蛇！那条蛇大得令人恐怖，它高高昂起的脖子足有电线杆子那么高，身体有水缸那么粗，体色很像赤练蛇，那血红的信子一吞一吐的，“嗤嗤”作响。陆伯被吓得呆住了！

陆伯转身想逃，可是没有一点儿力气，跑不动了！幸运的是，巨蛇随即爬进芦苇滩中消失了。过了好久，陆伯才从震惊中恢复过来。

在很长一段时间里，陆伯一直把这件事憋在心里，他不想给其他人带来困扰。可是，心里藏着这么一件大事委实不好过，于是，陆伯忍不住将巨蛇的事情说了出来。周围的人听了之后都很震惊，又纷纷告诉了自己周围的人。

就这样，一传十，十传百，在口口相传中，巨蛇被人们描述得越来越可怕。到最后，居然有人说，巨蛇食大如牛，别说吞下一个人，就是吞下一头肥牛也不成问题。甚至有人说，巨蛇动一动，射阳河就得波涛汹涌！真是神乎其神！尽管在传闻中， 巨蛇很令人恐怖，但事实上射阳一带并未发生过巨蛇伤人或家畜的事情。

许多人在听到这个消息之后，都尽可能地远离那片芦苇滩，可是仍有胆大好奇的人，他们四处寻找着巨蛇，试图找到它的藏身之处。尽管人们费尽心思，但仍是没有找到巨蛇的身影。

巨蛇常常出没于热带雨林中，要抓住它们可不容易。

按理说，射阳县地处平原，无山可躲，巨蛇根本不可能有藏身之处。如果它就生活在芦苇滩里，那冬天一到，芦苇滩里光秃秃的，只有淤泥，它又能藏到哪儿去呢？抑或是，这是一条顺着海潮游到射阳河的海蛇，后来又随着海潮回归了大海？

最近十余年间，射阳河建起了大闸，河口也得到了开发，人们再也没有见到那条巨蛇的踪迹。所以，这件事也就成了射阳县的一个谜。

这里的青蛙是哑巴

“四面荷花三面柳，一城山色半城湖。”对联中所描绘的人间美景就是闻名遐迩的济南大明湖。凡是到过大明湖的人，除了被秀丽的景色所征服外，还会为大明湖里的“四怪”所痴迷。

大明湖里有“四怪”——青蛙不鸣，蛇踪难寻，久旱不落，久雨不涨。随着科技的逐渐发展，大明湖的三怪之谜逐一找到了合理的解释，唯独“青蛙不鸣”这一怪，却始终找不到合理的解答。

有时，离大明湖不远的湾塘稻田里蛙声吵成一片，而大明湖中的青蛙却像哑巴似的寂然无声，偶尔有青蛙跳到碧绿的荷叶上，仰着头，肚子一鼓一鼓的，就是发不出声来，所以当地百姓中又流传着一句俗语——大明湖的蛤蟆干鼓肚。更令人奇怪的是，会叫的青蛙来到大明湖也会变成哑蛙，而一旦离开却又正常如初。这真是个奇怪的现象！

大明湖的青蛙为什么不会叫？当地流传着这样一个传说：当年，乾隆皇帝下江南时，曾经路过济南，游览了趵突泉、千佛山等名胜后，来到大明湖边的历下亭休息。不料，百蛙齐鸣，众蛇会聚，百鸟翔集，似乎众生灵都希望能够一睹天子龙

青蛙是两栖动物，虽然可以离开水生活，但繁殖仍然离不开水。

颜。已经非常疲惫的乾隆皇帝龙颜大怒，当下颁下一道圣旨：“蛇归洞，蛙不鸣。”从那以后，大明湖里就再也见不到蛇了，也听不到蛙鸣声了。

当然，这个民间传说自然是人为杜撰而成，不足为信。

有人分析说，大明湖湖水是地下水形成的，富含矿物质。在这些矿物质中，很可能有一种或几种会影响青蛙的声带，使得它们无法鸣叫。

也有人认为，青蛙不叫可能与大明湖的水温有关。青蛙只有到发情期时才会叫，使青蛙发情的水温要达到22摄氏度，而大明湖的湖水是由泉水汇集而成，水温常年保持在18摄氏度，因此青蛙在大明湖里就不能进入发情期，当然也就不会叫。湖中的青蛙一旦离开大明湖，进入较高温度的水域，自然会重新叫出声来。

其实所谓的“蛙不鸣”现象，并非是大明湖所独有，在湖北、河南等地也存在着湖中青蛙不叫的奇怪现象。

河南省新野县有一个奇怪的湖，名叫弹子湖。据《嘉靖邓州志》（嘉靖年间新野属邓州辖区）中载：“弹子湖在板桥铺西，世传光武帝当年游息于此，闻池蛙喧闹，以弹击之。至今池内有蛙不鸣。”因此在弹子湖里，青蛙们是不叫的。

而在湖北省当阳市玉泉寺内的丹池里，青蛙也是不叫的。相传，当年宋真宗赵恒的明肃皇后刘氏曾到玉泉寺还愿。一天清晨，皇后起床梳妆，听得楼外的水塘里，无数只青蛙呱呱地叫个不停。皇后听了一时心烦，随口说了声：“这些畜生，一时不叫，让我安心梳头吧！” 水塘里的青蛙们将“一时不叫”听成了“一世不叫”，于是直到现在玉泉寺的青蛙也是不叫的。

可见，蛙不鸣的现象并不是大明湖所独有的。如何解释这些蛙不鸣的现象，只怕还要等待科学家们的努力了。

蟾蜍“袭”村

2007年4月26日，四川省成都市大邑县清河村的村民何国辉经历了噩梦般的一天。一大早，他推开房门，就被眼前看到的场景惊呆了，只见无数只蟾蜍在他家门前、院子里以及旁边的路上爬来爬去。这些蟾蜍个头很小，只有蚕豆那么大，但是至少有上万只，而且越来越多。

其实，每到春暖花开的时候，村里总能看到蟾蜍的身影，但像这样数量庞大的蟾蜍大军，人们还是第一次见到。这些黑压压的蟾蜍像是被什么召唤似的，朝着一个方向爬来。

随着蟾蜍数量越来越多，村民们的好奇心也逐渐变成了不安。一夜之间竟然来了这么多蟾蜍，这到底是怎么回事呢？

有些村民立即联想到灾难即将降临，是洪水前的征兆吗？2005年，这里就暴发过洪水。在洪水暴发之前的两个小时，有些村民看见村里的动物像集体搬迁似的逃离了村子，其中也包括大量蟾蜍。难道这数万只蟾蜍正在进行大迁徙，洪水又要来了吗？想到这里，村民们的不安情绪又增加了。

大概三个小时过去了，蟾蜍的数量不但没有减少，反而越来越多，近百万只蟾蜍出现在了村子里，村民的恐惧感也越来越强。

六个小时过去了，村民们担心的灾难并没有发生。而就在此时，蟾蜍的数量似乎开始减少。随着时间的流逝，这支庞大的蟾蜍大军很快消失了。

这些蟾蜍去了哪里？为什么这么多蟾蜍忽然降临清河村，然后又神秘消失了？洪水到底会不会来？为了解开这些困扰村民的疑问，中国科学院成都生物研究所研究员江建平博士应邀来到了大邑县清河村。

江博士一行人在清河村附近的一处竹林中找到了这些蟾蜍。根据江博士的判断，这些蟾蜍属于中华大蟾蜍，这些个头不大的蟾蜍可能来自于附近的蟾蜍产卵地。如果有千余只雌蟾蜍曾经在此产卵，那么这百万蟾蜍大军的到来，似乎就在情理之中了。

根据这一推测，江博士认为，附近一定有适合蟾蜍产卵的水域。勘察后，江博士发现，与何国辉等村民家相连的河岸附近的水位要比对面河岸的水位低得多，而且水流也比较缓，有利于雌蟾蜍产卵和幼蟾上岸。当雌蟾蜍在这边产完卵后，大量的卵变成蝌蚪，这些蝌蚪经过完全变态就成了幼蟾。然后，幼蟾就会沿着比较低的河岸爬上来。

那么，为什么这些蟾蜍上岸后更多地集中在了何国辉等少数几户村民家周围，其他一些沿河的村民家里却没有出现太多的蟾蜍呢？原来，这个问题出在何国辉家的菜地里。菜地的虫子给蟾蜍提供了食物，菜地潮湿的环境也是蟾蜍喜欢的。而这些蟾蜍之所以集中上岸，是因为刚下了一场雨，地面比较潮湿。

这下，村民们终于明白了，种种地理上、生态上和气候上的原因导致近百万只蟾蜍来到了清河村。它们的目的不是袭扰村民，也并非暗示洪水的到来，而是想爬到清河村的后山“定居”，所以才路经这里。

可是，以前这也有蟾蜍出现，为什么今年会突发性地出现那么多呢？是因为天敌少了，蟾蜍的成活率高了，还是某种异常的气候因素导致的？这些问题还要等待专家们进一步的研究。

落雁谜山

2010年12月31日的夜晚，美国阿肯色州的一个小镇上，人们正在欢庆新年的到来。突然，五千多只燕八哥如“黑雨”般从空中掉落，人们惊慌避让，欢乐祥和的气氛一扫而空。

随后，鸟类神秘死亡事件波及了欧洲。2011年1月4日，瑞典福柯平地区的居民晚上驾车回家时，看到上百只寒鸦死在冰冷的街道上。1月7日，意大利北部小城法恩扎出现了大约八千只死斑鸠。同一天，我国台湾的台中县东部山区也发现有一百多只野鸟暴毙。

一时间，“鸟”成为网站上被搜索最多的词汇，人们猜测着这些鸟突然集体死亡的原因。

如果说，上述事件都是偶然事件，那么你相信在某一个地方，类似的事情几乎每年都会发生吗？

这个神秘的地方就在我国滇西、藏东重峦叠嶂的大山之中，外表看上去只是一座不起眼的小山，但是这里却是不折不扣的大雁的“鬼门关”，它名叫落雁山。

在所有的候鸟中，大雁似乎是最为我们所熟知的。每年秋冬时分，大雁都会从西伯利亚一带飞到我国的南方过冬，每年春天又不厌其烦地飞回西伯利亚。一路上飞越数不清的山岭，畅通无阻。可是，大雁们一旦到了落雁山，无一例外地会在空中盘旋很久，不知被一种什么力量所控制，然后筋疲力尽，坠地而亡。落雁山也因此而得名。

为什么大雁一到此地就会盘旋不前？究竟是什么神秘的力量控制了它们？对此，人们给出了各种猜测，但都没有得到科学的证实。

众所周知，大雁是鸟类中出色的空中旅行家，它们良好的方向意识依靠着两种导航方式——视觉定向和非视觉定向。视觉定向是大雁对光刺激的一种反应，产生光刺激的有太阳、月亮、陆地上的光源等。由于受到日夜交替、阴雨大雾等气候变化的影响，有时候视觉定向不能发挥作用，因此就需要靠非视觉定向来帮助。非视觉定向包括地球磁场定向、风定向、听觉定向、地心引力定向以及体内生物钟的调节作用等。

滇西横断山脉中含有丰富的金属矿藏，磁铁矿的存在使该地区的磁力产生异常变化。有人曾经使用罗盘进行测试，结果发现磁针发生了明显偏移，这说明该地区的磁场受到了干扰。因而，有人提出，可能是地下磁铁矿石的作用，干扰了大雁的磁场定向，使它们辨识不清方向。

磁场的干扰，不但可以使飞机或轮船的仪表失灵，当然也能使靠磁力导航的大雁陷入绝地，这似乎是一个合理的解释。

此外，还有人推测，也可能是空气涡流的原因。处于群山环抱之中的落雁山，风向在不同高度的旋转方向也不同，交接处便会形成一个强有力的涡流，闯入其中的雁阵敌不住气流的撞击，就会坠地而亡。

但是，“磁力异常说”和“涡流说”这两种情况，置动物于死地都应在瞬间完成。那究竟又是什么因素破坏了大雁的神经系统，使它丧失了辨别方向的能力而陷入死亡的绝境呢？关于落雁山落雁的真正原因，目前尚无令人信服的结论！

大难不死的“女王”

1995年5月里的一天，两个新疆小男孩拿着一只乌龟正在公路旁边玩耍。一不小心，乌龟被丢到了公路上，一辆疾驶而过的汽车正好从乌龟的身上碾轧过去。两个男孩急坏了，待汽车开过去之后，马上奔上前拾起乌龟，然而他们惊讶地发现乌龟居然没有死！

孩子们的欢叫声引起了两个过路人的注意，他们是新疆霍城县林业局的工作人员——塔衣尔和衣玛木。塔衣尔把乌龟抱了起来，他惊喜地发现这正是他们此次出行要寻找的目标——四爪陆龟。

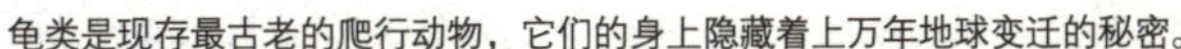
龟类是现存最古老的爬行动物，它们的身上隐藏着上万年地球变迁的秘密。

四爪陆龟别名草原陆龟，是世界上仅有的三种陆龟之一，当地人称为“旱龟”，维吾尔语叫“塔西帕克”。20世纪50年代，它们在新疆霍城县曾经广泛分布着，但由于当地生态平衡遭到破坏，四爪陆龟

失去了良好的生存环境，已经濒临灭绝。1983年，为了保护这种珍贵的陆龟，霍城县北部方圆150平方千米的荒漠草场，被辟为了中国四爪陆龟自然保护区。

此时，这只陆龟的头、四肢和尾巴都缩进了龟壳里，一动也不动。塔衣尔正在伤心时，忽然发觉怀里的陆龟动了起来。只见它慢慢地伸出了脚爪，没多久，短尾巴也缓缓地伸出来了，又过了一会儿，那长着锯齿状喙的头部也慢吞吞地伸出来了，一双绿豆般的眼睛骨碌碌地看着塔衣尔。

“哎呀，被汽车轧过居然都没有死，真是奇龟呀！”大喜过望的塔衣尔跟衣玛木抱着这只大难不死的陆龟回到了保护区。

众所周知，龟是两栖动物，但四爪陆龟却格外怕水，一旦误入沼泽或水池，就只有死路一条。相反，它是攀登的好手，即使是垂直陡峭的悬崖，也能敏捷攀登，连山羊也望尘莫及。

在世界上，陆龟多分布于热带、亚热带地区，而在欧亚大陆腹地干旱区的新疆，居然也会有陆龟，真是让人难以想象。这说明，几千万年前的伊犁河谷，也曾有过湿润的亚热带气候。这对于研究我国的动物区系、古地质、古气候以及爬行动物的演化，都具有重要的科研价值。

陆龟能在这种干旱高温的环境中生存下来，也是它们的珍奇之处。不过，这些四爪陆龟最让人佩服的，还是它们夏季“抗高温”、“抗酷旱”的能力。夏季，保护区内的气温很高，沙土里的温度更高，可是在水分奇缺且高温的沙土里，陆龟们仍然可以存活。四爪陆龟怎样在这种条件下生存的，至今仍是一个谜。

来到保护区之后，这只大难不死的雌性陆龟生活得有滋有味，由于它的体型比其他的雌性陆龟大许多，赢得了许多雄性陆龟的青睐，俨然已经成为保护区内的陆龟“女王”。不管它爬到哪里，后面总会跟着一长串雄性求爱者，围在它的身边大献殷勤。

目前，这些四爪陆龟们正快乐地在新疆霍城县四爪陆龟保护区内繁衍生息，相信终有一日，我们能够揭开它们身上隐藏的秘密。

探秘山羊“女儿国”

相信看过电视剧《西游记》的人，都会对《趣经女儿国》这一集记忆犹新。在女儿国里，全部都是女人，没有男人。女人长到二十岁，就去喝子母河的水，三天后就可以生下一个女孩。

很多人都认为，这一情节是作者杜撰的，可是在我国安徽省一个小山村里就

谁又能想到小小山羊竟有如此惊人的秘密！

有这么一个“女儿国”，只不过，在这个“女儿国”里生活的是山羊。

在安徽省一个依山傍水的地方，有一所看起来很平常的小院子，两间10多平方米的小房子里圈养着十多只母羊。房子的外面是一个近40平方米的院子，一米四高的围墙把它与外界隔绝。这里就是山羊“女儿国”——安徽省繁昌县科委驻宜兴山羊单性繁殖研究室。

在潘家坝当地，流传着一种非常奇特的山羊繁殖方式。母山羊无须与公羊交配，只需用水浇灌或将羊放入河塘，就可以让母山羊受孕产仔。除了冬天太冷以外，其他季节只要母羊发情叫窝，用河水、塘水浇灌或用水注射都可以。当地人把这种怪异的单亲繁殖方式叫“水压窝”。

为了证实这种流传上百年的山羊繁殖方式，并揭开其中的奥秘，安徽省繁昌县科委在1980年11月制定了母山羊“水压窝”繁殖的试验方案，并成立了“安徽省繁昌县科委驻宜兴山羊单性繁殖研究室”。

在平时，所有的试验羊都被一把沉重的铁锁紧锁在光线阴暗的“深闺”之中，每天由饲养人员定时供给稻草、萝卜叶、大麦等饲料。只有上、下午各一小时的“放风”时间里，母山羊才能到院子里进行自由活动，而院门照例是被紧锁着的。

自1980年12月至1981年8月，该研究室在与外界雄性羊绝对隔离的条件下，对十六头母山羊做了八十七次“水压窝”试验。结果，有四头山羊先后受孕，有的母羊经剖腹取出了子胎，有的顺产子胎，该种山羊繁殖方式在人工试验条件下获得成功。

虽然世界上已经有哺乳动物单性繁殖的先例，但那都是在对卵细胞进行人工刺激的情况下成功的，像这种自然单性繁殖的情况尚未见有报道。这种单亲繁殖方式的发现和研究，必将对生物学的理论和实践产生深远的影响。但是，它的机理是什么？至今还无人作出科学的回答。到底是不是水的刺激起到了同人工刺激相同的作用，导致卵细胞分裂发育而获得单亲后代呢？这也只是一种设想，还没有得到可信的证据。

另外，母山羊单性繁殖的后代所产生的变异，也是一个未解之谜。按照当代遗传学理论，山羊只存在一条X染色体，即雌性染色体，它的后代应该只能是雌性山羊，而且外貌应与其母一致，但“水压窝”试验结果表明：繁殖的后代有雌有雄，而且毛色等外貌特点都可能产生变异。

看来，要揭开母山羊单性繁殖之谜，还需要生物遗传学、生物化学、生物物理学、生物细胞学、生殖生理学、发育生物学等方面的科学家的共同努力了。

白蚁的“摩天大厦”

在中国广西和云南两地的南部以及海南岛的林地中，有许多耸立着的像金字塔一样的“建筑物”。这是白蚁为自己建造的巢穴，就如同人类建造的摩天大厦，人们称它为蚁塔。

白蚁是生活在热带地区的一种高度发达的社会性昆虫，经常是成千上万只生活在一起，最大的蚁群甚至可达两百万只。对人类来说，白蚁是一种具有极大破坏性的害虫，毁坏森林、建筑和家具，但它们并非一无是处，蚁穴的建筑奥秘对人类非常有启发，可能会对人类住房产生革命性的影响。

一些科学家曾经花费数年时间，对蚁塔进行了详细的科学研究。他们发现，蚁塔能够自动控制穴内的温度和湿度，自动换气，让穴内环境永远处在最舒适状态。

从外表看，白蚁的蚁塔就像一个由土堆成的金字塔，一般有3米高，一些蚁塔居然可高达8～9米，而且蚁穴还会延伸到地下很深的地方，有的深达2米。

蚁塔的外壳看似疏松，其实非常坚硬，就是用斧子砍，也很难留下痕迹，因而就更不怕风吹雨淋了。这是因为，白蚁在建塔时，在泥土中混合了自己的分泌物和排泄物，使泥土干燥后变得坚硬而牢固。

塔内还修建有一些垂直式空气调节管道：塔顶有一个较粗的通气孔，然后分成许多细孔道，呈辐射状向下延伸，到了塔的下部，又合并成一个粗孔道，直通地下室。这种巧妙的“通风设备”，不仅大大增强了塔内的空气流通，还可以保证充足氧气的供应。因为，一个蚁穴里生活着上百万只白蚁，它们要消耗大量的氧气，这些白蚁一同呼吸的耗氧量相当于一头母牛的耗氧量，如果空气不能及时更换，这些白蚁很快就会死亡。

最令人觉得不可思议的是，蚁穴里面的温度是恒温的。从全球的统计数字来看，蚁穴所在的地方，有的白天温度超过40摄氏度，而有的冬天晚上最低气温达到零度以下，可是蚁穴里面的温度一年四季始终都是3摄氏度。蚁穴还可自动调节空气湿度：

在干旱的沙漠里，蚁穴里面并不干燥；在雨水很多的地方，蚁穴里面也不潮湿。

还有一个谜，让科学家百思不得其解，那就是白蚁是如何处理废物的？因为，人们一直没有在蚁穴中发现白蚁的排泄物或其他垃圾。

人类虽然已经建起了一百多层的摩天大楼，但与蚁塔相比还相差甚远。白蚁一般身长只有几毫米，蚁塔高度相当于其身长的1400多倍，如果按照这样的比例，人类建造大厦的高度就要达到2300米以上，这恐怕目前还无法办到。而且，建筑师们认为，如果真能建成蚁塔一样的房屋，那么人类就很少需要或者根本不需要供热、通风、空调系统，从而节省更多资源。

如此看来，小小的蚁塔中还隐藏着很多有意义的未解之谜，希望相关专家能够尽快地揭开这些谜题，让它们能够造福于我们人类。

最后一只新疆虎

2002年，为了一个流传五十多年的传说，一群热爱野生动物的探险者踏上了征程。他们希望通过这次活动，能唤醒全社会对生态环境的关注，并且找到传说中的荒漠之王——新疆虎。

1979年，在印度召开的国际老虎保护会议上曾经宣布新疆虎已经灭绝，时间是1916年。

为什么是1916年？中科院新疆分院生态与地理研究所马鸣研究员说：“要判定一个野生动物的灭绝时间，目前学术界尚未有统一的标准，在一般意义上是指人类对于该动物最后一次活动的记录时间。新疆虎灭绝于1916年这一说法，是根据瑞典探险家斯文·赫定在1934年的调查记录来判定的。1934年，赫定第三次来到塔里木时专门做了实地调查，结果所有的人都说二三十年间从未见过老虎了。只有一个人告诉他们，在十多年前，看到一只老得不能再老的新疆虎沿着塔里木河向上游走去。因此，新疆虎的绝迹时间被断定在1916年。”

如今，我们已很难在野外见到丛林之王的雄姿了。

新疆虎是中国虎种的五个

亚种之一，也是全世界荒漠地区唯一的虎种。根据记载，学者最初是从博斯腾湖附近获得它的标本，并正式定名的。

专家认为，新疆虎的大量减少和它的食物基础变化有关。从前，罗布泊一带水草非常肥美，野猪、野狼成群，但人类大量垦荒导致了湿地减少，绿洲逐渐消失，野猪也随之锐减，最终使得新疆虎失去了食物。另外，当时人们普遍有猎虎的习惯，这也是导致新疆地区的虎走向灭绝的重要原因。

20世纪40年代，苏联一位探险家在新疆猎走了一只老虎。经专家考证，那极有可能是新疆境内最后一只老虎。

但是，从20世纪50年代到21世纪初期，关于新疆虎的民间传说却一直没有断绝过。

1951年，在天山南麓的阿克苏胡杨林垦区，一队军垦战士开荒时就看到过老虎。当时，尚未完全开垦的那片荒地上，胡杨参天，红柳覆地，苇茂林密，水草丰美，野猪、黄羊等野生动物成群结队。新疆虎能够获得足够的食物来源，生存状况应该还不错。

1965年，奇台县某农场的几名农工去阿勒泰拉运木材，当车沿着茫茫戈壁行驶到一个叫野马潜的地方时，前方突然出现了两只老虎。几个人从未在野外见过老虎，当时都惊出了一身冷汗！老虎也大吃一惊，撒腿就向戈壁滩狂奔，一转眼便消失得无影无踪了。

2001年，在准噶尔盆地边缘的某农场，有几个人在一片树林中与两只老虎相遇。当时，人与虎相距还不到200米，人们甚至能够清晰地看到老虎的毛色和体态。大家都害怕老虎，谁也没敢声张，而老虎也许更怕人，打了个照面便匆匆离去了。

虽然国际老虎保护会议宣布新疆虎已经灭绝，但关于最后一只新疆虎的说法一直没有定论。直到今天，新疆虎的身份、灭绝原因以及灭绝时间仍然悬而未解，加之最近几年不断有新疆虎重现的传闻，人们更是对新疆虎是否灭绝产生了更多的疑问。而且，随着塔里木河流域综合整治工程及输水工程的实施，新疆虎的主要食物——野猪的数量正逐渐增多，新疆虎重新出现也是极有可能的，不过这还有待于进一步的实地考证。

最后的野马

清晨，温和的阳光洒在新疆卡拉麦里自然保护区的荒漠草原上，工作人员打开了围栏的大门，静静地等候着。一匹公马试探着从围栏内的一角向门外走去，母马

也许，让新疆野马回归自然才是对它们的最好保护。

和马驹们紧随其后。不过，它们似乎并不愿意离开这个有水有草有人照顾的地方，一直徘徊在围栏的周围。最后，工作人员大声喊叫着驱赶，它们才不太情愿地奔跑出去。

这就是曾经在这片土地上繁衍生息、但因掠杀而消失约一个世纪的新疆普氏野马，在有计划的人工训练下，它们将在它们的故土开始真正的野性生活！

新疆野马是世界上现存的唯一的野生马，曾经广泛分布在亚洲原野上。根据1985年的统计，现存于世界其他各国百余个动物园和养马场的六千多匹新疆野马，都是19世纪末至20世纪初从中国准噶尔盆地和蒙古国西南边境捕捉去的少数新疆野马的后裔。

在这些新疆野马的原产地，因为捕杀和生存环境恶化，新疆野马的数量越来越少，最后一次发现新疆野马是在1957年。近年来，国内的专家曾多次组织考察队，深入到准噶尔荒漠、乌伦古河、卡拉麦里山、北塔山等新疆野马产地进行考察，虽然发现了一些线索，但一直没有获得它活生生存在的确凿证据。

普氏野马如同大熊猫一样，也是“活化石”级的动物。由于新疆野马生活在环境极其艰苦的荒漠戈壁，不仅食物匮乏，水源缺乏，还要面对低温和暴风雪的侵袭，再加上人类的捕杀和对其栖息地的破坏，直接导致了它们在野外的消亡。在近一个世纪的时间里，普氏野马的分布区急剧缩小，仅仅局限在新疆北塔山以东的中蒙边境地带约1万平方千米的范围内。

1947年，有人曾在蒙古国西部捕捉到一匹新疆野马，此后就再也没有发现过野生的新疆野马。在我国，1957年也曾捕到过一匹，1969年尚有人在准噶尔盆地看到过八匹新疆野马，1971年当地的猎人看到过单匹的普氏野马，20世纪80年代初还有人在东准噶尔盆地乌伦古河和克拉美山之间的地域发现了普氏野马的踪迹，但都没有确凿的证据。后来，新疆地区也时常传来发现新疆野马的消息，不过事后证实都是蒙古野驴。

通过对已经获得的情况的分析，专家们认为，如果自然界中还有新疆野马，其种群数量也已经十分稀少，不足以保证生物物种的生存，所以野生的新疆野马很可能已经灭绝了。

为防止分布在世界各国的野马后裔严重退化，中国除正在执行国际性“野马还乡”计划外，寻找野生马的考察活动也仍在深入进行中，并已获得了野马头骨和皮张的标本。但是，新疆境内目前是否还有活的野马，仍有待于人们去揭晓。

国宝大熊猫的绝密档案

“竹子开花啰喂，咪咪躺在妈妈的怀里数星星。星星呀星星多美丽，明天的早餐在哪里……”这首名为《熊猫咪咪》的歌曲曾经在20世纪80年代传唱一时。在当时，由于四川岷山的箭竹同时大面积开花，竹林枯萎，大熊猫断了炊，而嗜竹如命的大熊猫宁死不肯食用人类提供的其他食品。这场饥荒后，调查人员找到了一百三十八具大熊猫尸体。

一提起大熊猫，我们就会立刻联想到竹子，一看见竹子又会立刻想到大熊猫，大熊猫与竹子形成了固定的画面，竹子早已成为大熊猫名副其实的专利食品。那么，大熊猫为什么如此挑食呢？那硬邦邦的竹子中究竟有什么好味道，能让大熊猫如此着迷？这是最令中外大熊猫研究者们困惑的问题。

从理论上分析，长着肉食动物消化系统的大熊猫是杂食动物，它们应该什么都能吃，其中不乏动物皮肉和脂肪、水果、植物茎叶。然而，事实却大相径庭。在大熊猫的食谱中，竹子占百分之九十，而且它们嗜竹如命。为了满足这一特殊嗜好，大熊猫每天不得不花费十二个小时的时间进食，否则便要患营养不良症。实际上，它们那可爱的圆脸也得益于此，正是为了咀嚼竹子，大熊猫脸上的咀嚼肌肉才变得如此强大。

大熊猫是如何将坚硬的竹子消化的呢？是不是在大熊猫的肠道中存在着一些能分解植物纤维素的东西呢？日本生物学家通过一些系列实验，从大熊猫的粪便中找到了这个问题的答案。从粪便中，日本生物学家分离出了二百七十多种微生物。经过分析，其中一些微生物具有高效分解能力，有了这些微生物的帮助，大熊猫自然能够轻松地将那些坚硬的竹子消化掉。

中国科学家对一只名叫“晶晶”的雌性大熊猫的基因组进行了研究，发现它的一种味觉基因发生了变异，导致它无法感知肉类和其他高蛋白食物的鲜美味道，却只对竹子垂涎三尺。所以，中国的科学家认为，大熊猫挑食很可能是非常偶然的基因突变造成的，它们的基因和消化系统本是适合吃肉食的，如今却不得不依靠肠道内的微生物来分解竹子，摄取足够的营养。

大熊猫“挑食”之谜，可以说基本上有了科学的解释，但是，这并不代表着问题的结束，这仅仅只是开始。

可以说，憨态可掬的大熊猫是全世界最受人喜爱、知名度最高的动物。可是，事实上，我们并没有真正了解大熊猫。大熊猫为什么有“黑眼圈”？大熊猫和狗熊是近亲吗？为什么大熊猫的幼仔小到只有几百克左右？大熊猫的起源在哪里？未来的大熊猫会是什么模样？……在大熊猫的身上，还有着一个又一个难解的谜题。

我们相信，大熊猫之谜一旦解开，它的意义绝不是仅仅有助于人们对大熊猫的了解和保护，大熊猫生存的奥秘一定会适用于许多其他动物，包括我们人类。

最昂贵的“尸体”

“冬天是虫，夏天是草，冬虫夏草是个宝。”自然界的变化奥妙无穷，世界上就有这样一种身兼动物、植物的奇特生物。冬天的形状完全是虫，夏天的形状又像是草，所以有了这么一个形象生动的名字——冬虫夏草。

冬虫夏草，也叫“虫草”，多产于中国四川、云南、青海、西藏等地的高海拔雪域环境中，是一种珍贵的药材。从外形上看，说它是动物，而它的根又深扎在泥土里，头上还长着一根草；说它像植物，而它的根部又是一条虫子，长有头和嘴，还有八对整齐的足。

蝙蝠蛾正在休息，它不知道自己即将经历怎样的命运。

冬虫夏草这种怪模怪样的东西是如何形成的呢？一位英国真菌学家经过多年研究之后发现，冬虫夏草是一种叫“虫草菌”的植物寄生于蝙蝠蛾的幼虫上而形成的。

蝙蝠蛾是一种很像蝴蝶的昆虫，每当春暖花开之时，它便在草丛间翩翩起舞寻找配偶，在冬天来临之际，雌蛾便将虫卵产在土壤里，然后静静地死去。

这些虫卵在土壤里经过一个月的孵化，一条条白白胖胖的幼虫便形成了。这些幼虫蛰伏在潮湿而温暖的土壤内越冬，以小叶杜鹃、蒿草、珠叶蓼等植物多汁的、富有营养的嫩根作为越冬食物。不过，它们不知道美味的食物有时候也会成为致命的杀手。

这个杀手名叫虫草菌，它一旦遇到蝙蝠蛾的幼虫，便会黏附在幼虫的表皮之上，并钻进幼虫的体腔内，吃掉幼虫体内的所有内脏，并滋生出无数新菌丝，塞满整个皮壳，使其成为一具被菌丝充满的“尸体”。

藏在蝙蝠蛾幼虫尸体内的虫草菌，安然地过完冬眠期，待到来年春天气温回暖之时，便会破土而出，并逐渐长成一株紫红色的小草，顶端有一个菠萝状的“果实”。这里面包含着许许多多的虫草菌种子，待它们成熟后，又继承祖辈的衣钵，代代相传，繁衍子孙，这样便不断地产生冬虫夏草。

到此，原本普通至极的蝙蝠蛾幼虫在付出了生命的代价之后，和同样普通至极的虫草菌珠联璧合，就生成了大名鼎鼎的冬虫夏草。

冬虫夏草的变化是这样奇特，其神奇的功效也非常之多，它不但对人体各种脏器的功能具有调节作用，还能治疗某些疾病。因此，自古以来，冬虫夏草就被视为一种名贵中药材，有着 “软黄金”之名，价格从20世纪80年代的一千克几百元，迅速上涨到现在的几万元，甚至几十万元，堪称最昂贵的“尸体”。

从唐代入药开始到清代末年的千余年中，我国古代的医药学家一直在研究冬虫夏草的生长过程，但一直未能揭开谜底，致使冬虫夏草一直被云遮雾罩，显得神秘莫测。

如今，对于冬虫夏草的种植和功效，我国微生物界、中医药界已经进行了多年的研究，并取得了一定的成绩。比如，通过液体培养把冬虫夏草菌产业化，实现了在低海拔地区养育蝙蝠蛾幼虫等等。

但是，虫草菌是如何侵入蝙蝠蛾幼虫体内的？为什么只有1%～10%的蝙蝠蛾幼虫才会被感染而长成冬虫夏草？为什么虫草菌不感染其他种类昆虫的幼虫，只对蝙蝠蛾的幼虫情有独钟？冬虫夏草的功效是如何在人体内实现的？……目前，冬虫夏草仍然还有许多未解之谜，等待着我们去破解。

MYSTERIOUS

3 CHAPTER 迷失的历史秘闻

在中华民族上下五千年的历史长河中，有着无数的未解之

话说“三皇五帝”

“自从盘古开天地，三皇五帝到如今。”在中国人的传统观念中，盘古是开天辟地的神话英雄，“三皇五帝”是上古时期的“神人”。那么，“三皇五帝”究竟是否确有其人呢？如果确有其人，他们又都是谁呢？

我们知道，中国的神话在一定程度上反映了中国的远古历史。所以说，“三皇五帝”应该都是部落的首领，由于实力强大所以成为部落联盟的领导者。但是，不同史家对“三皇五帝”却有不同的定义。

“三皇”总名最早见于《吕氏春秋》，“三皇”的分名最早见于《史记·秦始皇本纪》中的李斯奏议。李斯说：“古有天皇，有地皇，有泰皇，泰皇最贵。”而《春秋纬·命历序》则以为“三皇”是天皇、地皇和人皇。到了宋代，罗泌著《路史》引孔衍《春秋后语》力图调解这个矛盾，认为泰皇即人皇。那么，“三皇”究竟是谁呢？

仅仅在汉代学者之间，就有五种不同的说法：第一种认为是燧人、伏羲和神农；第二种认为是伏羲、女娲和神农；第三种认为是伏羲、神农和祝融；第四种认为是伏羲、神农和共工；第五种认为是伏羲、神农和黄帝。

中国古书中关于以上人物的记载，都是一些美丽动人的神话，我们能从中看到原始社会氏族和部落的历史。这些古代神话传说形象地反映了我们中华民族勤劳、勇敢和智慧的光荣传统，深刻地说明人类社会的最初文明是经过艰苦斗争而创造出来的。

“三皇”无定说，自古如此。那么“五帝”的情况又是怎样呢？

传说中，伏羲是“三皇”中的一位。

“五帝”之说形成于周秦之际，起源于五方帝、五色帝之祠，甲骨文中出现的方帝、帝方指的就是五方帝之祀。

帝，原指天帝，人间的“五帝”一词在孟子时期还没有出现。在《荀子》中，学者们发现了“五帝”一词，但没有人名。由于战国后期“五行说”逐渐建立，凡事都要凑够五才能成数，于是便出现了下列五种“五帝”之说。

第一种观点是：黄帝、颛顼、帝喾、尧、舜。

第二种观点是：伏羲、神农、黄帝、尧、舜。

第三种观点是：太昊、炎帝、黄帝、少昊、颛顼。

第四种观点是：少昊、颛顼、帝喾、尧、舜。

第五种观点是：黄帝、少昊、颛顼、帝喾、尧。

但哪种说法最准确呢？根据对当时社会的影响，他们都有资格列入“五帝”，然而由于名额的限制，又不能一一都列入“五帝”之位，这才有了分歧。

所以，“三皇五帝”到底是指哪几位，目前还无法确定。其实，“三皇五帝”传说的分歧，是我国多民族发展的产物，它曲折地反映了民族融合的历史趋势。“三皇五帝”是中华民族的祖先，天下炎黄子孙同宗同源，这种血脉亲情世代相传，才产生了如此强大的民族凝聚力和感召力。

黄帝是人还是神

在峰峦起伏的陕北高原上，有一个黄陵县，其县城北部有一座山，名为桥山。山上古柏成林，郁郁葱葱。桥山顶上有一座高大的陵墓，这就是传说中的中华民族的祖先——黄帝的墓，人们称其为“黄帝陵”。

在中国历史上，无论是历史典籍还是神话传说，都有许多关于黄帝的记载。他的名声最响，被视为中华民族的祖先。然而，黄帝究竟是在历史上确有其人，还是神话传说中虚构出来的人物？学术界至今尚无定论。

中国著名的神话研究专家袁珂先生认为，黄帝只是神话传说中的人物。他的形象来源于雷电，最初黄帝就是雷神，雷神的势力强大之后，成为了位居天地中央的天神。相传，他长有四张脸，能同时顾及到东西南北四个方向，无论什么地方发生了事情总逃不过他的眼睛。后来，他战胜了东西南北四个天神，成了天下的共主。

另一位专家曲辰则认为，黄帝是历史上确确实实存在过的历史人物，应该是原始社会末期的一位部落联盟首领。据《史记·五帝本纪》记载：“黄帝者，少典之子，姓公孙，名轩辕。生而神灵，弱而能言，幼而徇齐，长而敦敏，成而聪明。”这段记载反映出，黄帝生下来就很神奇灵异，在襁褓中就能说话，显示了其与众不同的禀赋。成年之后，他宽厚仁慈，善恶分明，见识渊博，深得部族民众的拥戴，成为了部落首领。后来，黄帝联合炎帝，打败了蚩尤，统一了天下，成为天下共主。黄帝在位期间，政治安定，文化进步，有许多发明和创造，如文字、音乐、历法、宫室、舟车、衣裳和指南车等。相传，尧、舜、禹、汤等著名的历史人物都是他的后裔，因此黄帝被奉为中华民族的共同始祖。

对黄帝的追问，是追寻中华民族文明曙光的第一步。图为黄帝陵。

著名历史学家王立群以《史记》为依据，他认为黄帝的身份经历了三种变化，即：从传说中的历史人物，到历史中的传说人物，再到一个符号化的象征人物。在口传的历史进程中，黄帝被赋予了一种神形，也就是经历了由人到神的一种演化，成了一个文化符号。

那么，为什么人们把他称为“黄帝”，而不是其他名称呢？

一些学者认为，黄帝为中央天帝，是管理天地四方的中央首领，又因专管土地，而土是黄色的，故名“黄帝”。中国人不但是黄种人，而且自称炎黄子孙；吃的是黄米（粟）、黄豆，住的是黄河沿岸、黄海之滨……中国文化渊源于华北，而华北居民生活环境里最有支配性的颜色，除了青天之青，便是黄土之黄了。由此，当代学者多主张黄帝即“黄地”，这种称呼是对地母崇拜的表现，反映了原始农业文明时期人们对黄土地的崇拜的一种特殊感情。

黄帝究竟是人还是神？后人为何称其为“黄帝”？此外，还有黄帝的身世之谜、死因之谜、陵寝之谜、功绩之谜……关于黄帝，有着许许多多的未解之谜，等待着人们继续探究下去。

外星战神——蚩尤

距今五千多年前，在中原的涿鹿地区发生了一场惊天地泣鬼神的殊死大战。一方是被今人奉为中华民族祖先的黄帝及联合出兵的炎帝，另一方则是长相怪异、身世神秘的“大反派”——蚩尤。

据史载，这场大战直杀得天昏地暗、鬼哭神嚎。黄帝先以虎、豹、熊、罴作先锋，铺天盖地冲了上去，接着又截断了江河，准备把蚩尤淹死。而蚩尤却毫不畏惧，挺身而立，并请来了风伯、雨师，刮起了狂风，下起了暴雨，阻止黄帝进军。

黄帝见蚩尤如此神通广大，难以取胜，就请来玄女、旱魃前来助战。只听，旱魃大声呐喊，顿时阳光普照，乌云无影无踪，大雨骤然停止；玄女一敲皮鼓，震天动地，声震五百里，蚩尤被震得魂不守舍，晕头转向。

蚩尤忙又作起了弥天大雾，扬起了飞沙走石，使黄帝的大军迷失方向，不辨敌我，自相攻打。

蚩尤认为雾是取胜的法宝，再次作战时便又作起雾来。不料，黄帝早已按北斗星杓指示方向的原理，制成了指南车，在迷雾中找准方向，直捣蚩尤的大本营。结果出其不意地捉住了蚩尤，将他杀死，使之身首异处。

自此，黄帝统一了中原，受万民景仰。不过，蚩尤在战败被杀之后，也被历代帝王和民间百姓尊奉为“兵主”、“战神”。在民间，到处都有蚩尤祠、蚩尤庙。据说，蚩尤死后，他的脚镣手铐长成了枫木。苗族人祭奉自己的祖先为“剖尤”、“枫神”，其实都是对蚩尤的纪念。

这使现代的人们不禁产生了极大的疑问，蚩尤到底是怎样一个人物？有的说，他是东夷族的首领；有的说，他是南方苗族的首领；有的说，蚩尤只是一个星象名，没有蚩尤这个人物。这其中，种种谜团，令人费解。

近来，又出现了一个大胆的假说，认为蚩尤是一台智能机器人，涿鹿之战是有天外来客参战的星际战争，给这本来就难解的谜又增添了几分神奇色彩。

据古书上记载，蚩尤的长相极为奇特，传说他是个铜头、铁额、人身、牛蹄、四只眼睛、八个脚趾、头上有角、耳鬓像戟，身上还有翅膀，能飞空走险，能吞沙咽石，能说人言的怪物。这样看来，他的骨骼和外壳应该是金属制造的了。头上长角，是不是天线呢？四只眼睛，是不是光学测管？八个脚趾，应该是运行装置，可进退自如。食沙吞石，大概是在采集矿石，就地化验、熔炼。长有翅膀，当然可以起飞降落。这么看起来，蚩尤岂不是个超级智能机器人？

又据《管子·地数篇》记载，蚩尤用葛卢山流出的金属水，制成了剑、铠、矛、戟等兵器，又用雍狐山流出的金属水，制成长戟、短戈。

经考证，在许许多多的古代文化遗址中，仅有两处与炼铜有关。一是与蚩尤大体年代相同的山东龙山文化遗址。在龙山文化遗址挖掘出一些炼铜渣和孔雀石一类的炼铜原料，但没有铜制兵器。二是河南二里头文化遗址，虽然发现有青铜兵器，但经过C^{14}测定，这些兵器应该是夏朝的东西，那是距蚩尤一千年以后的事了。而蚩尤当时不但拥有大量先进的兵器，并且能用于大规模的实战，这是当时地球人能做到的吗？

因此，有人提出大胆的假说，认为涿鹿之战是有天外来客参战的星际战争。

这种种假说、猜想，哪一个最接近真实呢？看来，只有期待考古发现和科学技术的进步了。岁月悠悠，数千年的沧桑变化，炎帝、黄帝和蚩尤历经战争的洗礼和部族的大融合，在这块古老的土地上繁衍生息，孕育了中华民族，而华夏子孙也将在真正认识自己祖先的同时，真正地认识自己！

女娲传说

相传，远古时候，天塌地裂，大火延烧，洪水泛滥，飞禽作孽，走兽横行。在百姓哀号、冤魂遍野之际，一位叫女娲的英雄挺身而出，她“炼五色石以补苍天，断鳌足以立四极，杀黑龙以济冀州，积芦灰以止淫水（指泛滥溢流的大水）”，从而拯救了人类。

几千年来，在人们的印象中，“抟土造人”、“炼石补天”的女娲一直是位远古神话中征服自然、改造自然的虚拟英雄人物，是中国古代传说中的“三皇”之一。但事实上，关于女娲的其人其事，却有着不少待解之谜。

首先，女娲究竟是男还是女？

在中国古籍中，有很多关于女娲的记载，说她是一位人面蛇身的女皇。从古至今有关书籍中的女娲图像，也都为女子。这是根据上古神话传说中，女娲是伏羲的妹妹，或者根据她的名字、所处的母系社会，大部分人断定女娲是女性，并且将她看作创世之母。

但是，清代一些学者认为，女娲原为男性，只是后人讹传为了女性。女娲本是风姓，号女希氏，是上古时帝王中的贤者。因为当时没有文字，只以音呼，后人因音成字，写成了女娲，并不是指其性别为女。古人把伏羲、女娲、神农称为“三皇”，也正是把女娲当成男子看待。

我国民间一直流传着女娲抟土造人的传说。

目前，对于女娲究竟是男是女这个问题，专家们还没有给出最后的结论。

2000年，在各地一些报刊、网站上却传出“女娲陵寝修复工程动土”这样的消息。一时间，女娲是否确有其人？女娲在人间是否留有陵寝？……这一连串的问题又成了人们心中挥之不去的谜。

传说在远古时期，中华大地有条大河。因河水是金黄色的，便称为黄河。在黄河的怀抱里，有一支华族部落，部落酋长的女儿名叫华胥。华胥与雷公在天意的安排下，生下了伏羲和女娲兄妹。然而，这只是传说，无法究其根源，难辨其真伪。

山西省社会科学院孟繁仁研究员经过考证，认为女娲确有其人，她主要的活动范围便是地处黄土高原的山西太行山，太行山曾以“女娲”、“星母”等名称来命名便是重要证明。有关人士实地考察发现，在山西太行山地区确有不少著名的女娲活动遗迹，如：长治市东南的天台山，有女娲“炼石补天”的“望天台”；晋城市东南的浮山北谷，有女娲“炼石补天”的“娲皇窟”；子长县西的发鸠山，有女娲氏所化“精卫填海”的遗迹；黎城县西南的广志山，有女娲足迹所至的“娲皇庙”；平定县东的浮化山，有“女娲补天”的“补天台”；临汾市吉县清水河畔的柿子滩，还发现了“中石器时期”的“女娲补天、造人”岩画。这种种证据似乎都在证明着女娲确有其人。

关于女娲陵墓的地址，目前共有五种说法：其一为山西永济县风陵渡；其二为陕西潼关县；其三是河南阌乡，也就是现在的灵宝县；其四为山西赵城县，也就是现在的山西洪洞县赵城镇西南；其五为山东济宁。这五种说法各有所依，但又证据不足，所以相持不下。

上述这些问题，使女娲这一神话人物蒙上了非常神秘的色彩。由于女娲的时代距今实在太遥远了，弄清楚这些谜也实在不是易事，对此我们只能静静地等待谜底的揭开！

揭开神农氏的神秘面纱

伏羲以后，神农氏是又一个对中华民族有颇多贡献的传说人物，他除了发明农耕技术外，还发明了医术，制定了历法，开创了九井相连的水利灌溉技术等。

传说，神农氏一生下来就是个“水晶肚”，几乎是全透明的，五脏六腑全都能看得见，还能看得见吃进去的东西。那时候，人们经常因乱吃东西而生病，甚至丧命。神农氏跋山涉水，尝遍百草，找寻治病解毒的良药。据西汉初年的古书《淮南子》记载：“神农尝百草之滋味，一日而遇七十毒。”神农氏历尽艰辛，尝遍百草，最后死于“断肠草”。尝百草使神农氏成为了中华民族文明的始祖之一，长久以来人们一直对他满怀崇敬。

但是，神农氏是否确有其人？他究竟是谁？这些问题在学术界却一直悬而难解。

首先，“神农”这一名称，便有多个不同的解释。据《吕氏春秋·夏纪》的说法，神农是主管农事的官员；据《庄子·盗跖篇》的说法，它是时代的称号；据《战国策·秦策》的说法，它是指个人的名字。

其次，神农氏又被称为炎帝、赤帝、烈（厉）山氏，那么神农氏和炎帝到底是什么关系？两者是否为同一人呢？

神农尝百草的故事尽人皆知，但故事的主人公究竟是谁呢?

自古以来，人们对这一问题始终存在着不同的解释。

《世本·帝系篇》首先把炎帝和神农氏联系在一起，称为“炎帝神农氏”，就是说炎帝即神农氏。

《史记·五帝本纪》则隐喻炎帝与神农氏并非一人，据记载，在黄帝的时代，神农氏部族已经衰落，诸侯之间互相侵伐，暴虐百姓，神农氏不能征讨，于是黄帝“修德振兵”，讨伐危害最大的炎帝和蚩尤，将这二人伐灭后，黄帝威望大振，代替神农氏成为了最大的首领。神农氏不事征伐，这与《庄子·盗跖》说神农氏“无有相害之心”、《商君书·划策》说神农氏“刑政不用而治，甲兵不起而王”相符合。但是，在这个故事中，本来与黄帝联合的炎帝，怎么又站到了黄帝的对立面，成了蚩尤的同类人呢？千百年来，我们一直自称是“炎黄子孙”，在我们的心目中，炎帝本应是黄帝的“亲密战友”啊！

关于炎帝和神农氏的关系问题，当代的学术界形成了观点截然相反的两派：一派认为炎帝就是神农氏。这一派的观点现在占上风，如湖南的炎帝陵纪念馆就是把炎帝作为神农氏来祭祀的，所以纪念馆内就有“炎帝尝百草”的主题。而另一派则认为炎帝和神农是两个部落和不同时代的人，扯不上关系，因此不可能是同一人。

除了以上问题之外，围绕神农氏还有一些争论，如神农氏在我国古代农业起源发展中的作用、地位等，这些问题涉及我国古代传说时期的历史，要搞清楚难度较大，涉及问题较多，因而不是轻而易举的事情。看来，我们想要揭开这位远古祖先的神秘面纱，还需要很长的时间和巨大的精力。

函谷关谜踪

有一个老人，他的耳朵很大，慈祥而又沉默，和蔼而又神秘，行动时散发着一抹紫气。有一天，他骑着一头青牛，离开了一个名叫函谷关的地方，从此便引出了一段又一段数不清的神话故事。

他是谁呢？他就是老子。

老子，姓李名耳，字伯阳，又称老聃，是我国历史上著名的思想家、哲学家。

老子的著作《道德经》被人们广为研读，但在相关史籍中有关老子本人的记载留下的却不多。关于老子的身世、老子的姓名、老子的寿命、老子出关、孔子问礼于老子、老子与道家的关系等诸多问题，历来众说纷纭，各执一词。其中，关于老子出函谷关之后的去向之谜，争论尤其激烈。

据历史记载，老子晚年乘青牛云游天下，传讲道家学说以经国济世、开化西域。西行途中，老子在函谷关（今河南灵宝）被关令尹喜挽留著书，写下了中国思想史上的千古名篇、洋洋五千言的《道德经》。

司马迁说老子完成《道德经》之后，便“莫知其所终”。这就给后人创造了一个巨大的想象空间，有人把他神化，有人认为他就是太上老君，有关老子的传说不胜枚举，种种遐想赋予了老子太多的神秘色彩。

关于老子此后的行踪，一种说法是老子点化了尹喜，尹喜托病辞官，随老子一路西行至盩厔（今陕西省周至县）。老子看到盩厔依山傍水、峰峦起伏，风景异常秀美，便在此停留下来，并结草为庐，修行说经。周至县内的观楼台，据说就是当年老子为尹喜讲说《道德经》之处，此后有多位皇帝来到这里谒祀老子，并且建陵立庙。据说，老子羽化后，便葬于距观楼台八公里的西楼观，故有学者将此地定为道教的发源地。

第二种说法是“化胡说”，老子出散关（今陕西省宝鸡市西南大散岭上），经流沙奔印度去了。始见《后汉书·襄楷传》：“或言老子入夷狄为浮屠。”这是说老子肩负重大使命，到西边教化胡人，并且后来成了佛。但自古至今，在西方没找到老子的任何踪迹和遗物，所以这种说法存在很多疑点。

还有人说，晚年的老子在甘肃临洮落脚，为当地的老者们教炼丹之法、养生修道，得道后在临洮超然台“飞升”。老子在临洮得道“飞升”后，当地人一直在尊奉老子，东汉以来道教香火在临洮一直很旺盛。如今，仅临洮县城就存有白衣庵、公输庵、西庵、北庵、斗母宫、五瘟殿、太平观、总真观、九华观、万寿观、北极观等数十家全真派道观。两千多年来，每年农历三月二十八老子“飞升”这一天，临洮民间都要举行各种祭拜老子的活动。

又有人认为，老子不是西去，而是东归。《庄子·天道篇》中有一段记载，叙说了老子从周王朝离职后便“归居”了。老子的故乡位于今天的河南省鹿邑县，故称“东归”。老子东归的事在《庄子》、《韩非子》、《吕氏春秋》及儒家著作《礼记·曾子问》中都有记载。

以目前所掌握的史料来看，只有老子退隐后“东归”的说法有文献根据，其他的说法还有待学术界提供新证据来断是与非。

孔子的秘密档案

孔子，名丘，字仲尼，是中国历史上一位著名的思想家、教育家，也是儒家学派的创始人，他的思想对中华民族的文化传统、心理特点、伦理道德等方面有着很大的影响，在世界上也非常有影响。

著名学者钱穆曾经说：“孔子为中国历史上第一大圣人。在孔子以前，中国历史文化当已有两千五百年以上之积累，而孔子集其大成。在孔子以后，中国历史文化又复有两千五百年以上之演进，而孔子开其新统。在此五千多年之间，中国历史进程之指示，中国文化理想之建立，具有最深影响最大贡献者，殆无人堪与孔子相比伦。”

这样一个重要的人物，当然是后世学者研究的重点。关注和研究孔子，自然要涉及孔子的身世问题。在这方面，有的已达成共识，有的还是疑点，尚在争论之中。

有关孔子生平的材料，较为系统的有《史记·孔子世家》和《史记·仲尼弟子列传》，而《论语》是孔子及其弟子的语录，大多未记录详细时间，无法与孔子的生平作时间上的准确对应。目前，学者们探求孔子身世之谜，不是针对孔子的整个生命历程，而是主要针对其成婚之前的那一段故事，尤其是其出生问题。

关于孔子的出生情况，现在的史书多是一笔带过，模糊不清。综览各种史料，目前关于孔子出生的情况，学术界有以下三种观点：

至圣先师孔子的身上竟然也会有这么多未解之谜。

一是“野合说”。据《史记·孔子世家》记载：“孔子生鲁昌平乡陬邑……伯夏生叔梁纥。纥与颜氏女野合而生孔子。”其大意是，孔子的父亲名叫叔梁纥，他与颜氏女“野合”而生了孔子。

那么，司马迁为什么又把叔梁纥与颜氏女的婚配称为“野合”？唐代人认为，可能这是古人的习惯说法，指他们的婚配并不合乎礼仪，超出了礼仪的规范。在古代，人们的一切言行举止都要遵守相应的礼仪规范。可能是叔梁纥年老，而孔子的母亲颜氏正当年少，由于年龄上的差异，所以他们的婚姻是不合乎礼仪的，所以被称为“野合”。

第二，祈祷而生。这种观点的神话色彩比较浓厚，说孔子的母亲在尼丘山和他父亲一起祈祷，感动黑龙的精灵而怀上孔子。东汉郑玄《礼记·檀弓正义》引《论语撰考谶》说：“叔梁纥与征在祷尼丘山，感黑龙之精以生仲尼。”

第三，梦生。据《春秋演孔图》记载，孔子的母亲颜氏睡梦中梦到了黑帝，之后便生下了孔丘。

更有人说，孔子根本就没有父亲，他是母亲郊游时“履大人迹”（踩到巨人的脚印）感应而孕才得以出生的……

很显然，后面的几种说法玄虚至极。大凡历史上的圣人，皆有着传奇的身世，上古时期更是如此。在封建社会，统治者把孔子神化，在他的出生问题上也加进了许多神秘的东西，以区别于凡人，似乎只有这样，孔子才能神而又神，才能成为“圣人”。

总之，随着孔子由普通人变成“圣人”，后人在不断美化、神化他的同时，他的身世也逐渐变得神秘莫测起来。时至今日，关于这位伟大的思想家、教育家的出生情况仍无定论，还有待于人们的进一步研究。

汨罗江上的幽魂

公元前278年农历五月初五这天，汨罗江边踉踉跄跄地走来一个高大而苍老的身影。虽然还是博带高冠，但衣衫已显褴褛，早年的英武俊秀已被今日的憔悴焦虑所替代。他反复念叨着“举世皆浊我独清，众人皆醉我独醒”，走走停停，最后好像下定了决心，抱起一块石头，跃进了江中。

他，就是屈原。伟岸的屈大夫悲愤地一跃，溅起了忧国忧民的浪花，一条小河因他而名垂千古。千百年来，他的死一直为世人们所惋惜、哀悼。

屈原的死是研究屈原的起点。近代著名学者梁启超先生就曾经说过：“研究屈原，应该拿他的自杀做出发点。”同时，这也是一个凝聚点、一个制高点，站在这个高度可以真正透视屈原，进入他的世界。而屈原自沉的原因，更是这个出发点的源头，是我们无法越过的一个关键。

关于屈原自沉汨罗江的原因，有诸多说法，总括起来看，主要有三种。

一是“殉国说”。清朝王夫之在《楚辞通释》中认为，屈原之所以写下著名的诗章《哀郢》，是由于“哀郢都之弃捐，宗社之丘墟，人民之离散，顷襄王之不能效死以拒秦，而(楚)亡可待也”。据此，现代的屈赋研究者大都认为，屈原投江是因为秦朝大将白起攻破了楚国的都城，眼见国亡而殉国难之举。

二是“尸谏说”。有人认为，屈原一直主张联齐抗秦，而当时的楚顷襄王已经忘却了疆土被蹂躏、父王被骗拘死于秦地的国耻父仇，反认秦为友，国内奸臣当道、百姓离心，楚国已面临亡国大祸。屈原满怀救国救民之志却受谗言而身遭黜逐，报国无门。身心交瘁的他，不忍见祖国和人民蒙难，也不愿在衰老不堪的晚年再忍受被放逐的命运。于是，他在《怀沙》中斥责了楚王的昏聩，在《惜往日》中写下了“宁溘死而流亡兮，恐祸殃之有再。不毕辞而赴渊兮，惜壅君之不识”的诀别之句，决心以死谏来震醒昏庸的君主，这才是屈原之所以忍受了两次长时间放逐而依然等待，最后绝望而自沉的根本原因。

静静流淌的汨罗江水带走了屈大夫的生命，留给了后世一片迷雾。

三是“洁身说”。有人认为，屈原是一位出身于华族贵胄的政治家，面对楚怀王、顷襄王这样的昏君，他的抱负与志向无法实现，加之众多奸佞小人的谗言，因而愤懑不平，牢骚罹忧。而屈原的人格力量就在于他坚持“人道自任”的理念，义无反顾地坚持理想，宁为玉碎，不为瓦全。所以，屈原选择了只身赴死，以求得精神上的圆满。

农历五月初五是屈原的祭日。有关专家考证，屈原在世时，农历五月初五是楚国南方的凶日和鬼节。那么，屈原为什么选择一个如此诡异的日子投江自沉？

而且，屈原之死，究竟是自杀还是他杀呢？

有人从屈原在流放中所做的著名诗篇《怀沙》中发现，屈原在这首诗中流露出自杀的心迹，还暗示自杀的方式已经确定，那就是向汨罗江愤然一跃，去拥抱死神。但是，又有研究者指出，《怀沙》是一篇仿作，因为其中的某些语言不合乎这位大诗人的写作模式和习惯。如果这一论点能够成立，那么屈原的死因就非常值得人们重新考证。为什么有人要伪造屈原的自杀遗书呢？只有一种解释，就是要转移人们的视线，掩盖其被杀的真相。

屈原，是一个谜一样的人物，在他身上还隐藏着种种未解的谜团，有待于人们进一步探究。

西施魂归何处

公元前473年的冬天，吴国都城姑苏城被奔袭而来的越国大军一举攻破，吴国灭亡。春秋时期的大美女、吴王夫差的宠妃西施的人生轨迹也戛然而止，似乎随着灰飞烟灭的吴国没入了黑暗的历史之中。

吴国灭亡了，西施到什么地方去了呢？她的后半生又是怎么度过的？

后世评价历史人物的眼光常常是苛刻、不公正的，往往只注意他们最为辉煌的时刻，却忽视了他们落寞或者平静的岁月。西施就受到了这样的“忽视”。西施留在历史舞台上的时光似乎只有昙花般的几年，更多的人生轨迹被人为地忽略了。当我们想努力还原一个完整的西施时，就会发现异常艰难，更会发现太多的谜团。

西施在吴亡后，其命运如何？大体有以下几种说法。

流传最广的是西施与范蠡泛舟而去。最早的记载来自于东汉袁康的《越绝书》，说吴亡后“西施复归范蠡，同泛五湖而去”。明代的胡应麟在《少室山房笔丛》中对这个说法进行了“丰富加工”，演绎出西施原是范蠡的恋人，吴亡后范蠡带着西施隐居的情节。这种说法最符合大众的愿望，毕竟谁也不愿让这样一个美女凄惨地死去，人们更喜欢幸福美满的大结局。

第二种说法是沉水而死。根据《墨子·亲士》记载，“西施之沈，其美也”。“沈”和“沉”在先秦古文中是互通的。有人据此认为，这里的“沈”字说的是西施的死因。由于墨子是战国初期人，离吴越争霸的时间不远，有一定可信度。

西施究竟是怎样淹死的？宋朝人编的《太平御览》引《吴越春秋》的逸篇说“吴亡后，越浮西施于江，令随鸱夷以终”。这里的“浮”字是“沉”的意思。在后人的诗歌里，也多次提及了西施沉水的事。李商隐的《景阳井》诗云：“断肠吴王宫外水，浊泥犹得葬西施”这说明在唐代，人们认可了西施被沉水的说法，这与上述记载相同。

那么，是谁溺死了西施呢？

《东周列国志》说西施是被越王勾践的夫人杀死的。因为勾践从姑苏凯旋，把西施带回了越国。越王夫人认为西施是“亡国之物，留之何为”，就让手下把西施诱出，绑上大石沉入江中。在这里，西施被认为是红颜祸水，是政权的不祥之物，只能得到沉江被杀的命运。

关于西施沉水还有另一种说法，就是自沉而死。根据诸暨一带的一个民间传说，吴国灭亡后，西施默默回到家乡侍奉老母，范蠡得知后，主动送来钱物资助她们母女。西施终身未再嫁，后来母亲去世了，她觉得一个人活着没有意思，就自沉而死。正在西施投江时，范蠡来了，他赶上前却并没能拦住西施，西施已跳入水中。范蠡非常伤心，出钱在水边修了一座西施庙。

除了这两种说法外，有关西施下落的版本还有许多。不管西施命运如何，有关她的下落的种种说法都寄托了后人对她无尽的思念和深深的敬意，西施身上笼罩的历史谜团已经超越了其个体的身世之谜。

秦始皇之“冤”：我活埋了谁

话说，秦始皇称帝以后，力求长生不老，迷恋仙道，不惜动用重金，先后派徐福、韩众、侯生、卢生等人寻求仙药。侯生与卢生始终没有找到仙人和仙药，为此心急如焚、忐忑不安。依照秦国的法律，求不到仙药就会被处死。因此，他们深发感慨：像这样凶狠残暴并且贪婪权势的人，不值得给他求仙药。于是，侯生、卢生悄悄地远走他乡了。

秦始皇听说侯生和卢生逃跑了，勃然大怒，于是命有关部门逮捕了一些散布“妖言”的人。这些人在严刑拷打之下，互相检举揭发，共“咬”出了四百六十多个诽谤过秦始皇的人。秦始皇一声令下，这四百六十多个人遂被活埋于咸阳。

这就是发生于公元前212年的“坑儒”事件。后世将其与秦始皇的另一大罪状——“焚书”连在一起，统称为“焚书坑儒”。从此，“焚书坑儒”便成为了秦始皇最令人数说的罪行。史籍多有记载，历史学家也多有论述，但是各类书籍只对“焚书”作了详细记载，对“坑儒”一事则显得十分笼统。至于坑杀的人究竟是方士还是儒生，学术界也是各持己见，争论不休。

从分析“坑儒”事件的起因来看，秦始皇所坑杀的人应该是方士。既然事端由方士引起，那么就只能是“坑方士”，当然也不能说被杀的四百六十余人中没有儒生，而全是方士，但是由其代表人物可推知，被杀的主体应该是方士，而被杀的原因更与儒家的政治主张和学派观点无关。

但是，秦始皇“坑儒”之后，其长子扶苏谏道：“天下初定，远方黔首未集，诸生皆诵法孔子，今上皆重法绳之，臣恐天下不安。”意思是说，如今天下初定，远方的人民未必心服，众儒生都学习孔子的学说，陛下这么严厉地惩罚他们，我怕天下百姓因此而恐惧不安。从“众儒生都学习孔子的学说”来看，秦始皇所坑杀的又好像是儒生。

关于“坑儒”之事还有一说：东汉学者卫宏在《诏定古文官书序》中记载，由于秦始皇把文字统一为大篆和隶字，“国人多诽谤怨恨”，秦始皇怕天下不从，于是广召儒士书生到咸阳，共召到七百余人，封官授爵。然后，秦始皇密令亲信

当年“坑儒”惨案就是在这里上演的吗?

在骊山温暖的山谷中挖坑种瓜，以冬季瓜熟的奇异现象为由，诱惑众儒生集于骊山观看。当众儒生争论不休时，忽然上面土石俱下，七百多名儒生全部被活埋在山谷里。于是，有人便根据这一点，认为秦始皇确实有过“坑儒”的行为。

至于“坑儒”一词，则出现在西汉初年的典籍中，此时距秦始皇之死已经有一百多年了。西汉始元六年（公元前81年），桑弘羊在著名的盐铁会议上舌战群儒：“诸生阘茸无行，多言而不用，情貌不相副。若穿逾之盗，自古而患之。是孔丘斥逐于鲁君，曾不用于世也。何者？以其首摄多端，迂时而不要也。故秦王燔去其术而不行，坑之渭中而不用。”在桑弘羊的眼里，儒生们只知夸夸其谈而不切实际，表里不一，就像那些鸡鸣狗盗之徒一样，自古以来就是祸害。鲁国国君将孔丘驱逐，弃之不用，就因为他首鼠两端，貌似圆滑其实迂腐，并没有切合实际的主张。所以，秦始皇才烧掉儒生们的著作而使其言论不得传播，宁愿将他们活埋也不任用。

之后，西汉学者刘向在《战国策序录》中明确说明秦始皇“坑杀儒士”。

正因为“坑儒”一说最早出现在西汉时期，所以许多后世学者对“坑儒”一事充满了种种怀疑和猜测。

尽管秦始皇早因“坑儒”之举背上了千古骂名，然而直到今天，秦始皇究竟有没有“坑儒”这一谜团还是没有解开，不知他是冤还是不冤呢?

徐福何处访仙山

公元前210年，一个名叫徐福的术士奉秦始皇之命，率“童男童女三千人”和“百工”，携带“五谷种子”，乘船泛海东渡。

徐福此去，名义上是为秦始皇寻访仙人和长生不老之仙药，但是他这一去就再也没有回来，秦始皇不久之后也暴病而亡。世上不会有仙山，那么徐福东渡究竟到达何地？汉代司马迁在《史记·淮南衡山列传》中说：“徐福得平原广泽，止王不来。于是百姓悲痛相思。”而“平原广泽”是哪里？竟让徐福“止王不来”！

关于徐福的到达地，历来说法很多，有说去了日本的，有说去了南洋的，也有说到了海南岛的，更有说到了美洲的。

大多数人倾向于日本说。最早提出徐福到日本定居的，是五代后周时期的义楚和尚，其著作《义楚六帖·城廓·日本》中记载："日本国亦名倭国，东海中。秦时，徐福将五百童男、五百童女止此国，今人物一如长安。"据义楚自己讲，这一说法得之于他的日本朋友弘顺和尚。

在日本，也有不少记载徐福东渡日本的史籍文献，如松下见林《异称日本传》、新井白石《同文通考》等。还有一些日本人认为自己就是徐福的后裔，他们的根据是：在日语中，秦与羽田的发音相同。日本前首相羽田孜就称自己是徐福的后裔。他说："我是秦人的后裔，我的姓在很早以前写作'秦'，我当首相时，考古学家和历史学家对我的家族进行了调查，并在祖墓碑上发现了'秦'字。"甚至，还有人认为日本传说中的开国天皇神武天皇就是徐福。因为，神武天皇所处时代与徐福东渡的时间相近，据说在他的遗物中发现了秦代的铜镜。

但相信徐福东渡日本的中日学者，对于徐福的登陆地点却各执一词。有的认为，徐福是在今新宫市东北数里的波多须浦登陆的，此处至今又名"秦住"、"秦须浦"，并留有秦氏后裔。波多须浦面临太平洋，自古以来就是船舶出入的重要港口，稍向内陆深入，便是广大的平原，符合"平原广泽"一说。至今，新宫市还保留着徐福和他的侍员七人墓、徐福祠等遗迹，每年八月还要举行大的祭祀仪式。

传说中，仙人住在云雾深处，这些地方也就成了历代君主求仙的圣地。

但据《日本书纪》和《续日本纪》记载：东汉灵帝曾孙阿智使主曾"率十七县人夫归化"。这些汉人被集中安置在高市郡桧前村居住，这一地区成为汉人的主要活动区域。因此，有人认为，根据当时的自然条件与航海技术，徐福一行的路线应与他们相似，登陆点不会是在波多须浦。

最近，又有学者提出，徐福东渡是历史事实，但不是去了日本，而是去了美洲。因为，徐福东渡的时间与美洲玛雅文明的兴起时间相吻合。台湾前上海暨南大学教授、南京古物保存所所长卫聚贤在《中国人发现美洲》中考证，列举四十多种美洲特产的动植物矿产为先秦人民所知，而且美洲墨西哥湾地区有批居住在山区的黄种人也自称是秦代采药人的后代。

徐福东渡，虽是千年前的旧事，可迄今为止仍有众多谜题，让后人无法作出肯定或否定的结论。

一“点”之差的谜案

“群山万壑赴荆门，生长明妃尚有村。一去紫台连朔漠，独留青冢向黄昏。”这是唐代大诗人杜甫的《咏怀古迹·五首之三》，诗中所记述的就是汉朝一代佳人王昭君。

王昭君，名嫱，南郡秭归(今湖北省兴山)人。王昭君的一生为联结汉朝与匈奴的友好关系做出了卓越的贡献，她的出塞使汉朝与匈奴归于和好，为两族人民和睦亲善与团结做出了巨大贡献。

但是，她为什么要选择出塞，却是个历史之谜，历来流传着不同的说法。

流传较广的说法是这样的：由于选入宫中的美女甚多，汉元帝便让画工将每名女子的相貌画出再行选择，美女们为能得到皇上的宠幸，纷纷贿赂宫中的画工，要求将自己画得生动漂亮。据说，画工毛延寿在画王昭君的眼睛时说道：“画人的传神之笔在于点睛，是一点千金呀！”对毛延寿的暗示，昭君虽心领神会，但没有买他的账，反而讥讽了他几句，毛延寿见王昭君如此傲慢，便把那该点到昭君眼睛上的一点点到了她的脸上。这不仅破坏了美感，而且将一点“美人痣”变成了一点“克夫痣”。多了这么一点，王昭君便落得“入宫数岁，不得见御”的下场。

后来，匈奴首领呼韩邪单于想要与汉朝和亲示好，汉元帝准备选择一个秀女冒充公主前去和亲，画工就推荐了王昭君。到了呼韩邪单于与昭君离开的那一天，汉元帝见王昭君丰容盛饰，美冠汉宫，不禁大吃一惊，但后悔已晚矣。汉元帝盛怒之下，便将毛延寿斩首示众了。

这种说法多见于民间传说和戏曲故事中，有着逐步演绎的过程。

还有一种与此截然相反的说法，认为王昭君之所以出塞，是毛延寿设下的救国计策。王昭君入宫后，毛延寿见她貌美如仙，怕汉元帝会从此沉溺于王昭君的美色中不能自拔，荒废了政事，从而步商纣王后尘，导致覆国之灾，于是故意给王昭君加上了这么一点，让她没有见到汉元帝的机会，这样王昭君便一直被冷落在后宫中。直到呼韩邪单于请求和亲的时候，毛延寿为免除后患，便向汉元帝推荐将王昭君远嫁匈奴，一来可以彻底将王昭君与汉元帝分开，二来可以安抚匈奴的情绪，免除两国之间的战争。

但一些人认为王昭君是自请出塞的。根据《后汉书·南匈奴传》的记载，昭君是自请出塞远嫁的。她在深宫几年，不能为帝王宠幸，所以心生怨恨，想利用这个机会，改变自己的处境。

同时，一些人对王昭君“自请”出塞也表示了怀疑。他们认为王昭君出塞，是由于汉元帝的命令，而非她个人的意愿。这个说法的根据是在《汉书·元帝传》和《汉书·匈奴传》中，并没有记载王昭君自请出塞，只记载了汉元帝把昭君“赐”给呼韩邪单于。这两部书的成书时间比《后汉书·南匈奴传》要早三百多年，可信的程度应该更大。

这几种说法各有其道理，但有无这一“点”？这一“点”是谁点上去的？孰是孰非，还有待进一步的考证研究。

乱世硝烟中的谍影

一个万籁俱寂的深夜里，东汉朝的司徒王允却愁眉不展地在庭院里踱步，他在为当朝的局势所忧心，董卓专政弄权，朝中文武敢怒而不敢言。如何才能除去这个奸贼？此时，月下牡丹亭中出现了一个曼妙的身影。王允一看，原来是家中的歌姬貂蝉。看到貌美如花的貂蝉，王允顿时心生一计。而深知大义的貂蝉表示“如有用妾之处，万死不辞”。

于是，王允精心设计了一个“连环美人计”，先将貂蝉许配给董卓的义子吕布，未及吕布迎娶，又将貂蝉献于太师董卓，挑起董、吕两人的矛盾，最后使得吕布杀掉了董卓。貂蝉的出色表演，使王允的计划实施得天衣无缝，顺利地铲除了当时朝中的一大祸害，后人叹曰：“司徒妙算托红裙，不用干戈不用兵。三战虎牢徒费力，凯歌却奏凤仪亭。”

这就是《三国演义》中“王司徒巧使连环计，董太师大闹凤仪亭”一幕。

貂蝉，在完全被男人充斥的三国时代，一个弱女子却成为这个时代最为耀目、最为动人的焦点。貂蝉的美，素有“闭月”之称；她的胆识，也绝不亚于昭君、西施。只是历史上的貂蝉，是否真如罗贯中在《三国演义》中所绘，史籍中并没有明确记载，因此，这位倾倒众多英雄豪杰的美女间谍的真实身份至今尚无定论。

由于三国故事家喻户晓，所以貂蝉是王允家中的歌姬这一说法流传最广。

然而，另有“董卓婢女”一说。据《后汉书·吕布传》记载，董卓任命吕布为骑都尉，甚爱信之，两人誓为父子。有一次，吕布因小事不如董卓之意，董卓大怒之下持戟向吕布掷去，幸亏吕布手脚轻健方得避开，从此吕布对董卓暗怀怨愤。后来，董卓派吕布守府中的小门，吕布却趁机与侍婢私通，由此生出许多矛盾。由于这段记载与三国故事中貂蝉约吕布在凤仪亭相会，董卓拔戟刺吕布的情节相合，人们便据此认为使董、吕反目的貂蝉，实际上是董卓的婢女。

还有人认为，貂蝉是吕布部将秦宜禄之妻。《三国志·关羽传》注引《蜀记》说，曹操与刘备围吕布于下邳，关羽向曹操请求说，吕布派部将秦宜禄外出求救，城破之后，请把秦之妻赐我为妻。曹操答允了。

貂蝉在三国历史上留下了浓墨重彩的一笔，也给后人留下了诸多费解之谜。

后来，关羽又多次提及此事，使曹操心生好奇：那秦宜禄之妻是否乃绝色之人？于是，在城破之日派人先将秦妻送入自己营帐之中，随后便“自留之”，关羽因此“心不自安”。元代杂剧就在此基础上附会出一个《关公月下斩貂蝉》的故事来，说曹操欲以美色迷惑关羽，使其为自己效力，让貂蝉前往引诱关羽。关羽不为所动，最后杀死貂蝉，以示心迹。在这里，貂蝉与秦宜禄之妻便合二为一了。

此外，徽剧、川剧、绍剧、京剧都有《斩貂》剧目，写吕布在白门楼殒命后，其爱妾貂蝉为张飞所获，送至关羽处。关羽甚爱怜之，但念及古今英雄豪杰往往因迷恋女色而身败名裂，便逼令貂蝉自刎。因而，又有“貂蝉为吕布之妻说”。如果貂蝉成为吕布之妻（或妾），是在吕布杀董卓之后，那么此说与第一、第二说矛盾，有人据此认为这不能自成一说。

总之，貂蝉的故事，或出于小说，或出于戏剧，文人的渲染与演绎使她越来越不可捉摸。由于这些故事或多或少与史实有关，真真假假，更为难辨，以至于历史上的貂蝉究竟是怎样一个人，就成为了一个难解的悬案。

王昭君出塞，为睦邻邦客死他乡，内蒙古草原上至今“青冢”犹存；杨贵妃因兵变被唐明皇赐死于马嵬坡，归宿问题在史书上均有根据。貂蝉生死两茫茫，一缕香魂不知归附于何处。千百年倏忽，逝者如斯夫，美女貂蝉留下了一生的谜团，写就了一段历史，也带给后世一个美好的形象。我们相信，若遇有心人，关于貂蝉的种种谜团终将不再成谜。

扑朔迷离的玄武门之变

公元626年农历六月初四的清晨，大唐皇宫内一切如常，大皇子太子李建成和四皇子齐王李元吉正策马走向皇宫的玄武门。忽然，一只乌鸦从树上飞起。李建成觉得情况有些异常，便掉转马头，想返回东宫。就在这时，二皇子李世民纵马现身，大声喊道："太子、齐王，为什么不去上朝？"李建成回头张望，被李世民一箭射中，当即身亡。随后，李元吉也被乱箭射死。这时候，玄武门外人声嘈杂，战马嘶鸣，刀枪辉映，一场激烈的拼搏战开始了。

这惊心动魄的一幕，就是发生在唐朝初年的玄武门之变。

玄武门之变以李世民的胜利而告终，所以各种史书在记录这一事变时都站在了唐太宗的角度，使得后人大多认为"玄武门之变"是正义的，是不可避免的。然而，随着对这一历史事件研究的深入，已经有越来越多的学者提出了一些疑问：玄武门之变到底是谁挑起的？唐高祖李渊在立李世民为太子之后，为什么在短短的两个月内就让位了呢？

根据大部分史书记载，因为李世民在灭隋兴唐的大业中显露出雄才大略，风头超过了太子李建成，李建成便联合李元吉一直蓄谋杀死李世民，李世民便选择了先下手为强。所以，玄武门之变是李世民出于自卫而不得已之举。

不同意这种观点的人认为，玄武门之变的实质其实是李世民和李建成为争夺皇位，同室操戈，自相残杀。从史源上说，现在的史书主要是来自于朝廷编修的实录，自然是站在朝廷的立场来说话。自唐朝初期开始，史官便由国家任命，负责编

自古以来，在通往皇位的道路上就充满了鲜血和杀戮。

修本朝国史，宰相负责监修。当时负责修改史书实录的是许敬宗。《唐书·许敬宗传》中曾记载他喜欢凭个人的爱憎随意删改实录，而且也有史料记载李世民自己也曾强行审读过实录，并命令史官按自己的意见进行修改。由此可见，唐朝初期实录的真实程度确实值得怀疑。司马光的《资治通鉴》中一方面对唐朝实录的诸多记载表示怀疑，但另一方面，对于有关唐初的政治内容还是大量参照了唐朝实录。如此一来，实录之后的史书，包括两唐书和《资治通鉴》在内，均没有摆脱实录记载的影响。因此，很多史书关于这一事件的记载是不能全部相信的。

更有一些人直接指出，玄武门之变是一场宫廷政变。立长不立贤是古代社会的传统，李建成身为嫡长子，为唐朝的建立立下了汗马功劳，又不见其有失德之事，由他继承皇位，本无可争议。李建成本无除掉李世民的想法，而李世民却是蓄谋已久地发动了玄武门之变。因为如果通过正当途径，他是无法登上皇位的，只能用杀兄戮弟逼父的办法达到个人的目的。按说杀掉李建成自己当上太子，事变应该结束了，但李世民并不满足，杀建成仅仅是第一步，接下来他先把李渊架空，两个月后干脆连皇帝的宝座也抢了过来。至于当时为什么不马上抢皇位，主要是李世民为了避免得到逼父篡位的恶名而已。

不管怎么说，玄武门之变的结果是将一个伟大的政治家推上了历史舞台，而与此同时，由于他对修史的诸多干涉及有些人的故意隐晦，使得这一事件也给后人留下了许多难以破解的谜题。

千古女帝何以立下“无字碑”

在中国历史上，提到唐朝，人们津津乐道的便是唐高宗李治的皇后，也是后来中国历史上第一位正统的女皇帝——武则天。从十四岁入宫，到六十七岁登基，再到八十二岁薨逝，武则天演绎了一个女人的传奇。

位于陕西省乾县县城以北梁山上的乾陵，便是唐高宗李治与武则天的合葬陵墓，这是我国历代帝王陵园中唯一的一座夫妇两帝合葬墓，墓前立有两块高大雄浑的石碑，西面是“述圣记碑”，由武则天撰文、唐中宗书写，八千余字的碑文歌颂了唐高宗的功绩。东面是武则天的“无字碑”，碑由一块巨大的整石雕成，碑头雕有八条互相缠绕的螭首，碑东、西两侧各刻有冉冉腾飞的“升龙图”一幅，升龙高4米、宽1米，其身躯矫健扭动，神态飘逸若仙，线条流畅，刀法娴熟。阳面是一幅狮马图线刻画，其狮昂首怒目，威严挺立；而马则屈蹄俯首，悠游就食。整座碑高大雄浑，雕刻精细，不失为历代石碑中的巨制。

根据乾陵建筑对称布局的特点，“无字碑”与“述圣记碑”显然是在高宗去世后由武则天同时主持竖立的，那么，这块“无字碑”自然是武则天预先为自己准备好的“功德碑”。令人奇怪的是，这块碑上竟未刻一字。这块“无字碑”也就成为多年来人们猜测、探究却不得其所的千古之谜。

“无字碑”为何无字，一千多年来，人们对此有种种说法和猜测，归纳起来主要有四种。

一说功高德大无须说。武则天从公元655年做皇后开始，到公元705年被迫退位，前后参与和掌握最高权力达五十年之久。如果从唐高宗死时算起，也有二十一年。她是中国历史上唯一一位正统的女皇帝。在武则天看来，自己虽然是女人，但高宗平庸，自己的才能绝对优于高宗，而且她统治期间政治清明，社会安定，人民安居乐业，这应该算是她的一大政绩。可惜的是，当时有很多人认为武则天抢了大唐的江山，是叛臣逆贼，对于她的功劳视而不见。因而，武则天要把自己的功劳让后人去评述、去记载，于是就有了“无字碑”。

二是自知罪孽深重不便说。这种说法认为，武则天建立大周朝之后，内心感觉到愧疚不安，一心想在自己死后将江山归还唐室。但由于自己称帝的这段经历，使她对自己死后的境遇没有信心，更害怕世人责骂其篡位之罪，因而留下无字碑借以自赎。

三是功过是非留给后人说。据史料记载，武则天在死前曾留有遗言：“己之功过，留待后人评说。”功过是非让后人去评论，这是最好的办法。因为武则天有可以肯定的地方，也有应该否定的地方。武则天当政期间，唐朝贞观之治以来经济繁荣发展的趋势仍在继续；在处理唐高宗去世前后的复杂局面中，她表现了不平凡的个人才干和智慧；就“纳谏”和“用人”这两点，也令后人为之赞叹不已。但是，武则天的消极面也十分突出，如任用酷吏、滥杀无辜、奢侈浪费等。特别是统治后期，朝廷政治日趋腐败，形成一批为武则天所纵容支持的新的特权贵族，这种混乱的局面一直到武则天被迫交出权力还政于唐中宗才得以结束。她知道对自己的一生，人们会有各种各样的评价，碑文写好写坏都是难事，因此决定立“无字碑”，由后人去评价。

四是称谓不统一不便说。少数人认为，武则天觉得死后与唐高宗合葬在一起，称呼自己是皇帝还是皇后都难落笔。因为不管这种想法是出于其骄傲抑或谦虚，武则天曾君临天下是不可回避的事实。权衡之后，还是立“无字碑”更为恰当。

以上观点，究竟哪一个更符合当时的实际？这真是一个难题。总之，武则天立此“无字碑”，可给后人出了一道很大的难题，至今人们还是猜不出这位女皇的真正用意，也留给了后人无限的想象。

马嵬坡前的蹊跷命案

公元756年，“安史之乱”爆发，唐玄宗连夜带领嫔妃以及贴身禁军仓皇出逃。第二天，逃亡队伍到达陕西境内的马嵬坡。就在这时，随行的将士突然停止前行，并发生哗变，当朝宰相杨国忠瞬间死于乱军之中。随后，叛乱的将士将愤怒的矛头指向了杨国忠的姊妹——玄宗最为宠爱的杨贵妃，这个大唐最美丽的女人。七十多岁的老皇帝李隆基，最终没有保住自己爱妃的生命，一代绝世美女就香销玉殒在了这荒凉的马嵬坡上。

两年后，在一个月光朦胧的夜晚，几个神秘人忽然出现在荒凉的马嵬坡上，他们悄悄挖开了当年埋葬杨贵妃的坟墓。他们究竟在找什么？据史料记载，唐玄宗回到长安后，秘密令宦官改葬贵妃，但是派去的人回来却说不见了贵妃的遗体，只带回了贵妃生前携带的香囊。

关于这次挖墓事件的结果，《新唐书》和《旧唐书》有不同记载。《旧唐书》里说“肌肤已坏，而香囊犹在”。而《新唐书》里却只有“香囊犹在”。新旧唐书为何会有差异？贵妃的遗体去了哪里？

一千多年前的唐朝已经不复存在，人们无法想象马嵬坡上究竟发生了什么。杨贵妃究竟是否真的死在了马嵬坡？这位国色天香的美女究竟归宿如何呢？

关于杨贵妃的死，历来就有许多传说。有人认为杨贵妃没有死，死的只是一个替身。我国著名红学家俞平伯就持这种观点，他认为白居易的《长恨歌》另含深意。如果以“长恨”为篇名，写至马嵬坡就足够了，何必还要在后面假设临邛道士和玉妃太真呢？而且，唐玄宗回銮后要为杨贵妃改葬，结果是“马嵬坡下泥土中，不见玉颜空死处”，连尸骨都找不到，这就更证实贵妃未死于马嵬坡。

在各种文学作品中，杨贵妃早已成为大唐盛世的代名词。图为戏曲《贵妃醉酒》。

如果杨贵妃当时真的没有死，那么她下落何处呢？据说，杨贵妃逃往了日本！

这一说法得到了很多中日学者的认同。当年，军中主帅陈玄礼怜贵妃貌美，不忍杀之，遂与高力士密谋，以侍女代替，高力士用车运走贵妃尸体时，查验尸体的便是陈玄礼，因而使此计成功。而杨贵妃则由陈玄礼的亲信护送南逃，大约在今上海附近的港口扬帆出海，到了日本油谷町久津。

平定安史之乱后，唐玄宗曾派方士出海寻找杨贵妃。在久津找到杨贵妃后，方士还将玄宗所赠的两尊佛像交给了她，杨贵妃则赠玉簪作为答礼，这两尊佛像现在还供奉在日本的久津院内。杨贵妃最终死于日本，葬在久津院内。至今，当地还有一座杨贵妃墓，墓上建有五座石塔，名曰“五轮塔”。杨贵妃墓前有两块木板，一块是关于五轮塔的说明，一块是关于杨贵妃的说明，上面写着：“充满谜和浪漫色彩的杨贵妃之墓——关于唐六代玄宗皇帝爱妾杨贵妃的传说。”

还有一种更离奇的说法是，杨贵妃远走美洲。台湾学者卫聚贤在《中国人发现美洲》一书中声称，他考证出杨贵妃并未死于马嵬坡，而是被人带往了遥远的美洲。

随着时间的推移，关于杨贵妃是生是死的传闻相持不下，一方面是因为史料的粗略记载，另一方面是由于文人墨客的浪漫描述，给世人带来了无限的希望与幻想。杨贵妃，这三个字已经成为大唐盛世的形象化代名词，她的生死之谜值得我们去探索。

李白的难言之隐

李白，是继屈原之后中国历史上最伟大的浪漫主义诗人，他的诗飘逸隽永，气势豪迈，充满浪漫主义色彩，可以说是盛唐气象的杰出代表，因此被人尊为“诗仙”。而从古至今，围绕着李白出现了上百个历史之谜。

其中，李白的家世就是一个谜，历代学者进行了不少研究和考证，但至今仍未得出令人信服的结论。

李白的好友范伦之子范传正在所作《唐左拾遗翰林学士李公新墓碑文》中说：“公名白，字太白，其先陇西成纪人。绝嗣之家，难求谱牒。公之孙女搜于箱箧中，得公之亡子伯禽手疏十数行，纸坏字缺，不能详备，约而计之，凉武昭王九代孙也。隋末多难，一房被窜于碎叶，流离散落，隐姓与名，故自国朝以来，漏于属籍。神龙初，潜还广汉，因侨为郡人。父客，以逋其邑，遂以客为名，高卧云林，不求禄仕。”

李白晚年投靠到同族的一个叔父李阳冰家中，李阳冰受李白之嘱，为其作了《草堂集序》。这篇序文指出“李白，字太白，陇西成纪人，凉武昭王暠九世孙…… 谪居条支……神龙之始，逃归于蜀。”

这两则史料，一直都被看做是关于李白身世最原始的资料，因为它们的来源都出自李白本人。

李白故居究竟在哪里一直存在争议，其中最被认可的是四川省江油。

此外，李白在自己的诗文中也多次提及自己这个显赫的身世，他在《长安裴长史书》中这样自序：“白本家金陵，世为右姓，遭沮渠蒙逊难，奔流咸秦，因官寓家。”

这里的金陵，经学者郭沫若考辨，指的是李暠于公元5世纪初在敦煌、酒泉一带建立的西凉政权，而不是指今天江苏省南京之金陵。

但是，李白这个“凉武昭王李暠九世孙”的身份是很可疑的。如果李白真是李暠的九世孙，按辈分就应该是唐玄宗的族祖。唐玄宗在天宝元年（公元742年）曾颁布诏书，准许李暠的子孙“隶入宗正寺，编入属籍”，也就是可以登记为皇族的户口，这时的李白颇受朝廷重视，但奇怪的是李白没有去登记。后来，李白进入翰林院，多次见到皇帝，也没有直接提起这件事。即使在天宝十五年，李白遭遇牢狱之灾，之后被流放，处境极为困难，求人推荐的心情十分迫切之时，也没有向人提起过自己的这一段皇族家世。

李白为什么不敢在生前将自己的这一段身世写成文字，而要在自己死后，由自己的叔父李阳冰在《草堂集序》中公之于世呢？由此，难怪有些史学家不仅不相信李白是李暠九世孙的说法，甚至怀疑他是冒牌的。

此外，一些研究者注意到一个很不正常的情况：李白本人对其家世只提远祖，而对自己的近代长辈始终闪烁其词，尤其是称其家由西域归蜀是“潜还广汉”，“逃归于蜀”。按理，李白的先人当年不论是出奔还是触犯刑律而逃寓远方，时隔百年，根本用不着“潜还”或“逃归”。这里面莫非还有什么难言之隐？这成了大家继续研究下去的新的疑点。

随后人们发现，在诗文中，李白对自己的妻子、儿女、朋友都多次提及其人其事，而且专门有诗寄赠他们，表现出他对家人的一片深情，而唯独对他的父亲讳莫如深，闪烁其词。李白不敢明告自己显赫家世的主要原因，是否与他父亲的身世和处境有关？

一千多年来，李白家世之谜一直蒙尘于历史的迷雾中终未能解，这其中隐藏着的是难言之隐还是纯属编造？还需后来的学者们继续探究下去。

寻找杜甫墓地

历史上，名人们的一生往往充满了传奇色彩，作为他们灵魂的栖息地——墓地的故事也同样精彩，充满传奇。“诗圣”杜甫墓地之谜就是其中之一。

杜甫是我国最著名的诗人之一。他生于唐朝中后期，其间唐朝已经由盛转衰，尤其是经历了“安史之乱”以后，社会动荡，民不聊生，杜甫目睹社会现况，写下了大量忧国忧民的诗篇，因而被人们称为“诗圣”。

杜甫早年游历过江南、山东一带，后来漂泊于甘肃、四川一带，最后离开四川，在湖北、湖南等地流浪，一直到死为止，都过着贫穷的日子。这位深受后人敬仰的诗人最后归葬何处却一直不为人知晓。

据统计，在全国，“诗圣”杜甫的墓园至少有八处，如河南巩县、偃师，湖南耒阳、平江，陕西华阳，四川成都浣花溪等。究竟何处是真墓，何处为疑冢，千百年来众说纷纭。经过研究、比较和考证，分歧主要集中在了河南巩县、偃师，湖南耒阳、平江四处。

《旧唐书·杜甫传》载：大历五年（公元770年）四月，杜甫从湖南长沙举家南往郴州，行至耒阳时，为暴水所阻，旬日不得食，耒阳县令得知后，亲自驾船将杜甫接到了耒阳。耒阳县令为杜甫一家送来了美酒佳肴，杜甫大吃了一顿之后，第二天便去世了，终年五十九岁。随后，家人将杜甫埋葬在了耒阳。对此，《耒阳县志》也有记载：“杜陵祠在县北二里，祠后即杜墓。”而且，此墓现在仍存，位于耒阳市第一中学的院内，封土圆锥形，基砌花岗石，周围有石栏，正面嵌有青石横额，上镌“唐工部杜公之墓”及“（南宋）景定癸亥（1263年）孟夏，县令王禾立石”等字样。

成都杜甫草堂早已成为旅游胜地，但是“诗圣”杜甫究竟葬于何处呢？

另有一说认为，杜甫葬于湖南平江。与杜甫同时代的诗人元稹曾说过：“（杜甫）扁舟下荆楚间，竟以寓卒，旅殡岳阳。”而且，《平江县志》也称：“甫自蜀归病，卒于潭岳之交，宗武（杜甫之子）扶其榇旅殡岳阳四十余年。平（江）为岳属县，南小田有甫墓，盖权厝冢也。”现存的平江杜甫墓是一座砖砌墓冢，冢前立有墓碑，周围有砖砌的墓墙。

据考证，耒阳、平江两处杜甫之墓，本来是临时停灵的地方，后来棺柩迁出，只余下了空墓。所以，这两座墓冢都不是真正的杜甫之墓。

于是，人们将目光的焦点投到了河南巩县和偃师的两座杜甫墓。《旧唐书》还记载："元和中，宗武子嗣业，自耒阳迁甫之柩归葬偃师县西北首阳山之前。"清人钱泳也在《履园丛话》中说："按《河南通志》云，唐工部郎杜甫墓在河南府偃师县之土娄村。"钱泳还说，乾隆年间曾对偃师杜甫墓进行修葺和扩建。言之凿凿，似乎让人不得不信。

现存的巩县杜甫墓在新县城（孝义镇）西5千米的康店公社康店村邙山岭上。墓地坐北朝南，呈方形。墓前竖有清代早期所立石碑两块，其中一块立于康熙十九年（公元1680年）。墓周围松青柏翠，气象森然。墓旁附葬着杜甫的长子宗文、次子宗武，这两座墓呈东西排列。明清之际，到巩县杜甫墓园凭吊的文人墨客甚多，留下了不少咏叹感慨的诗作，这为证实此处墓冢确实为杜甫葬处提供了不少凭据。

杜甫的墓到底在哪儿，目前尚不能最后定论。至于为什么在全国各地有这么多杜甫之墓，各地也都争相说自己是真的杜甫墓地之所在呢？也许正是因为人们对杜甫这位伟大诗人的喜爱吧！

李清照改嫁风波

公元1126年前后，"靖康之变"发生后，难以计数的北方人背井离乡，辗转逃难到东南丘陵地带。颠沛流离、风餐露宿的人群中，就有日后被推崇为宋朝第一女词人的李清照和她的丈夫、金石学家赵明诚。

公元1129年，赵明诚不幸病逝，留给李清照的只有十五车古籍文物、完成的半部《金石录》以及无尽的思念。此后，四十六岁的李清照孤独一身，流离于江浙皖赣一带。

"只恐双溪舴艋舟，载不动许多愁"，晚年李清照的诗词中总是不经意间透露出淡淡的忧伤，这段不长久的美满婚姻让后人为之惋惜，也让后人赞叹她的忠贞。此时，一阵不和谐的声音传出：李清照晚年曾改嫁张汝舟！

事实究竟如何？

最早记载李清照再嫁之事的，是宋代人赵彦卫的著作《云麓漫钞》。其中存有李清照的一封信——《上内翰綦公启》。李清照写这封书信的起因是，她为了摆脱与张汝舟的婚姻关系，举报张汝舟"妄增举数入官"（虚报参加科举考试次数以获取官职）。按照宋朝刑法规定，妻告夫，即使情况属实，仍要被判徒刑两年。由于时任兵部侍郎（后改翰林学士）的綦密礼的援助，李清照仅仅被拘禁了九天就得到释放。于是，李清照写了这封信向綦密礼表示感谢。自然，信中交代了事情的前因后果，其中有“忍以桑榆之晚节，配兹驵侩之下才”等语。

除了赵彦卫的《云麓漫钞》以外，宋人著作中引用这一说法的共有七八家之多，其中包括著名史家李心传的《建炎以来系年要录》。也就是说，这些人都认为李清照曾经改嫁于张汝舟。

对于这样一位多才的女词人，人们怎能容忍她的身上存有这样的不雅之事？所以，很多人都认为改嫁之事不可信。在明代，一位名叫徐勃的学者最先提出李清照改嫁不可信，他的推论主要是基于李清照年老，且为官宦世家出身，是不可能改嫁的。

不单是徐勃的质疑，到了清朝，许多学者都为李清照改嫁“辩诬”。他们主要有如下各种论据：

一、李清照当时年岁已高，不可能改嫁。

二、李清照的公公、丈夫都是有地位有身份之人，赵家势力尚盛，李清照没有改嫁的道理。

三、赵明诚、李清照夫妇生前爱情深笃，李清照不可能在丈夫死后不久就马上改嫁。

四、赵明诚的表甥谢伋在《四六谈麈》中从未提到过清照改嫁之事，仍然称李清照为“赵令人李”。如果李清照真的改嫁，谢伋怎会不知？

五、当时李清照因避乱南渡，辗转各地，时间上不允许。

六、《云麓漫钞》杂记琐闻，记载失实之处颇多。李清照改嫁一说，很可能是张汝舟为报复李清照举报他“妄增举数”之仇篡改所致。

近年来，又有学者认为，过去争议的焦点皆因为人们错误地理解了《上内翰綦公启》中“官文书”一词。在其中，李清照述说事件经过之时，说道：“尔苍皇，因成造次，信彼如簧之说，惑兹似锦之言。弟既可欺，持官文书来辄信。身几欲死，非玉镜架亦安知。”这些学者认为“官文书”应该是“判决书”。李清照曾因“颁金通敌”冤案被官府问罪，其出路可能会沦为官婢强卖于人。张汝舟手持“官文书”，对李清照自然具有威慑力，可以“强以同归”，占为已有。改嫁，是以女方为主。一个寡孀因为错判而被人所强占，能说是改嫁吗？因此，就李清照再婚性质而言，“改嫁”与“未改嫁”这两种说法都不能成立。

上述几种说法，有考证，也有臆测，孰是孰非，很难断言。

李清照的晚年生活究竟是怎么样的呢？因为缺乏资料记载，我们很难清楚地整理出她的生活轨迹。至于这改嫁的是与否、真与假，我们也无从辨别了。

千古冤狱“莫须有”

岳飞，字鹏举，是南宋时期重要的抗金将领，曾经立下赫赫战功。在抗击金兵的战斗中，岳飞率领的“岳家军”勇往直前，声威大震，甚至金军中都流传着“撼山易，撼岳家军难”的悲叹。可是，就在即将实现收复中原的大好形势下，当朝宰相秦桧嫉妒岳飞屡建大功，于是怂恿宋高宗赵构连下十二道金牌召回了岳飞，然后诬陷岳飞企图造反，把他害死在了牢狱里，同时遇难的还有岳飞的儿子岳云和部将张宪。

当时，另一个元帅韩世忠曾问岳飞到底犯了什么罪。秦桧说：“其事体莫须有。”韩世忠感慨道：“‘莫须有’三字，何以服天下？”

几百年来，评书和正史都说岳飞是死于秦桧“莫须有”之罪名的陷害。这里就有点儿奇怪了。秦桧要置岳飞于死地，肯定和岳飞仇深似海，为什么不编造点儿证据出来呢？“莫须有”三个字连韩世忠这样的武夫都骗不过去，又怎么能取信于天下？常言说“欲加之罪，何患无辞”，秦桧是状元出身、满肚子典故的人，要捏造点儿证据来还不是小菜一碟？为什么偏偏要说出个“莫须有”的千古笑话来？

由是，一些专家经过考证之后，认为事实上杀害岳飞的元凶并不是秦桧，秦桧只不过是这个元凶手下的一个鹰犬！

第一，秦桧没有杀岳飞的权力。有人指出，当时秦桧虽然很受宋高宗的信任，但还没达到摆布宋高宗的地步，因此也不能为所欲为地恣意铲除异己。绍兴九年，秦桧正积极对金议和，枢密院编修官胡铨上书反对，并请求皇帝“斩秦桧之头挂诸街衢”。秦桧对此人恨之入骨，但也不敢任意杀害他。可知，对战功赫赫的岳飞，他更不可能擅自处置了。

第二，秦桧及刑部主审岳飞一案，曾上书定岳飞、张宪死罪，但并没有定岳云死罪。可上书宋高宗后，岳云也没能幸免于难，可见生杀大权还是在宋高宗之手。

第三，秦桧死后，宋高宗为秦桧制造的许多冤假错案都平了反，但唯独对岳飞一案不肯昭雪，而且对许多大臣申请为岳飞平反的奏折

杭州岳王庙是最为人熟知的岳飞纪念场所，但又有多少人知道岳飞死去的真实原因呢？

不予理睬。

这一切事实都似乎将矛头直指宋高宗赵构，难道他才是杀害岳飞的元凶？

那么，宋高宗出于什么原因要害死作为军事支柱的岳飞呢？而且，宋太祖曾传下秘密誓约，规定后世子孙“不得杀士大夫及上书言事人”。在北宋历朝，这条誓约被执行得非常严格，宋高宗为何敢违约破例？关于这一点，学者中存在着相当大的争议。

有的学者认为“帝之忌兄，而不欲其归”。宋高宗眼见岳飞一心要“迎二圣”（即在“靖康之变”中被金国所掳去的徽、钦两帝），徽、钦两帝被俘之后，宋高宗才有机会登基为帝，如果徽、钦两帝一旦回来，宋高宗的皇位自然就难保了。所以，宋高宗杀了岳飞。

另一部分学者则认为主要原因是怕岳飞久握重兵，危及自己的统治。对武将的猜忌和防范，是赵宋王朝恪守不渝的家规。岳飞个性刚强，“忠愤激烈，议论不挫于人”，不容易与人合作。公元1137年，岳飞又因守母丧，未经宋高宗批准便自行解职。这两件事犯了宋高宗的大忌。所以，秦桧的诬陷，正好迎合了宋高宗的心思，故而下令杀了岳飞。

一代名将岳飞被“莫须有”的罪名杀害，这是中国历史上最悲痛的冤狱之一，“莫须有”这个词也一直流传至今。对于“莫须有”这个词该如何解读，世人一直争论不休，这千古冤狱到何时才能真相大白？也许只能留待后人努力了。

沉睡在大漠里的西夏王陵

1972年6月，兰州军区某部的官兵在宁夏贺兰山下施工，意外地挖出了十几件古老的陶制品和刻有一行行方块文字的方砖。经有关专家考证，此处竟然就是在历史典籍中神秘消失的西夏王朝的王陵！千年前，曾与宋、辽相鼎立的西夏文明在蒙古人的铁蹄下断然消失，西夏文明的历史从此成为千古之谜。

西夏王朝的秘密王陵就隐藏在这些神秘的封土之下。

此后三十年间，考古人员先后发掘出九座帝王陵、四座陪葬

墓、四个碑亭及一个献殿遗址。西夏王陵成为中国现存规模最大、地面遗迹保存最完整的帝王陵园之一，其独特的锥形墓冢素有“东方金字塔”的美誉，与北京的明十三陵、河南巩县宋陵并美于世，被国内外专家学者称为“中国20世纪一百项考古大发现”之一。

但是，自从20世纪70年代被发现以来，西夏王陵的真实面孔一直是若隐若现，迷雾重重。

走进王陵区，只见一片奇绝的荒漠草原上，坐落着一座座高大突兀的陵墓，形似金字塔，它们孤高的身影在萧萧寒风下更显庄严肃穆。众所周知，金字塔是非洲和美洲墓葬的标志，目前除了西夏王陵之外，整个亚洲东部都没有发现类似的墓葬。西夏党项族为何有着与中国境内其他民族截然不同的墓葬特点？这是否与他们民族的起源有关系？

几年前，一个关于西夏王陵精确的坐标绘图在专家们的手中完成。不久，有人惊讶地发现，九座帝王陵的组成正是一个北斗星的图案，而它的陪葬墓也都是按各种星象的布局来设计的！为何要如此设计？是图腾？还是宗教崇拜？这更增添了西夏王陵的神秘色彩。

在千年的风雨侵蚀下，王陵的附属建筑都已毁坏了，但以夯土（考古术语，指一种土质建筑材料）筑成的王陵主体却巍然独存。根据年代推算，这些王陵最晚的一座也超过七百年，如此漫长的岁月，许多砖石结构都已土崩瓦解，为何夯土建筑却依然完好？

不但夯土保存完好，整个王陵地区也没有遭到自然风雨的破坏。要知道，西夏王陵一带地势平坦，被山洪冲刷出的道道沟坎纵横交错，而令人感到神奇的是，竟没有一条山洪沟从帝王陵园和陪葬墓园中穿过。西夏建陵历尽千年，贺兰山山洪暴发不计其数，但沿贺兰山一线，仅有西夏陵区这片土地没有遭受过山洪袭击。原因何在呢？

西夏陵园内最为高大醒目的建筑，是一座残高23米的夯土堆，状如窝头。仔细观察，其为八角形，上有层层残瓦堆砌，多为五层。于是，有学者认定，它在未破坏前是一座八角五层的实心密檐塔，“陵塔”之说便屡见报端。但塔式建筑为何立于陵园之内，它具有怎样的功能、作用？少有人说得清楚。至于这座“陵塔”又为什么建在陵园的西北端，学术界的说法至少有四种，各执一端，争辩了十多年仍不见分晓。

虽然西夏王朝、西夏王陵一直笼罩在迷雾之中，但一千年的风雨，一千年的屹立，一代王朝不会被历史永远遗忘！我们相信终有一天，通过解开西夏王陵的种种秘密，西夏王朝的真实面目终会大白于天下。

天字号机密——天骄秘葬

公元1227年，一代天骄成吉思汗在攻打西夏时病故。成吉思汗最忠心耿耿的将领遵循“秘不发丧”的遗诏，把成吉思汗的遗体运回故乡，下葬到赶造好的陵墓中。安葬之后，又出动上万马匹来回奔跑将墓地踏平，然后植木为林，并以一棵独立的树作为墓碑。随后，为首的将领命令八百名士兵将造墓的一千多名工匠全部杀死，而这八百名士兵也旋即惨遭灭口。这一天字号机密最终被带进了历史迷雾中。

“勇士们，让我们跨上马吧！”这是当年成吉思汗率蒙古大军出征时说的一句话，如今却激励着世界各国的考古学家们进行“寻找成吉思汗”之旅。多少个世纪过去了，他们几乎搜遍了整个蒙古大草原，有的动用地雷探测器甚至卫星摄影技术，然而都无一例外地空手而归。

几百年来，成吉思汗葬在何处，似乎成为了一个亘古之谜！

据说，负责埋葬的将领在坟上杀死了一只小骆驼，将血撒在上面，并派骑兵守墓。等到第二年春天小草长出以后，墓地与其他地方无异时，守墓的士兵才撤走。成吉思汗的子女想祭拜成吉思汗时，就让当时被杀小骆驼的母亲做向导，骆驼有辨识自己血亲的天性，其驻足悲鸣的地方就是大汗墓地。

但传说毕竟不可信，而且这种方法早已失去了功效。时至今日，对于成吉思汗墓地的具体位置，大致有四种说法：一是位于蒙古国境内的肯特山南、克鲁伦河以北的地方；二是位于内蒙古鄂尔多斯市鄂托克旗境内的千里山；三是位于新疆北部阿勒泰山；四是位于宁夏境内的六盘山。

在蒙古国肯特山的依据是，有关史料记载，成吉思汗生前某日，曾经在肯特山上的一棵榆树下静坐长思，而后忽然起立，对手下随从说：“我死后就要葬在这里。”南宋文人的笔记中也记载，成吉思汗当年在西夏病逝后，他的遗体被运往漠北肯特山下某处，在地表挖深坑秘葬。其遗体存放在一个独木棺里。所谓独木棺，是截取大树的一段，将中间掏空做成的棺材。独木棺下葬后，墓土回填，然后“万马踏平”。

一代天骄的陵墓之谜就消失在了万马奔腾之下。

在内蒙古千里山的依据是，我国考古学家曾经在内蒙古的千里山发现过成吉思汗的家族图，上面画着成吉思汗的

三个妻子、四个儿子的头像，所以，成吉思汗的陵墓在这里也是有可能的。

在新疆北部阿勒泰山脉所在的清和县三道海附近，有考古专家曾发现了一座人工改造的大山，推测有可能是成吉思汗的埋葬陵墓。佐证之一是马可·波罗在他所著的《马可·波罗游记》中这样写道："在把君主的灵柩运往阿勒泰山的途中，护送的人将沿途遇到的所有人作为殉葬者。"

在宁夏六盘山的依据是，史料上记载，成吉思汗是公元1227年盛夏攻打西夏时死于六盘山附近的。有考古专家据此认为，按照蒙古族过去的风俗，人去世三天内就应该下葬，或者天葬，或者土葬，或者火化，为的是怕尸体腐烂，灵魂上不了天堂。因此，成吉思汗去世后就地安葬的可能性很大。

到目前为止，关于成吉思汗的陵墓所在地还没有一个确切的结果，虽然中、俄、蒙等国探险家或考古学家都提出过各种各样的观点，但在学术上至今未有定论。

我们不能不赞叹古人的高明，因为他们埋葬成吉思汗就是为了不让后人知道。可以说他们的这个目的达到了！也许，遵从古人的意愿，让成吉思汗享受宁静，这是对他最好的怀念方法。

大明王朝第一号疑案

2011年，福建省的一个小城市突然成为了国内舆论的焦点。在这个名叫宁德的地方，有着许多值得惊叹的村庄，文物研究人员在上金贝村发现了古秘道、"建文帝随从墓"，在石后乡发现了有近六百年历史的祭拜"国母亭"的风俗。另外，小登广村、逃难村、逃难溪等奇怪地名似乎也在告诉人们，它们曾经有一段非同寻常的历史。于是，中国历史上的建文帝下落之谜案再度引起了人们的关注。

公元1399年的"靖难之战"一役，建文帝是生是死？他的结局到底怎样？众说纷纭，莫衷一是，早已成为明史上第一号谜案。

当年，明太祖朱元璋去世之后，燕王朱棣带领精锐之师驾船擂鼓，从江北南下。建文帝派人过江议和，愿意划江为界，叔侄各占一边，但胜券在握的朱棣断然拒绝了。

公元1402年六月初三，朱棣的部队攻占南京皇宫。当朱棣进入皇宫时，皇宫内正烈火熊熊，建文帝已不见踪影，皇后以及七岁的皇太子文奎都不知去向。朱棣下令清宫三日，只找到了建文帝的第二个儿子——二岁的文圭。因此，几百年来，建文帝的下落之谜一直困扰着人们。

据正史记载，朱棣在宫中找了三天后，"遣中使出帝后尸于火中"，即从火堆中扒出了皇帝和皇后的尸体。由于尸体已经被烧焦，因此难以认清到底是不是“帝后之尸”，但史书中依旧记载称，朱棣抚尸痛哭，随后下令以帝后之礼仪隆重安葬了这两具焦尸。

几百年前的一把火竟然烧出了一个千古之谜。

建文帝在宫中葬身火海！这是一种说法，但还有另外几种说法。

《明史》中就说：“宫中火起，帝不知所终……或云帝由地道出亡。”即有人说建文帝从地道中逃走，并记载着这样的故事：建文帝“失踪”三十九年后，有一个年已九十的和尚从云南到了广西，称自己就是建文帝。当地知府吓坏了，赶紧向朝廷汇报。朝廷派人查出这个和尚并不是建文帝，年龄也不相符。结果，这个和尚坐牢了。

这个故事的结果并不重要，重要的是其中的一个细节——朝廷派人调查，使人感到非常蹊跷：如果建文帝当年已经被火烧死，现在还用得着调查什么吗？下令知府抓住这个“假冒伪劣”便是了。之所以还派人调查，显然是朱棣还想“看个究竟”，而这一念头的产生，只能说明他当年对安葬的“焦尸”的身份存有怀疑。

《明史纪事本末》中又有这样的记载，建文帝流浪三十九年后，在明英宗正统二年（公元1438）被人认出，带回宫中，朝廷也不知道是真是假。宫中有个名叫吴亮的老太监，过去曾侍奉过建文帝，便叫他来辨认。建文帝一见就问：“你是吴亮？”吴亮回答说：“我不是。”建文帝说：“有一次我吃饭时，掉了一块肉在地上，你趴在地上把它吃掉了。你忘了？”太监吴亮闻言大哭。建文帝从此入居宫中，寿终正寝。

由于建文帝时期的档案史料已被销毁，《明成祖实录》的真实性令人怀疑，已经难以核实其正确性究竟有多少，要确切考证建文帝的下落，犹如雾里看花。

目前，有关建文帝的下落，归纳起来大致可分为三种：一种是他在南京城破时，化装潜逃到外地，并出家当了和尚；第二种说法是，建文帝在朱棣率军攻入南京后，放火自焚；最后一说则告诉人们，建文帝逃到海外去了。

时下，相信第一种说法的人比较多，而福建宁德市的一连串发现似乎也给这种说法提供了支持。但是，宁德市的考证工作还在进行，专家们还没有给出一个准确并让所有人信服的结论，所以，持续了几百年的大明王朝第一号疑案还没有被解开。

郑和下西洋的神秘使命

公元1405年，郑和带着明成祖朱棣的圣谕，率领由两百艘大船和两万八千人组成的庞大特混舰队，满载着丝绸、瓷器和茶叶，从江苏太仓刘家港扬帆出海，开始了七下西洋的壮举。

在二十八年的时间里，他们穿梭西太平洋，横渡印度洋，开通亚非航线，拉开了人类历史上辉煌灿烂的“大航海时代”的序幕。然而，由于郑和下西洋史料的严重缺失，时至今日，围绕这六百年前的空前壮举，依然有很多谜团。

郑和历尽艰险，屡下西洋到底是为什么呢？对于这个问题，历来莫衷一是。

下西洋是为“示富”？

《明史·郑和传》这样解释郑和下西洋的原因：“且欲耀兵异域，示中国富强，永乐三年六月命和……通使西洋。”由此，一些学者认为，下西洋就是明成祖要向世界展示中国的富强。但是，也有很多专家认为，用这样一句话来概括郑和下西洋的目的还远远不够。

当时的明朝经过太祖朱元璋几十年的休养生息，农业、手工业水平达到封建历史上的高峰，国力在世界上居于领先地位。而宋、元以来造船、航海等技术的发展，使当时实现远洋航海探险、加强对外交往的条件已经具备。北京郑和下西洋研究会副理事长毛佩琦认为，正是“永乐盛世”的物质基础，以及明成祖一心要成为“盛世名王”的理想，使得他渴望加强国际交往，才促成了郑和下西洋的壮举。

近代学者梁启超据“且欲耀兵异域，示中国富强”一语，在其《祖国大航海家——郑和传》一书中指出，明成祖雄主野心，想通过扬威的壮举，达到震慑与笼络海外诸国来朝受封的目的，其实不过是“聊以自娱”罢了。李长傅的《中国殖民史》甚至干脆把下西洋的动机说成是“耀兵异域”，别无他意。

与以上两说不同，近代学者韩振华的《论郑和下西洋的性质》、陈得芝的《试论郑和下西洋的双重任务》、翦伯赞的《中国史纲要》和中国青年出版社编辑部的《中国古代史常识之明清部分》等著述则以为，郑和下西洋，其中既有政治目的，又有经济意识。

因为，朱棣是凭武力强占了侄儿的帝位，自知“夺嫡”声名不佳，遣使出洋宣武异域，使万国来朝，并安抚或镇压那些逃居沿海岛屿和海外的不愿与他合作的臣民，自然不失为提高国际威望和巩固统治的积极措施；另一方面还可以打开一条通往西洋诸国的海上航道，扩大明朝官方的对外贸易市场，用中国精湛的瓷器、绫罗绸缎等手工业品，去换取外国的香料补药、奇珍异宝，以满足王公贵族的奢侈享用，这从郑和统率的船队被称为“宝船”或者“西洋取宝船”即可得到证明。

不过也有人认为，郑和一再远航，仅仅是出于建立广泛的国际友好关系，瓦解政敌残余势力的政治需要；或者说主要是为了扩大对外贸易、借此增加财源的经济目的。前一种观点见于南京大学历史系编写的《中国古代史》、冯尔康的《郑和下西洋的再认识》；后一种观点见于田培栋的《明朝前期海外贸易研究——兼论郑和下西洋的性质》。

然而，最广为流传的一个说法是：郑和下西洋是为了寻找建文帝的踪迹。《明史·郑和传》中就直截了当地说："成祖疑惠帝亡海外，欲踪迹之。"近代学者范文澜的《中国通史简编》、吴晗的《明初对外政策与郑和下西洋》等也认为，郑和下西洋除了经济方面的因素以外，还带着皇上的秘密使命，这秘密使命就是寻找建文帝的下落。

以上各家之言，无不持之有据，众说纷纭，莫衷一是，哪一种说法才符合历史的真相呢？目前来看，谁也不能给出一个明确的判定。

顺治皇帝生死之谜

公元1661年正月初六，新年的欢乐祥和还笼罩着整个京城。然而，夜里子时，大清皇宫却传出了一个令人震惊的消息：年仅二十四岁的顺治皇帝在养心殿驾崩。就在顺治驾崩后的第三天，一个不满八岁的孩子坐在了紫禁城金銮殿的宝座上。这个名叫玄烨的孩子，就是后来威名赫赫的康熙大帝。

皇宫中很快恢复了平静，但是让人们迷惑的是，二十四岁的顺治皇帝，一向身体强健，从未听说有什么疾病缠身，为什么会突然不治而亡？

对于顺治皇帝的死亡，《清世祖实录》中的记载异常简短，"丁巳，夜，子刻，上崩于养心殿。"清朝史籍对顺治皇帝的日常活动一贯是记载详细的，而关乎生死的大事，却以寥寥数字敷衍了事，更让人们费解的是，对于顺治皇帝的死因，清宫档案中竟然只字未提！

而同样让人费解的，是顺治临死之前留下的遗诏。这份遗诏又叫罪己诏，其中充满了顺治皇帝的自责。为什么顺治会对自己平生所为如此内疚自责？这样的自责似乎很不符合一代天子离开人世时最后的心情，这其中究竟又隐藏着什么呢？

关于顺治之死，民间有这样一种广为流传的说法。顺治有一位情投意合的宠妃董鄂氏，他们的感情十分深厚，顺治甚至想把她生下的皇子立为太子，但这个孩子出生才几个月就夭折了，董鄂氏因此郁郁而终。短期内，先后痛失爱子和爱妃，顺治痛不欲生，万念俱灰，决心遁入空门。堂堂一个皇帝，竟然为了女人而出家，这件事如果传扬出去，必将成为天下人的笑料，为隐瞒事件真相，顺治的母亲孝庄皇太后只得编造了顺治病死的假象，并伪造了遗诏。

就在顺治死后，当时一位很有名气的诗人吴梅村，写下了一首《清凉山赞佛诗》，其中一句令人百思不得其解："八极何茫茫，日往清凉山。"根据吴梅村的笔记记载，诗中的清凉山指的就是佛教圣地——五台山。那么联系上下文来看，吴梅村是否在暗示，顺治皇帝并没有真的死在皇宫之中，而是退位前往五台山，出家做了和尚？

据清代《起居注》记载，康熙即位后不久，孝庄皇太后曾多次带着他上五台山去礼佛。这样的活动本可以在北京举行，可他们偏偏不远千里来到五台山，而且这样的活动不只进行过一次。如此看来，顺治在五台山出家修行，也许才是隐藏在前往五台山礼佛背后的真相，而这也就恰恰能够解释吴梅村在诗中所写的"日往清凉山"。但是，近代多位学者，如阎崇年、纪连海等，纷纷提出反驳之说，出示了各种证据，力图证明顺治死于天花。

首先，德国人魏特所著的《汤若望传》中提到了顺治死于天花的事实。顺治同传教士汤若望关系密切，尊称汤若望为"玛法"，即满语"爷爷"之意，所以汤若望对顺治的情况非常了解。据此书记载，当顺治发觉自己身染天花后，确定储君便成了燃眉之急。当时他想立次子，而孝庄皇太后则坚持立第三子玄烨（即后来的康熙皇帝）。顺治派人去征询汤若望的意见，汤若望也力主玄烨，理由是玄烨出过天花，对这种可怕的疾病有了终身免疫力。

此外，曾给顺治起草遗诏的汉官王熙在文集中也记录了当时的一些情况。书中提到，顺治十八年正月初七，顺治帝突然于午夜急诏他入宫，对他说："朕得了天花，即将不久于人世，你要详细记住我的话，马上拟定诏书。"

顺治皇帝的生死之谜给大清皇宫笼罩了一层阴云。

孰真孰假，孰是孰非，三百多年的时光悄然流逝，威严的紫禁城依旧沉默不语。那段关于顺治皇帝生死之谜的历史，也许永远无法得到确切的答案。然而，正是因为有了诸多难以猜测的谜题，历史才会显得如此耐人寻味，如此令人迷醉。

真假香妃

在新疆喀什东郊5千米的浩罕村，有一座典型的伊斯兰古建筑群，在这座建筑的东北角上，有一座并不高大也不显眼的坟墓，却一直是吸引游人的所在。当地人称其为香妃墓。

而远在河北省遵化市的清东陵内，有一座安葬着清朝乾隆皇帝唯一的一个来自新疆的维吾尔族妃子——容妃的陵墓，许多人也把它称为香妃墓。

香妃，这个传说中美丽神秘的女子，自清朝覆亡以后，就像一阵旋风般刮遍了大江南北，被编成了故事，写进了小说，登上了荧屏。人们不禁要问：香妃究竟是谁？这香妃和容妃是同一个人吗？近百年来流传着种种的假设与猜想。

据传，乾隆年间，清军入回疆，定边将军兆惠俘获了一位回族部落的王妃，这个女子天生丽质，更奇的是，她的身体会散发异香，人称香妃。乾隆帝对她大为倾心，执意纳之为妃。然而香妃性格刚烈，誓死不从，并身藏利刃，表示不屈决心。皇太后得知此事后，趁乾隆帝独宿斋宫之际，命人将香妃缢死。

传说中的香妃，是叛王的王妃，而真实世界里的容妃却来自平叛有功的家庭。据清宫档案记载，容妃出生在西域世世为回族部落首领的和卓氏家族，出生在雍正十二年（公元1734年）的九月十五日，在宫廷中度过了二十八个春秋。

传说中，香妃最令人遐想的是她身有异香，但在史籍与档案中未见容妃有体散异香的记载，更无被皇太后赐死的结局。其实，皇太后死于乾隆四十二年，比容妃早死了十一年，岂有将容妃赐死之理？不仅如此，容妃由贵人晋封为嫔、由嫔晋封为妃，都是出自太后的懿旨。可见，容妃并无传说中香妃的曲折经历。

所以，有些学者提出香妃不是一个真实的历史人物，是人们给风流皇帝乾隆编造出来的故事，是追求好奇的人们根据容妃的籍贯身世创作的。由于乾隆就这样一个维吾尔族妃子，人们都不十分了解，便在猜测的基础上不断加以演绎，最终形成了我们今天所听到的香妃的故事。

这一片充满神秘色彩的墓地下，是否有香妃的身影呢？

1914年，故宫古物陈列所在紫禁城内武英殿西侧的浴德堂，展出了据说是出自郎世宁手笔的“香妃戎装像”，像下附有一篇绘声绘色的小传，从而又刮起了香妃之谜的

热议旋风。但是，这幅画像没有题记和落款，史书中没有记载，来源也并不是很清楚。虽传为宫廷画家郎世宁所绘，然而至今尚无确切资料证明这幅画像确为郎世宁所画。

面对是香妃还是容妃的争议，面对着不同的香妃墓，还有种种关于香妃的故事，人们一直搞不清楚，为什么距今也不过两百多年的历史，偏偏出现了这么多的谜团。

现如今，清东陵内的容妃墓经过抢救性发掘，发现了一个少数民族女子的头颅，而在椁的正面及两侧残留的一些手写的文字，也清晰地表明了墓室主人的身份，证明了容妃确实葬于清东陵的事实。

那么，远在新疆喀什的香妃墓下，到底有没有香妃的身影？如果墓穴里面没有香妃，那么它里面埋葬的又是谁呢？如果没有真正的主人，那么它的里面究竟埋葬的又是什么？太多太多的疑问留给了我们去思索……

解密袁世凯猝死

1916年6月6日，在亿万民众的声讨中，北洋军阀的领头人物——袁世凯，终于魂归西天。

人们在互相庆贺的同时，也不免产生疑问，是什么原因造成了这个窃国大盗的猝死呢？鉴于他的接班人仍是袁世凯北洋系统的老部下，因此知情者对他的死讳莫如深。有人认为他是病死的，有人认为他是被气死的，而在这两种说法中又衍生出了多种猜测。

一种说法称袁世凯患尿毒症而死。佚名《袁世凯全传》称袁世凯所患，“相传为尿毒症，因中西药杂进，以致不起。”佚名《袁氏盗国记》还作了详细说明，“五月二十七日，经中医刘竺笙、肖龙友百方诊治，均未奏效；延至六月初四日病势加剧，即请驻京法国公使馆医官博士卜西京氏诊视病状，乃知为尿毒症，加以神经衰弱病入膏肓，殆无转机之望。”

《袁氏盗国记》、《袁世凯全传》都是袁世凯死后推出的出版物，自有其可信处，因而20世纪50年代刘厚生在《张謇评传》中说：“袁世凯患尿毒症，如果及时采取外科手术治疗，决无生命之虞。可是在医疗方案上，袁世凯的两个儿子意见分歧，大儿子袁克定相信西医，主张动手术；二儿子袁克文则竭力反对，相持不下，贻误时机，终致不治。”

与此相近，有袁世凯患病后不肯服药而死之说。

据说，当年袁世凯在彰德休养时，有术士给他算命，称“袁世凯活不过五十八岁”。袁世凯问：“有何禳解否？”术士曰“此事甚难，非得龙袍加身不可”。袁世凯听后没说什么，赐酒给术士，术士出门后就死了，大家都猜测是袁世凯害死了术士以灭口。从此以后，袁世凯便有了称帝之心。

1915年，袁世凯称帝，其后却事事不顺，众叛亲离。于是，袁世凯积忧成疾，昏迷之中，总看见术士前来索命。有人服侍他吃药，他总是不吃，因为药很像当年他给术士喝的毒酒，他周围亲近的人都知道原因，但都不敢明说，最后改用针灸治疗，却也没能保住性命。

“气死说”论者则认为袁世凯是因帝制失败，众叛亲离之下气愤而死的。

有人说：“袁世凯以称帝不成，中外环迫，羞愧、愤怒、怨恨、忧虑之心理循声迭起，不能自持。”

那么，是哪些人气死袁世凯的呢？首先是四川督军陈宧反叛，宣布“代表川人，与项城告绝，自今日始，四川省与袁氏个人断绝关系”，是袁世凯的一帖催命药。

陈宧既是袁世凯在西南倚重的将军，又是袁世凯长子袁克定的把兄弟，私人感情甚笃。据说，陈宧带兵入川前夕，向袁世凯辞行时，行了三跪九叩之大礼，真可谓是阿谀奉承到了顶峰，使袁世凯对他感觉甚好，以为只要陈宧坐镇成都，“倚以镇慑，谓西南可无事，江上刘戍，亦自谓慎固也。”

袁世凯在称帝之后不久就一命呜呼了，谁也不知道他究竟因何而死。

陈宧的宣告独立，对毫无思想准备的袁世凯来说，无异于最大的打击。此外，陈宧又为袁世凯其他亲信的反叛起到了带头作用，陈宧宣告独立之后，陕西的陈树藩和湖南的汤芗铭随即也宣布了独立。所以，有人说：“袁世凯最后服了一帖‘二陈汤’以致送命，这三个人对他宣布独立是他所料不到的，因此活活气死了。”

就袁世凯本人来说，他始终没有向后人交代自己为何人所气而难以治愈。这个窃国大盗在咽气前，只是有气无力地说：“是他害了我！”但这句话所指的“他”是谁，仍不清楚，其用意和含义更是令人费解，也给后世留下了一个难解之谜。

MYSTERIOUS

4 CHAPTER 离奇的文化谜案

中国文化史上发生过许多至今悬而未解的谜案，它们扑朔迷离，众说纷纭，莫衷一是。翻开这一章，从汉字的始祖、巴蜀图语，到九鼎、和氏璧以及八阵图……将最离奇的文化谜案全方位、立体化地展现在你的面前，详述谜案发生的历史背景、破解过程，以及至今尚未解开的悬疑，引领你进入精彩玄妙的未知世界，打开更为广阔的文化视野。

探寻汉字的始祖

1983年，在河南舞阳贾湖边上，一支考古队正在发掘一处距今八千多年的史前遗址。一天下午的五六点钟，队员们突然在遗址中发现了一件超乎想象的神秘东西。在一片龟甲上，有着几个模糊的刻划符号，看上去和甲骨文极其相似。随后，他们陆续发现了共十四件骨器、石器、陶器上刻画有类似的甲骨文符号。这一发现立刻震动了学术界：莫非，早在八千年前的中华大地上就已经有了文字的萌芽？

这一发现为何能引起如此巨大的反响呢？我们还需从汉字的起源说起。

众所周知，汉字是中华民族特有的文字，也是中华文明的象征。关于汉字的起源，中国古代文献上有种种说法，如“结绳”、“八卦”、“图画”、“书契”等，古书上还普遍记有仓颉造字的传说。

传说，仓颉生得“双瞳四目”（四只眼睛，每只眼睛里有两个瞳孔），非常聪明。有一年，仓颉到南方巡狩，登上一座阳虚之山（现在陕西省雒南县），临于玄扈洛邙之水，忽然看见一只大龟，龟背上面有许多青色花纹。仓颉看了觉得稀奇，就取来细细研究。他看来看去，发现龟背上的花纹竟表达着某种意义。他想，花纹既能表示意义，如果定下一个规则，岂不是人人都可用来传达心意，记载事情吗？于是，仓颉到处观察，看尽了天上星宿的分布情况、地上山川脉络的样子、鸟兽虫鱼的痕迹、草木器具的形状，描摹绘写，造出种种不同的符号，并且定下了每个符号所代表的意义。这种符号就是我们汉字的雏形。

当然，这只是传说。其实，汉字的形成是一个渐进的过程，绝非一时一人所能造就，所以，汉字应当是古代劳动人民在长期的生产实践中不断创造、发明、发展、完善下来的符号。

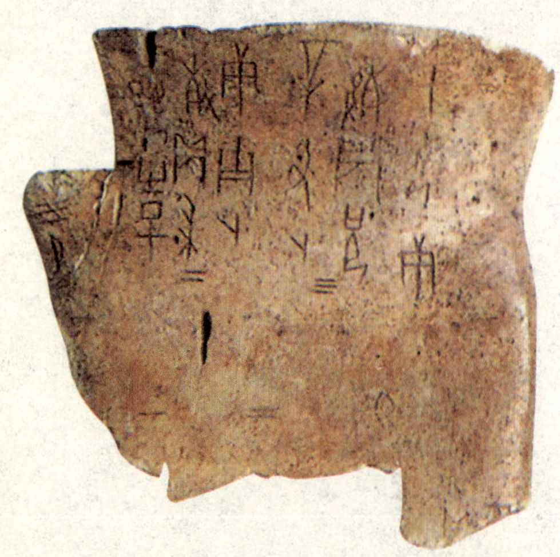

这片骨器上刻有甲骨文，散发着远古神秘的气息。

曾经，人们公认甲骨文是已发现的古代文字中时代最早、体系较为完整的文字。甲骨文是殷墟的一大发现，是我国商代后期王室用于占卜记事而刻（或写）在龟甲和兽骨上的文字。经过历史学家和文字学家的努力工作，现今我们已经能解读很多甲骨文字。

在逐渐解读甲骨文的同时，一个疑问也渐渐浮现在人们的头脑中：甲骨文就是我国最早的文字吗？还有比甲骨文更加古老的文字吗？

这个疑问在20世纪70年代得到了初步解答。当时，考古学家在距今约四千年的大汶口文化遗址中发现了一些刻画在陶器上的文字，远早于殷商时期的甲骨文，其中的某些造字方法后来还为甲骨文所继承。那么，能否肯定这些陶文就是中国最早的文字呢？

目前，专家们只能断定它们是一些用来记事和传达信息的符号，也就是说，它们是一种图画文字，但是这些符号是否能担负起记载语言的职能，是否就是文字，还没有一个定论。

如今，考古人员在舞阳贾湖遗址上的发现，又给汉字起源之谜增加了新的研究方向和课题。

在舞阳贾湖遗址出土的十四件龟甲、骨器、石器、陶器上，考古人员发现了十六例刻画符号。这些符号分为三类：一类是从形状看具有多笔组成的组合结构，承载着刻画者一定的意图，具有原始文字的性质；一类是戳记类，做戳印之用，表示所有权或有标记的作用；在第三类符号中能见到横或竖的一道或两道直刻痕，明显是人有意所为，具有计数的性质。

但是，一种成熟的文字应该具备固定的形、音、义，同时还要上下成文。专家们对贾湖甲骨刻符的形、义都进行了考证，但现在要去准确判断这些八千年前的符号的读音却根本不可能，而且这些符号大多是单独刻画，也就不可能有上下文。这使得贾湖符号的文字性质未能得到专家们的一致认可。

在这之前，世界上公认最早的文字是出现在古代中东地区的楔形文字，距今五千至六千年；学界公认的中国最早的古文字是商代中晚期的殷墟甲骨文，距今不过三千三百年左右，而贾湖刻画符号的年代却距今八千年以上。如果这些刻画符号能够被认定为是文字，那么不但汉字的远祖一下子提前到了八千多年前，而且全世界最早文字的历史也可能被改写！

至今，对贾湖刻画符号的破译工作仍在紧张地进行，我们期待着专家们能早日给出一个定论。

解读巴蜀图语

四川深处中国腹地，古称巴蜀，是一片充满神奇的地方，这里曾经生活着一支神秘的民族——巴蜀民族。由于历史资料的缺乏，巴蜀民族一直笼罩在迷雾之中。这是怎样的一个民族？他们的历史文化究竟是怎样的？没有人真正了解！

对于巴蜀民族，西汉史学家扬雄在《蜀王本纪》中有一段简略的记载：“是时

古老的武器上锲刻着古老的文字，这是怎样一个神秘的远古民族啊！

人萌（民）椎髻左言，不晓文字，未有礼乐。”意思就是说巴蜀人不认识字，社会文化非常落后。这一论断造成了后人对巴蜀民族的偏见，但是20世纪的一些考古发现却让人大吃一惊。

从20世纪20年代开始，在四川地区陆续出土的青铜器上，考古学家发现了一些神秘的图案。由于当时人们所认识的古代青铜器主要是在中原地区出土的，所以这些看起来形制古朴的青铜兵器，曾被误认为是夏代时期中原地区的文物。20世纪40年代，考古学家卫聚贤首先认定这些青铜器是春秋战国时期的巴蜀文物，据此提出“巴蜀文化”的概念。20世纪80年代，四川省博物院研究员李复华、王家佑把这些青铜器上的符图命名为“巴蜀图语”。

比巴蜀图语稍晚出土的四川战国时期土坑墓中，考古学家在一些青铜器上又陆续发现了一些个体或成组的符号，这些符号跟汉字中的象形字极为相像，似乎已经具有了文字的特征。迄今为止，这些符号已经出土了一百多个，成组的联文符图很复杂，似乎想通过一段内容来表情达意。

几乎在巴蜀图语问世的同时，在20世纪50年代到90年代陆续出土的巴蜀铜戈上，考古学家又发现了大量铭文。这些铭文跟巴蜀图语似乎不是一个文字系统，考古界称之为“巴蜀戈文”。这些戈文已经与方块文字具有了更多的相似性，它们像汉字一样直行排列，字与字之间留有行距，如同中原的竹简书一样。

古巴蜀不仅可能有文字，而且还出现了两种可能是文字的符图，这个意外的发现让考古学家们欣喜不已。如果巴蜀图语真是一种古文字，那它能不能像甲骨文一样被破译呢？

目前，解读巴蜀图语大多通过两种途径：一种是中原的文字，如甲骨文；一种是少数民族古文字，如古彝文。但这两种途径都与巴蜀图语有很大差别。所以，虽然很多考古学家和文字工作者都投入到了巴蜀图语的破译工作中，但由于缺乏相关的历史资料和能够与巴蜀图语有关联的参考文字，学术界还没有找到解读巴蜀图语的办法。

毫无疑问，巴蜀图语是一个巨大的谜团，但是这个谜团本身有可能是一个窗口，在中华民族史中有着举足轻重的地位，每一个单薄的图语背后都可能活跃着一群生动的面孔，可能掩藏着一段隐秘的历史。巴蜀符号集中了古蜀文明所有的神奇，它的解读将对我们了解神秘的古巴蜀王国文化起到决定性的作用。但现在的关键在于，我们必须拿到这把钥匙，并且掌握它的使用方法，好让我们能够走进古蜀人的心灵，走进他们的生活，走进那个神秘的远古世界。

二十八星宿从何而来

我国古代人为了观测天象以及日月星辰的运行，便选取了二十八个星群作为观测时的标志，各以一个字来命名，这就是二十八星宿。二十八星宿被平均分为四组，与东、西、南、北四个方位，青龙、白虎、朱雀、玄武四种动物相配。二十八星宿之说广泛应用于中国古代天文、宗教、文学及星占、星命、风水、择吉等术数中，在不同的领域具有不同的内涵，相关内容非常庞杂。

可以说，二十八星宿之说在中国传统文化中占有无可替代的重要地位。然而，在广泛接受它的同时，一些不解之谜也始终困扰着我们：这一古老的天象体系究竟是在什么时代、在何处诞生的？ 二十八星宿之说究竟是由谁创造的？

在古代，使用二十八星宿之说的国家和地区有中国、印度、阿拉伯、埃及、伊朗、巴比伦、印第安，而最完整的则是中国和印度，所以，学术界一直存在“印度说”和“中国说”之争。

中国的著名学者夏鼐先生坚持认为二十八星宿起源于中国，并根据文献资料进行了严密的推导。夏鼐先生的理论得到了众多学者的认可，但这一结论却一直缺乏实物的有力证明和支撑。反对“中国说”的人认为，中国的二十八星宿对应的左青龙、右白虎、前朱雀、后玄武的四象之说，仅仅是中国汉朝时期儒生的附会之说。

1977年，湖北省境内战国曾侯乙墓的发掘给这一争论提供了有力的佐证。在一只漆箱的盖面上绘有一幅彩色的天文图，画面中间是篆书“斗”字，四周清楚地写着二十八星宿的名称。漆箱盖上中央那个特别大的“斗”字，分别向东、西、南、北特意延长了四笔，而这四笔正好指向二十八星宿四宫的四个中心。这也就是后来四象之说的象征。曾侯乙墓的年代是在公元前433年左右，与之相呼应的是，河南省三门峡上村岭也出土了春秋时期的虢国铜镜，铜镜背面的图案几乎与曾侯乙墓的图案如出一辙。这两幅图的发现，证明了公元前5世纪初或更早时期，中国就有了完整的二十八星宿体系。

二十八星宿体系的形成无疑要经过一个漫长的历程，它的源头肯定要早于战国时代。那么它的上限可以追溯到什么年代呢？整整十年后，河南省濮阳西水坡的惊世发现回答了这个疑问。

对濮阳西水坡四十五号墓的未解之谜发表过意见的学者当中，最具有鲜明特点的，也许要算中国社会科学院考古研究所的冯时教授。冯时教授经过研究认为，神秘的四十五号墓其实是一个星象图，墓中的四个人分别象征掌管春分、夏至、秋分和冬至的神，墓中由贝壳摆放的龙虎图案就是四象说中的青龙和白虎。

墓葬中呈现的这一切，意味着最原始的历法很可能产生了。同时，也证明中国的早期星象在六千多年前已经形成了体系，为二十八星宿起源于中国之说提供了更加有力的实物支撑。

令世人震惊的濮阳西水坡四十五号墓遗址的发现，为进一步探索中国古代文明起源揭开了崭新的一页。但是，新的疑问也随之而来，是否还有比它还要古老的星宿图存在呢？二十八星宿起源之争是否可以从此尘埃落定呢？这仍然需要专家们作进一步的解答。

暗藏玄机的太极八卦图

太极八卦图是一幅古老的图式，令人只看一眼就难以忘却，其布局结构黑白对分，合二为一，和谐流畅；其整体画面犹如黑白两鱼环抱成圆，相映生辉，自然天成，有“中华第一图”之称。

从古到今，太极八卦图广为人知，从算命先生的招牌、道家居士的袍服，到孔庙大成殿梁柱的标记物；从古代传说、典籍记载，到众多专著论文；从民间的饰物、中国传统文化的会徽会标，到韩国国旗……随处可见它的影迹。

然而，多少年代、多少春秋过去了，太极八卦图依然披着神秘面纱。

“太极”的概念始见于《墨子·非攻》：“禹既已克有三苗，焉为山川，别物上下，所制太极，而神民不违，天下乃静。”其次见于《易经》：“易有太极，是生两仪。两仪生四象，四象生八卦。”按照古人的观点，世间万事万物都是由“无”生出来的。由“无”生出了一，一分化为二，二生出三，三再演化就可以生出一切东西。按照这种理论，“太极”就是万物本原的“一”。这与现代宇宙起源学说的大爆炸理论何其相似，因此有人认为太极八卦学说就是古人的宇宙模型。那么，中华先民是从哪儿得来如此高深的认识呢？就现在的研究情况来说，这是一个无法解答的谜题。

相传，在远古时代，伏羲氏教民“结绳为网以渔”，养蓄家畜，人民的生产和生活都得到了极大发展。因此，祥瑞迭兴，天授神物。有一种龙背马身的神兽，生有双翼，高八尺五寸，身披龙鳞，凌波踏水，如履平地，背负图点，由黄河进入图

简单的太极八卦图中却蕴含着玄妙复杂的理念。

河，人们称之为龙马。接着，又有神龟负书从洛水出现。伏羲氏见后，依照龙马背上的图样和神龟所负神书上所用的符号，画成了太极八卦图。

这就是《易经·系辞上》记载的“河出图，洛出书，圣人则之”，即伏羲氏“作八卦，以通神明之德，以类万物之情”。后来，人们在伏羲氏龙马负图处修建了负图寺，以纪念伏羲氏开拓中华文明的功绩。

虽然这种说法在中国古代典籍中有大量记载，但古书中却没有现在我们所见到这种黑白两色的太极八卦图案。太极八卦图确凿可考的最早图式，是五代十国时期的后蜀彭晓著《参同契分章通真义》中为注解东汉道士魏伯阳《周易参同契》所绘的水火匡廓太极图。

虽然水火匡廓太极图出现的年代最早，但争论仍没有停止。更多的人反而将争论的焦点集中到了北宋周敦颐、五代宋初的陈抟、宋元之际的佛徒寿涯等人身上。

同时，还有人认为太极八卦图起源于新石器时代陶器上的轮纹、旋涡纹、鱼纹等图案。

在这些争论中，究竟孰是孰非？由于缺乏足够的、确凿的证据，所以目前仍然没有定论。

《孟子》作者之争

在我国漫长的封建社会时期，儒家思想处于独尊地位。每逢帝王们祭祀儒家圣贤孔子时，旁边总会有一位儒家学派的大学者陪着孔子享祭，他同样拥有崇高的尊号——“邹国亚圣公”。显然，在儒家学派中，他的地位仅次于孔子。这位大学者便是孟子。

孟子，名轲，是继承和发展孔子创立的儒家学说的新儒家代表。至今，我们了解、研究孟子的思想，最主要的依据就是《孟子》一书。《孟子》是继《论语》以后最重要的儒家经典，记述了孟轲一生的主要言行，突出地记述了孟轲主张仁义、反对暴政和武力的政治思想，以及“民为贵，社稷次之，君为轻”的民本主义思想。此书语言生动，比喻深刻，论证有力，文章气势雄伟，在我国历史上具有重大影响。

然而，关于《孟子》一书的作者，却历来有多种说法。

最开始，人们认为《孟子》一书就是由孟轲自己所作。《孟子》的最早注释本，是汉代赵岐的《孟子章句》。赵岐在该书的《题辞》（即序）中说：“孟，姓也；子者，男子之通称也；此书，孟子之所作也，故总谓之《孟子》。”在这里，赵岐认为《孟子》是孟轲自己所做。

宋代文学家朱熹也从文章风格的匀称一致上，力证该书出自孟轲之手。他说：“《论语》多门弟子所集，故言语时有长长短短不类处。《孟子》疑自著之书，故首尾文字一体，无些子瑕疵。不是自下手，安得如此好？”

清代文学家阎若璩和魏源则从有无记述孟轲容貌上，推断《孟子》应为孟轲自著。阎若璩说：“《论语》成于门人之手，故记圣人容貌甚悉；七篇（即《孟子》）成于己手，故但记言语或出处耳。”魏源说：“七篇（即《孟子》）中无述孟子容貌言动，与《论语》为弟子记其师长不类，当为手著无疑。”

但是，唐代的文学家韩愈认为《孟子》应该是孟轲的弟子辑录而成。他在《答张籍书》中说：“孟轲之书，非轲自著。轲既殁，其徒万章、公孙丑，相与记轲所言焉耳。”

此后，宋代的晁公武、清代的崔述又为之补充了三条理由。晁公武发现《孟子》一书中称诸侯都用谥号，“夫死然后有谥，轲著书时所见诸侯不应皆死”。也就是说，诸侯死后才会有谥号，如果是孟轲自己所写的，在他写书的时候这些诸侯没有全部死去，就不可能都用谥号。崔述提出了两条意见：一是《孟子》所讲的历史事实和地理位置往往不合，“果孟子自著，不应疏略如此”；二是《孟子》中，对孟轲的弟子乐正子等人都尊称“子”，孟轲不会如此称呼自己的弟子，所以肯定是孟轲的后世弟子所做。

除了以上的说法，还有一种综合说法——师生合著说。认同这种观点的人认为，《孟子》是由孟轲口授，然后由他的弟子万章、公孙丑整理成书的。这是根据司马迁《史记·孟子荀卿列传》中提到孟轲时所说：“退而与万章之徒序《诗》、《书》，述仲尼

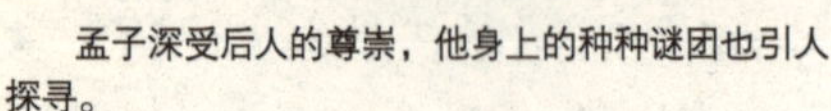

孟子深受后人的尊崇，他身上的种种谜团也引人探寻。

之意，作《孟子》七篇。”宋代学者朱熹虽然主张孟轲自著，但也认为不能排除其弟子参加的可能。著名的语言学家杨伯峻也认为，乐正子等人皆称“子”，而万章、公孙丑不称，只能证明万章和公孙丑二人参与整理成书；《孟子》中提到的诸侯，死于孟轲之后的是梁襄王和齐宣王，但也仅后数年，万章、公孙丑整理时，当然要用谥号，从而进一步肯定了师生合著说。

在去世前，孟子有二十年左右的闲居生活。他除继续讲学外，没有像孔子那样花大量的精力去搜集和整理古籍。而且《孟子》一书是写他自己和学生的言论和活动的，类似于现代人写回忆录那样。所以说，师生合著是可以成立的。

以上说法各有各的依据，但从争辩情况来看，更多的人比较倾向于师生合著的说法，但是否能由此结案定论呢？恐怕这个争论还要继续下去。

千古奇书——《易经》

《易经》一书自古以来，就被认为是一本奇书、天书，它晦涩难懂，却又暗藏玄妙。它的内容极其丰富，对中国几千年来的政治、经济、文化等各个领域都产生了极其深刻的影响。无论是孔孟之道、老庄学说，还是《孙子兵法》，抑或是《黄帝内经》，无不和《易经》有着密切的联系，《易经》堪称我国传统文化的源头。但是，从秦汉之后，直至今日，仍然没有人能够声称自己真的完全读懂了《易经》！

那么，这部无人真正通晓的上古典籍，究竟是一部什么性质的书呢？专家学者们竟相猜测，各有发现，可以说五花八门，而且彼此的看法相距甚远。

从《易经》的产生以及早期应用看，它应该是一部用于占卜的书。在早期的原始社会中，由于生产力低下，科学不发达，古代先民们对于自然现象、社会现象以及人自身的生理现象等方面的问题，不能作出科学的解释，因而就产生了对神的崇拜，认为在人、自然的背后有一个至高无上的神存在，它支配着世界上的一切。当人们屡遭天灾人祸后，就萌发出了借助于神意预知这突如其来的横祸和自己的行为所带来的后果的欲望，以达到趋利避害的目的。在此基础上，古代先民在长期的实践中发现了种种与神沟通的预测方法。于是，《易经》便产生了。

《易经》产生后的很长一段时间里，确实主要用在了占卜这一方面，在《春秋左传》和《国语》中就记载了二十二个运用《易经》占卜的事例。如在《春秋左传》中记载了这样一个故事：齐棠公死后，有一个名叫崔武子的人前去吊丧，看到齐棠公的妻子非常美丽，便想将她纳为自己的妾室，就用《易经》占了一卦，卦象显示：这个女人不可娶。由此，我们可以看出在春秋时期《易经》主要用于占卜，为人们的行为提供指南和参考。

但是，到了汉朝以后，《易经》的性质发生了变化。

一方面，它还是保留了原有占卜的性质，并且也得到了充分的发展。易学家们克服了原有占卜规则的种种局限，创立了比较完备的新占卜方法和体系。

另一方面，《易经》也有了新的功能。一些学者发现，《易经》中包含了深刻的人生哲理，经过儒家学者的解释和发挥，其哲理化程度达到了一个新的高度，《易经》便成为了一部博大精深的哲学典籍。也正是这个原因，《易经》得到了汉代统治者的青睐，由原来的占卜之书成为了安邦治国、修身养性的哲学之书，被列为读书人必读的经典。于是，《易经》的思想渗透到当时社会生活的各个领域，变成了统治者治国的理论根据。

自此以后，《易经》包含了二重性：一方面在历代统治者加封之下，其理论指导作用日益显露和光大；另一方面，民间术士不断更新，使其占卜体系得以不断地完善。

近代以来，又有学者认为，从《易经》所涉及的内容来看，其中有关于古代战争、祭祀、婚姻、农事等社会生活情况的各个方面，所以又可把《易经》看成是历史书。此外，有人说，《易经》是一部讲述预测学和决策学的书；有人说，《易经》是讲述宇宙结构、宇宙生成的书；有人说，《易经》是讲授气功的书；有人说，《易经》是一本风俗志……

目前，对于《易经》的性质问题，我国学术界尚无定论。此外，关于《易经》的作者、成书年代等问题，都没有得到明确的解答。可见，《易经》一书确是中国文化史上一个难解的谜。

《孙子兵法》作者之争

《孙子兵法》曾为中外人士推举为兵书之鼻祖，这部书总结了春秋末期及其以前的战争经验，比较系统地涉及了战争的全局问题，总结了若干至今仍有价值的作战指导原则，对后世产生了广泛而深刻的影响。

然而，这样一本旷世奇书，在广泛流传的同时，它本身的许多疑点也吸引着越来越多的关注目光。其中，《孙子兵法》的作者是谁，就是一个令史学家疑惑不解的问题。

《史记·孙子吴起列传》记载，春秋战国时期有两个“孙子”，一是春秋后期吴国的将军孙武，一是战国中期齐国的军师孙膑，他们各有兵法传世。《汉书·艺文志》“兵权谋家”记载有《吴孙子兵法》和《齐孙子》两种，唐代训诂学家颜师古认为前书的作者是“孙武”，后书的作者是“孙膑”。然而，后世所能见到的只有《孙子兵法》一部书，据说孙膑的兵法书自东汉末年以后就失传了。

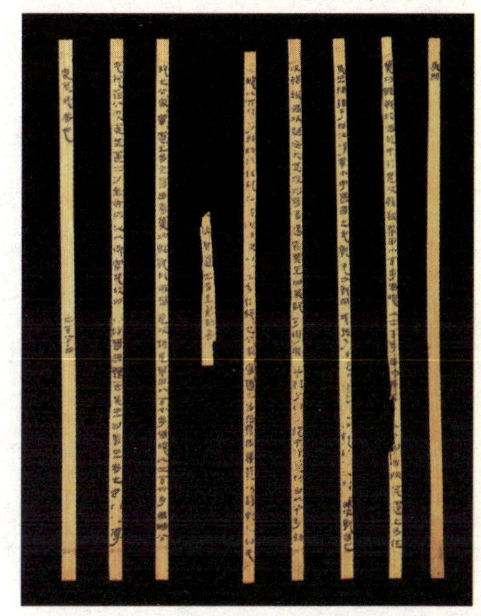
银雀山《孙子兵法》和《孙膑兵法》的同时出土，仍然没有结束这场争论。图为《孙子兵法》竹简。

自宋代以来，许多人开始怀疑和猜测《孙子兵法》的作者。有人根据《孙子兵法》阐述的多是战国时期的情况，认为此书的源头出于孙武而完成于孙膑，因为书中有大量关于战国时期的内容，在春秋时期的孙武是不可能预测到他死后之事的。还有一些人干脆主张孙武在历史上根本不存在，《孙子兵法》是孙膑所作。

另外还有几种孙武与他人“合一”的说法。一为“武伍一人”说，认为《孙子兵法》是伍子胥的作品，“武”不是孙武的名字，而是《孙子兵法》原来的书名。一为“武膑合一”说，该观点认为孙武和孙膑是同一个人，孙子名武，膑是他的绰号。由于孙子在吴、齐两国都待过，司马迁没能分辨出来，就误以为是两个人，将二者分别记载于《史记》之中。

纷纭离奇的争论一直到20世纪70年代才见分晓。1972年，在山东省临沂市银雀山发掘一处西汉墓葬时，出土了大批竹简，包括了《孙子兵法》和《孙膑兵法》。这一发现不仅使失传了一千七百多年的孙膑著作得以重见天日，而且证实了《史记·孙子吴起列传》和《汉书·艺文志》中关于两个孙子有两部兵法的记载是正确的。

尽管如此，仍有一些学者认为，《孙膑兵法》的发现还不能证明《孙子兵法》就是春秋末年的孙武所撰，主要有以下几大疑点：第一，《孙子兵法》的许多用语都是战国时期流行而春秋时期所未见的。如“形名”、“霸王”等；第二，《孙子兵法》记载用兵数动辄十万，但是春秋时期即使是大国用兵也不过二三万人，只有到了战国中期，才有用兵十万至数十万的记载。第三，《孙子兵法》所谈的战术多为运动战，主张深入敌后，长距离的调遣。这些都是战国时期的打法。第四，《孙子兵法》言兵，由“将”独当一面，这一军事格局是战国时期的写照，春秋时期的战争一般都由国君亲自统率军队出征。第五，《孙子兵法》有关于苏秦的记载：“燕之兴也，苏秦在齐”，而苏秦活动的时代当为战国中后期，在孙武之后约两百年。

看来，要彻底解开《孙子兵法》作者之谜，还有待于进一步的发现和研究。

旷世名帖下落之谜

公元353年的三月初三，“是日也，天朗气清，惠风和畅”，当时任会稽内史、右军将军的王羲之邀请谢安、孙绰、孙统等四十多位文人雅士聚于会稽山阴的兰亭饮酒做诗，“畅叙幽情”。

众人沉醉于酒香诗美的回味之时，有人提议将当日所做的三十七首诗汇编成集，王羲之酒意正浓，提笔在蚕纸上畅意挥毫，一气呵成。序中记叙兰亭周围山水之美和聚会的欢乐之情，全文二十八行、三百二十四字，通篇遒媚飘逸，字字精妙，有如神助。其中的二十个“之”字，竟无一雷同，成为书法史上的一绝。这就是名噪天下的旷世名帖《兰亭序》。

第二天，王羲之酒醒后意犹未尽，伏案挥毫在纸上将序文重书一遍，却自感不如原文精妙。他有些不相信，一连重书几遍，仍然不得原文的精华。这时他才明白，这篇序文已经是自己一生中的顶峰之作，自己的书法艺术在这篇序文中得到了酣畅淋漓的发挥。

《兰亭序》是罕书珍墨，绝代佳作，也正是因其珍贵而衍生出了许多传说，让它成为了中国书画收藏史上的一个千古之谜。

据说，王羲之将《兰亭序》视为传家宝，并代代相传，一直到王家的七世孙智永手中。可是，智永不知何故出家为僧，身后自然没有子嗣，就将祖传《兰亭序》真本传给了弟子——辩才和尚。

到了唐朝初年，酷爱书法的唐太宗李世民大量搜集王羲之的书法珍宝，临摹、欣赏王羲之的真迹，他还亲自为《晋书》撰写了《王羲之传》，在中国书法史上，帝王以九五万乘之尊而力倡一人之书者，仅此而已。对《兰亭序》这一旷世名帖的真迹，唐太宗更是仰慕至极，多次重金悬赏索求，但一直没有结果。后来，唐太宗终于查出《兰亭序》真迹在辩才和尚手中，由此引出一段唐太宗骗取《兰亭序》，真迹随唐太宗陪葬昭陵的故事，这一段故事更增添了《兰亭序》的传奇色彩和神秘气氛。

传说，唐太宗几次威逼利诱辩才和尚，都没有达成目的。这时，一个名叫萧翼的监

如今，我们只能从后人临刻的碑文中一窥《兰亭序》的神韵。

察御史知道了李世民的心意，心生智取之计。萧翼假扮成一个落魄的书生，住在庙中与辩才谈诗论字、写诗作画，骗得了辩才的信任后，再采用激将法使辩才拿出《兰亭序》让自己观看。然后，萧翼趁辩才外出之时，乘机盗走了《兰亭序》，献给了唐太宗。

如获至宝的唐太宗不但自己每日欣赏、临摹，而且曾命人临摹了数本副本，赏赐给了亲贵近臣。所以，现在传世的《兰亭序》种类虽然很多，但都是当时副本的临摹本。

在去世前，唐太宗再三叮嘱太子李治，要将《兰亭序》与他共葬昭陵。据史载，李治照办了。但此事余波难平，民间多有传言，《兰亭序》偕葬时，被人用伪本掉换了，真迹仍留存人间。

据《新五代史·温韬传》载，后梁耀州节度使温韬曾盗昭陵，在温韬列出的昭陵宝物清单上并没有写出《兰亭序》。是温韬没有说清楚，还是因为他在盗掘时匆忙，没有仔细清理，《兰亭序》的真迹仍藏于昭陵墓室更隐秘之处？

此后，《兰亭序》真迹的消息便杳如黄鹤，其下落如何，更是谜中之谜了。

也有些人认为，《兰亭序》真迹之所以未见天日，是被也很爱好书法的李治暗中留下，掉了包把复制摹本随葬昭陵，真迹为李治和同样爱好书法的皇后武则天共同据有，到晚于李治去世的武则天死后，才被带进了乾陵墓室。

总之，《兰亭序》真迹的下落成为了长期以来众说纷纭、争论不休的一个历史文化之谜。究竟真相如何，恐怕要等到日后条件成熟挖掘乾陵、昭陵时才能大白于天下了。

《水浒传》正身记

作为中国四大名著之一的《水浒传》，是一部流芳百世的文学珍宝。在中国，想要找一个没有听过水浒故事，不知道武松、李逵、林冲、鲁智深、宋江的学生，几乎是不可能的。在中国文学史上，只有很少几部古代名著能够达到《水浒传》那样深入人心、妇孺皆知的程度。然而，在广为人知的同时，它的作者究竟是谁？这个看似简单的问题却暗含着许多扑朔迷离的历史悬案。

事实上，自民国以来，有关谁是《水浒传》的真正作者以及作者的籍贯问题，就一直争论不休，只是这场官司的当事人仅有两位，即施耐庵与罗贯中。第一种观点认为罗贯中是唯一作者；第二种观点认为是施耐庵和罗贯中合撰；第三种观点则认为施耐庵是唯一作者，与罗贯中无关。

按照今天普遍的说法，施耐庵是元末时期的作家，江苏省兴化白驹场人。但是，经过考证，发现《水浒传》里的许多地名都是明朝的叫法，这就产生了矛盾。再者，直到明朝嘉靖年间都还没有在小说封面上题写作者名字的习惯，或许施耐庵只是一个笔名，真实作者不得而知。于是，有人猜测施耐庵只是一个假名，也有人猜测施耐庵其实是元代的一位杂剧家。

关于施耐庵的家世生平之争，直到20世纪70年代末才有一个较为清晰的轮廓。1979年秋天，居住在白驹场的施氏家族中有人发现了一本民国七年的家谱，在家谱的第一世祖施彦端的名字旁边注有“字耐庵”三个小字。施氏的后人因此认为，祖上的施彦端就是《水浒传》的作者施耐庵。

这个施耐庵经历了元末的动乱，对于人民的苦难充满同情之心。他长期生活在杭州、苏州等城市，对于市井“说话”艺术有充分的了解，加上宋江的民间传说在这一带流传，使他获得了收集、整理乃至再创作的客观素材；他的文化修养、艺术观点，又使他具备了写作《水浒传》的主观条件。总之，判定《水浒传》成书于元末明初，作者施耐庵是一个饱经忧患的志士仁人，还是比较合乎实际的。

如果说施耐庵还能查有其人，那么关于罗贯中的历史就更扑朔迷离了。

早期《水浒传》的版本上署名为“东原罗贯中编辑”。东原是什么地方？罗贯中是“东原”人吗？学术界的争论也很激烈：有人据此认为他是东原人，进而考证出就是现在的山东东平人；有人认为他是太原人；还有人认为他是杭州人、中原人、钱塘人等。

罗贯中的生平事迹虽不十分清楚，但有几部作品却已被学术界认可是他编写的，如《三国志通俗演义》、《三遂平妖传》、《隋唐志传》、《残唐五代史演义》和杂剧剧本《风云会》。

目前，人们较多倾向于《水浒传》是两人合作的结果。这一论点的依据是明朝学者胡应麟的《少室山房笔丛》，其中有这样的语句：“元人施某所编《水浒传》，特为盛行，……其门人罗本，亦效为《三国志演义》，绝浅陋可嗤也。”明确地说明，罗贯中是施耐庵的门人，并说他是效仿《水浒传》来写《三国志演义》的。

至于如何合作，明朝人高儒的《百川书志》中有一说法：“《忠义水浒传》一百卷，钱塘施耐庵的本，罗贯中编次”。而明朝嘉靖本、袁无涯刊本都题：“施耐庵集撰，罗贯中纂修”。所谓“的本”就是“真本”，“集撰”含有“撰写”的意思，这就是说施耐庵是作者。而“编次”、“纂修”都可解释为“编辑”，也就是说罗贯中可能是编者，也可能是整理者、加工者。

其实，《水浒传》作者之谜的产生，与中国文化特有的历史背景有关：在漫长的封建社会中，小说向来被视为不入主流的，小说作者不能算做文人学士，正统的史志载籍也从来不为小说家立传，而《水浒传》又是明清两代多次严查禁毁的“教诱犯法”之书，有关作者的任何正面材料，都不可能公然合法地载入典籍。在这种特殊的历史背景下，要弄清《水浒传》作者之谜，是极其困难的。所以，《水浒传》的作者究竟是谁，仍是一个悬而未解的谜。

《西游记》作者另有其人吗

中国古代四大名著之一的《西游记》，流传了四百余年，也被后人评说了四百余年。人们在不断阅读和研究的过程中，越来越清晰地看到它的艺术价值和社会价值。与此同时，《西游记》的作者到底是谁，数百年来却一直是一个历史悬案。

《西游记》一书问世于1592年，是南京一个叫金陵世德堂的书店刻印的，当时并没有署上吴承恩的名字，只有一个叫陈元之的人题写的序。这篇序是一份比较重要的资料，但陈元之其人却是神龙见首不见尾，只留下姓名，其生平身世均不为人所知。据序言中所说，《西游记》是被书坊主人买来的，原本就没留下作者姓名，但听说出自王府，或者是某位王爷自作，或者出自王府中的官差之手。

所以，有人认为陈元之就是作者。因为在封建社会时期，小说是不入流的，作者唯恐别人知道自己的真实情况，就故意假托他人作序转移视线。但陈元之的情况太模糊，是实有其人，仅仅是一位编辑之类的出版界业内人士，还是出于虚构，为吴承恩或者是书店老板的化名，谁也说不清楚。

由于明朝时期流传的《西游记》各种版本都没有作者署名，所以对于《西游记》作者是谁这一问题，一直存在争议。

唐僧师徒西天取经的故事早已尽人皆知，但《西游记》的作者是谁仍是未解之谜。

甚至，曾经一度有很多人相信，《西游记》是长春真人丘处机所作。事实上，这一说法实在是阴差阳错。与丘处机有关的，是另一部同名的书，全称是《长春真人西游记》，讲述的是丘处机应成吉思汗之召，带领弟子前往西域的故事。

直到20世纪20年代，鲁迅先生首先论证出《西游记》作者是淮安嘉靖中岁贡生吴承恩。其根据来自于明朝天启间的《淮安府志》，该志记中有“吴承恩作《西游记》”这样一条十分简单的记录，没有说明《西游记》是怎样一部书，其中讲了怎样的故事。

鲁迅的这一观点得到了许多知名学者的支持与响应，使得吴承恩研究在20世纪20～30年代形成了第一次热潮。自此以后，各种版本的《西游记》纷纷把著作权给了吴承恩。

虽然“吴承恩说”似乎已成公论，然而事情并没有完，进入21世纪有人竟向权威发起了挑战。北京图书馆馆员沈承庆从世德堂本《西游记》卷首的“华阳洞天主人校”的“校”字入手，考证出《西游记》的作者并不是吴承恩，而是明朝嘉靖年间的宰相李春芳。

据史载，李春芳祖籍隶属江苏兴化县，明朝嘉靖年间状元及第，年少时期曾在江苏华阳洞读书，所以又别号“华阳洞主人”。其实，从很早之前，就有人提出了李春芳是《西游记》作者的观点，只是一直没有十分确凿的证据，这种观点也就逐渐消失在人们的视野之中。

在世德堂本《西游记》第九十五回中，有这样一首诗：“缤纷瑞霭满天香，一座荒山倏被祥。虹流千载清河海，电绕长春赛禹汤。草木沾恩添秀色，野花得润有余芳。古来长者留遗迹，今喜明君降宝堂。”

沈承庆发现，第四句中有一个“春”字，第五句描写的是春天，第六句有一个“芳”字，第七句中“长者留遗迹”，加起来的意思就是“李春芳这个老人留下了痕迹”。

由此，沈承庆推测，这就表明《西游记》是李春芳写的，在这里留下些痕迹，等着后人去发现。与世德堂本《西游记》卷首的“华阳洞天主人校”相联系，就指向了“李春芳编撰《西游记》”之意。

同时，沈承庆还考证出，吴承恩的作品其实名叫《西湖记》，在后世的流传中，人们把《西湖记》讹传为了《西游记》。

沈承庆的考证一出，在学界掀起了又一番“《西游记》作者之谜”的争论热潮。有人认为，只是根据《西游记》中的一首诗来认定作者就是李春芳，还不够有说服力，这只能是一家之言。

《西游记》的作者究竟是不是吴承恩？吴承恩是哪里人氏？他的生平是怎样的？这一切的问题都还在争论之中。看来，要真正解开《西游记》作者的历史之谜，还需要进一步发掘更多的第一手资料和充分的科学论据。

寻找真实的“美猴王”

“天地生成灵混仙，花果山中一老猿。水帘洞里为家业，拜友寻师悟太玄。炼就长生多少法，学来变化广无边。因在凡间嫌地窄，立心端要住瑶天。灵霄宝殿非他久，历代人王有分传。强者为尊该让我，英雄只此敢争先。”

这是《西游记》中描写美猴王孙悟空的一首诗。在字里行间，我们仿佛看到了那个纵横天地冥三界、神通广大、鲜活可爱的齐天大圣。不过，小说中的孙悟空虽然是活灵活现的，但他只存在于神话故事之中。那么，在历史中真的有过一个“美猴王”吗？

关于孙悟空的文学渊源，学术界各执一词，分成了几大流派。

胡适和陈寅恪两位国学大师持“进口”论。他们认为，孙悟空是由著名印度史诗《罗摩衍那》中的神猴哈奴曼演化而来。神猴哈奴曼的故事在印度家喻户晓，它头戴金冠，浓眉大眼，拥有超凡的力量，精通变化。哈奴曼曾经受命率领猴子大军远征魔王，救出主人。这个堪称经典的情节，在《西游记》中也似曾相识。

而鲁迅则认为孙悟空是“国产”的，是由唐人传奇《古岳渎经》中淮涡水神无支祁演变而来。无支祁原是淮涡水神，它的外表犹如猿猴，缩鼻高额，白脑袋白牙齿，金眼睛绿身子，力量超凡，速度飞快。这样一看，它跟孙悟空很是相像。由于无支祁曾经祸害一方，大禹将它降伏，关押在淮水之中，这又和《西游记》中孙悟空大闹天宫、如来佛祖将它压于五行山下的情节相似；更巧合的是，大禹曾经送给无支祁一根如意金箍棒……说孙悟空的原型是无支祁，看来也并非是空穴来风。

孙悟空在取经路上降妖伏魔，深受读者的喜爱，但其原型究竟身在何方呢？

不管以上哪种理论，都跳不出猴子的原型圈子。其实，关于孙悟空的原型还有另一个完全不同的版本，它既不是水怪也不是神猴，而是一位活生生的人。

在甘肃省榆林石窟壁画中，人们发现了五幅作于西夏时期的《唐僧取经图》，这幅壁画的年代要比小说《西游记》早三百年。图上，唐僧神情祥和，身后紧跟一位满脸长毛、两眼环形、鼻孔向前、獠牙外露的猴形人，他身穿远行装，牵马而立，形象栩栩如生。

这个猴形人名叫石磐陀，他的家乡在今天甘肃省安西县锁阳城一带。据历史记载，公元629年8月，玄奘西行取经途经瓜州时，在当地寺庙讲经说法一月有余，石磐陀受其感化，便一路随行。

正当甘肃省为自己是美猴王的故乡而兴奋时，又一个石破天惊的消息传来。

“孙悟空是福建省南平市顺昌人！我们不仅发现了孙悟空的出生地，还发现了孙悟空和他兄弟的墓地！”顺昌县文管办主任王益民的结论，真可谓语惊四座。

在顺昌县境内，有明代时期修建的齐天大圣、通天大圣墓碑的双圣墓；有一块巨大的堪称“鬼斧神工”的天然猴头形石：它双眼深陷，鼻梁高耸，眉骨突出，宛然就是一个猿人的形象，仿佛正凝视着远处南天门的无限风光。此外，宋代文献中最早关于猴行者、蟠桃园和东方朔的故事就起源于福建；唐朝天祐年间，福建境内已经流传着水晶宫的传说；福建民间传说中，有一猴精的形象与《西游记》中孙悟空的形象最为接近……

目前，想要确认美猴王孙悟空的原型究竟是谁，还需要进一步的发现和研究。在古老的神话背后，美猴王好像施展了隐身法，藏在历史的深处，透过时间的迷雾，向我们露出了一丝神秘的微笑，等待着我们去探索发现。

《红楼梦》作者之谜

作为中国古典文学的经典之作，《红楼梦》的流传时间之长、阅读人数之巨、传播范围之广前所未有，称它为中国历史上文学作品之最毫不为过。可以说，《红楼梦》是中国人心中很深的一个文化情结，这部谜一样的书，百年来令无数人痴迷陶醉，惹无数人流连忘返。

而且，很少有一本书能像《红楼梦》一样引发如此多的争议。从书中的人物到主旨、从结构到结局，这部小说留给人们的谜团远比它所写到的内容要多得多。正如每个人心中都有一个哈姆雷特一样，每个人心中也有一部《红楼梦》，人们越来越好奇：到底是一个什么样的作者，才能写出这样传奇的故事?

原来，在封建社会时期，一般的小说作品都不会写出作者的真名，所以古本《红楼梦》本来是没有作者署名的，直到民国初年，红学家胡适经过一番考证，才明确提出这部旷世巨著的作者是曹雪芹，且后四十回为高鹗所续。此后，红学家俞平伯、周汝昌等人一致赞同这一观点。

他们的依据多出自于古本《红楼梦》中所提到的，此书经“曹雪芹于悼红轩中披阅十载，增删五次，纂成目录，分出章回”。而早期抄本中的大量脂砚斋批语也直接指出曹雪芹就是作者，还多次说明《红楼梦》的故事很多取材于曹家。可以说，脂砚斋批语是曹雪芹作为《红楼梦》作者的最直接证据。

清代诗人明义在其《题红楼梦》诗序中说："曹子雪芹出所撰《红楼梦》一部，备记风月繁华之盛，盖其先人为江宁织府。其所谓大观园者即今随园故址。惜其书未传，世鲜知者，余见其钞本焉。"另一位清代诗人永忠在《红楼梦》诗题中说道："因墨香得观《红楼梦》小说吊雪芹三绝句（姓曹）。"这大概是除《红楼梦》本身和脂砚斋批语之外，最早指出曹雪芹是《红楼梦》作者的记载。明义和永忠都是与曹雪芹同时代的人物，虽没有证据表明他们认识曹雪芹，但他们与曹雪芹的朋友敦诚、敦敏兄弟有密切往来，因此他们的说法被认为是具有很高的可靠性的。

虽然诸多红学家和出版者都认为曹雪芹是《红楼梦》的作者，甚至相信曹雪芹曾对《红楼梦》"披阅十载，增删五次"，但是也有人提出了质疑：这就能证明他是《红楼梦》的原创作者吗？他会不会仅仅只是对该书进行了"披阅"和"增删"而已呢？

几百年来，围绕《红楼梦》作者之谜案一直存在着种种奇怪的探佚，尤其是近年来，不断有人提出《红楼梦》作者其实另有其人。

2005年，青年学人陈林在其长篇论文《破译红楼时间之谜》中提出，《红楼梦》的作者是曹瓋，也即批阅者"脂砚斋"，而曹雪芹只是小说中部分诗词的创作者。陈林的结论用一个公式表示就是：贾宝玉=作者=曹瓋=批阅者=脂砚斋。

2010年，草根学者蒋国震更是大胆提出，《红楼梦》原著作者并非曹雪芹，而是康熙皇帝的太子胤礽；真正的大观园不是随园，也不是恭王府，而是北京平西王府的西园。

这些否认曹雪芹是《红楼梦》作者的说法，每次都能够引起舆论界的热议，但都遭到了红学界专家的否认和推翻。就在这一次次的热议、争辩之中，《红楼梦》中的谜案变得更加扑朔迷离，引人遐想！

在《红楼梦》大观园内充满了各种难解之谜。

失踪的《永乐大典》正本

明朝有一位雄心勃勃而且充满神秘色彩的皇帝，这就是迁都北京的明成祖朱棣。朱棣曾经命人编纂了一部卷帙浩繁的大型类书——《永乐大典》。全书目录60卷，正文22877卷，装成11095册，汇集了古今图书七八千种，由于正本失传，至今残存的明朝嘉靖年间重新抄录的副本由于其重要的文献价值仍被学术界视为珍宝。

围绕着失踪的《永乐大典》正本的是一个又一个讳莫如深的谜团，甚至有学者将之称为“中国书籍史上的最大疑案”。学者们各执一端，或说深埋于明朝嘉靖皇帝的陵寝之中，或说被李自成焚毁，或说不知所终。

关于正本下落的普遍说法，是毁于乾清宫大火。在公元1797年，即清朝嘉庆二年，紫禁城内突然失火，将整个乾清宫几乎彻底毁灭。《永乐大典》正本当时正藏于乾清宫中，从而不幸毁于这场大火。

但是，在清朝乾隆年间，清政府曾清理过宫中藏书，所有善本典籍全部集中在一起，编成了《天禄琳琅书目》。《永乐大典》是书籍中的庞然大物，又有一万多册，假如正本在乾清宫，是极容易被发现的，怎么可能不编入《天禄琳琅书目》？

乾隆年间编辑《四库全书》时，因为要参考《永乐大典》，曾经在宫里宫外都查找过《永乐大典》。当时有人怀疑在康熙年间修书时，有人常在皇家藏书库翻阅此书，有可能取走查阅未能交回。于是，乾隆下严令查访，但一本也没有找到。

假如当时正本存放在乾清宫，何必舍近求远，去江苏、浙江寻查副本呢？这样看来，既然正本毁于乾清宫大火的说法站不住脚，那么正本的失踪会不会早在清朝以前呢？

《永乐大典》是世界上最大的古代百科全书，但其正本却不知流落何方。

关于正本失踪的第二种说法，就是毁于明亡之际，即被李自成焚毁了。明朝末年，李自成率领起义军攻占了北京。由于难以抵挡来势汹汹的清兵，刚刚称帝的李自成便匆匆撤离北京。在离开之前，他将怒火发泄到了京城的宫殿和城楼上，下令放火焚烧。在这样一个人人自危的乱世，没有人会去顾及一部书的存在和命运。《永乐大典》正本是否在此时无声无息地全部化为灰烬了呢？然而，这种说法在史籍中不见记载，也就没有真凭实据。

尽管众说纷纭，但一个不可改变的事实是，《永乐大典》正本几百年来从未现身过，所有的正史、野史也找不到关于正本的准确记载。

于是，有学者提出，要破解《永乐大典》正本之谜，应该从它历史上最后一次被准确地记载的时间入手，也就是明朝嘉靖皇帝丧葬期间。

据史载，嘉靖皇帝是在死后三个月才下葬的，此时已经到了隆庆元年三月，新皇帝在一个月之后表彰了《永乐大典》副本的重新抄录人员。按照逻辑推理，抄录完成的日子应当是在四月之前，这样一来，嘉靖皇帝下葬和《永乐大典》副本重录完成的时间点非常接近。并且，从此时起，《永乐大典》正本的去处就音信杳然。嘉靖的丧葬与正本的失踪几乎在同时发生，这难道真的是某种巧合吗？

历史已经离我们远去，但曾经发生的事实只有一个。如果这一切猜想恰好揭示了那个唯一的历史事实，如果明朝嘉靖皇帝正是《永乐大典》正本失踪的幕后主使，那么，一个更值得我们关注的问题就是，他真的把《永乐大典》正本带到自己的陵寝之中了吗？

当然，《永乐大典》正本做了嘉靖皇帝的陪葬物，这一猜想在打开永陵地宫之前只能是一个理论上的假设。消失了几个世纪的《永乐大典》正本，也许还有更多未解的谜团，等待着人们去不断地探寻。

魏武大帝曹操东临何处

魏武帝曹操，是我国历史上著名的政治家、军事家和文学家。

从公元200年到205年，曹操用了五年的时间，彻底打败了盘踞在今河北境内的大军阀袁绍。公元207年，曹操率领浩浩荡荡的大军所向披靡，成功地剿灭了逃窜到北方的袁绍残部，旋即得胜班师。

在行军休息途中，曹操登高临海，眼见脚下的海水波涛汹涌，烟波浩渺，顿时心有所悟，张口吟道："东临碣石，以观沧海。水何澹澹，山岛竦峙。"

在这首名为《观沧海》的诗中，曹操抒发了自己的慷慨之情，显示出了博大的精神力量和广阔胸怀。《观沧海》不但是曹操最有名的一首诗，而且也是建安文学中具有代表性的作品，这座碣石山也因此成为一处胜境。

其实，曹操登临过的碣石山，自古以来便是令人神往的观海胜地。

在古老而神奇的碣石山上第一个留下旅迹游踪的封建帝王，是"千古一帝"秦始皇。公元前215年，秦始皇北巡碣石，探寻传说中仙人的踪迹。据《汉书》记载，汉武帝元封元年（公元前110年）“行自泰山，复东巡海上，至碣石。自辽西历北边九原，归于甘泉”。而唐太宗李世民在贞观十九年（公元645年）讨伐高丽后，班师回朝，经辽西碣石，并登临汉武帝建造的“望海台”。

然而，沧海桑田，物换星移，当年曹操东临的“碣石”，今天究竟在哪里呢？由于古代文献中的记载不一，长期以来，这个问题一直众说纷纭，未能得出确切的答案。

1982年，考古学者在辽宁省绥中万家镇姜女石的海边高地上发现了面积达25平方千米的秦汉建筑群遗址。出土的建筑材料以卷云纹圆瓦当和半瓦当、绳纹板瓦为主，还有秦代树叶纹、变形夔纹瓦当、菱形纹砖和西汉前期“千秋万岁”瓦当。

根据这些发掘成果，学者确定这里就是秦皇汉武东巡的行宫之一。这是非常完整壮观的一处建筑群体，呈合抱之势，前临一望无际的渤海，后靠巍峨连绵的燕山，山上有逶迤起伏的长城，高台临海，雄伟壮观，似乎很符合历史上有关“碣石”的记载。在当时，很多人认为“碣石”这一千古悬案终于大白于天下了。

然而，峰回路转。1986年5～6月间，河北考古工作者在秦皇岛市北戴河海滨金山嘴附近也发掘出一座比较完整的大型秦代皇家建筑遗址。根据建筑的规模和等级，同样也可以确认此处应当是秦皇汉武东临碣石的行宫之一，而附近的海面也耸立着一些奇特的礁石或海蚀岩。

那么，哪一个才是史书中记载的碣石呢？

随后，有学者又提出了新的观点，认为位于河北省昌黎县城北的碣石山当为“古碣石”。昌黎县的碣石山南距渤海15千米，主峰海拔695米，上有仙台，是传说中汉武帝登临招仙的地方。仙台顶部山壁上镌刻有“碣石”两个大字。而且，在众多古籍，如《汉书·地理志》、《明一统志》、《永平府志》、《昌黎县志》中均提到“碣石”之名。可见，“碣石山”之名是自古得之。近年来出版的一些工具书，如修订本的《辞海》、《辞源》、《中国名胜词典》等，差不多都赞同碣石在昌黎的说法。

今日，我们很难想象曹操登临碣石看到了怎样一幅动人心魄的景象！

虽然昌黎县城一带也曾发现有“千秋万岁”瓦当和大型板瓦等汉代皇家建筑遗迹，但尚未发现秦代行宫建筑遗址，所以这种观点也引起了一些人的怀疑。

看来，要想解开碣石之谜还要更多的证据才行。

千古风流话赤壁

公元208年，在硝烟弥漫的历史天空下，发生了著名的赤壁之战。这次大战之后，东吴大获全胜，巩固了江东政权；刘备趁机夺取了荆州，向西川发展；曹操受到了重大损失，北归后元气一时无法恢复，只得休养生息。可以说，赤壁之战为以后魏、蜀、吴三国鼎立奠定了基础。

然而，这以少胜多、以弱胜强的充满传奇色彩的赤壁之战，到底发生在哪里？这成了一个争议了一千多年的悬案。

“大江东去，浪淘尽，千古风流人物。故垒西边，人道是，三国周郎赤壁。乱石穿空，惊涛拍岸，卷起千堆雪。江山如画，一时多少豪杰。”这首《念奴娇·赤壁怀古》是宋朝大词人苏东坡被贬官到湖北省黄州（今黄冈）在赤鼻矶游玩时写的千古绝唱。由此，人们把赤鼻矶称作“东坡赤壁”。那么，这里是不是赤壁之战的古战场呢？

有人认为，从地理位置上看，赤鼻矶既不在樊口上游，又不在大江之南，不可能是当年的战场。苏东坡博学多才，他不会不知道这点地理常识的，他不过是在假托历史遗迹抒发心中块垒而已。词中的“故垒西边，人道是，三国周郎赤壁”，已经点明了这里只是人们传说的地点。

那么，赤壁之战的遗址究竟在哪里呢？关于这个问题，至少有七种说法：蒲圻说、黄州说、钟祥说、武昌说、汉阳说、汉川说、嘉鱼说。

其中一股最强大的声音说，赤壁古战场就在湖北蒲圻（今湖北赤壁市）西北约40千米的长江南岸，与江北的乌林相对。这里有一处如笔架般蜿蜒的山脉，被湍流的江水截断。高耸的悬壁之上，刻有深深的红色二字——“赤壁”。传言这是周瑜火烧曹军连环船之后，边喝酒高歌，边舞剑刻字的得意之作。

近代以来，“蒲圻赤壁”说已经成为史学界的公论，其主要根据是：综合《三国志》的有关记载，当年曹操南下的进军路线是“新野—襄阳—当阳—江陵—赤壁”。曹军在长江南岸的赤壁初战失利，由华容道逃奔江陵（今湖北省荆州市）。而今天的蒲圻赤壁、洪湖乌林和位于湖北监利东北的华容古道与《三国志》记载的地形、方位完全吻合。唐宋以来，在蒲圻赤壁、洪湖乌林的岩缝、地下发现了当年大战的许多折戟、断枪、箭镞等。最近几十年来，又在蒲圻赤壁的地下发现了刀、矛、剑、戟、斧、箭镞、铜镜、铜钱等文物千余件。经考古学家的鉴定，这些铁制兵器和铜镜、铜钱都是东汉晚期的遗物。这些都说明了蒲圻赤壁曾经发生过一场大战。这场大战就是赤壁之战吗？

《三国演义》用了整整八回的篇幅，大书特书了“赤壁大战”，创造了一个波澜壮阔、异彩纷呈的战争大剧。天才的想象力覆盖了史籍对此次战役简单的记载，让后来的人们信以为真，以致将小说与史实画了等号。但是，赤壁究竟在哪里？作者本人似乎并没有完全弄清楚，在叙述之中尽是矛盾之处，让人无法从中追寻赤壁的真相。

千百年来，“赤壁之战”的故事仍然充溢着传奇的色彩，闪烁着智慧的光辉，也吸引着人们追寻的目光和探索的脚步。赤壁疑云还没有消散，真假赤壁一直是史学界的悬案，看来这场争论还将继续下去……

桃花源何处寻

“晋太元中，武陵人捕鱼为业。缘溪行，忘路之远近。忽逢桃花林，夹岸数百步，中无杂树，芳草鲜美，落英缤纷……”

东晋陶渊明的《桃花源记》早已被人们视为古代散文中的精品而推崇备至，作者以现实主义与积极浪漫主义相结合的如椽神笔精心描绘了一幅理想社会的生活画面，美妙神奇而又富有醉人魅力。

陶渊明的描写在令人回味深长的同时，也留下了一个千古之谜：桃花源是否真的存在？它到底在哪里？千百年来，考证一直没有间断，诸种观点各有证据，但又无不存在着疑点。

目前，湖南省桃源县、湖北省竹山县、江苏省连云港市、江西省星子县、安徽省黟县……全国有三十多个地方都“有理有据”地认为，自己那里才是《桃花源记》的真正原型。

其中，位于湖北省十堰的竹山县是争夺桃花源的一个强力竞争者。据《桃花源记》所叙，年代是晋代，地域为“武陵县”，而晋太元年间，中国版图上叫“武陵县”的地方只有今天的竹山县。

几百年来，人们从未停下追寻桃源仙境的脚步。

竹山境内的河流旧称武陵河，河中峡谷至今还叫“武陵峡”。更神奇的是，峡谷入口处的村子叫桃花源村，出口处的村子叫桃花源乡。不管是桃花源村还是桃花源乡，“桃花源”这个地名不是后来才安上去的，而是自古以来就叫这个名字。这成为竹山县抢夺桃花源之名的一大力证。

不仅如此，竹山县内还流传着一个《梯仙国》的故事，与《桃花源记》中的故事有异曲同工之妙。

故事说的是在唐中宗神龙元年，当时竹山县有个富人叫阴隐客，他在自家后院打井时，发现了一个山洞，山洞后面隐藏着另外一个世界。在这里，“千岩万壑，莫非灵景。石尽碧琉璃色，每岩壑中，皆有金银宫阙。有大树，身如竹有节，叶如芭蕉，又有紫花如盘。五色蝴蝶，翅大如扇，翔舞花间。五色鸟大如鹤，翱翔树杪。每岩中有清泉一眼，色如镜；白泉一眼，白如乳。”

虽然竹山县摆出如此强有力的证据，但是其他地方并没有因此罢手，争论反而愈加激烈。

比如湖南常德桃源县，考证说“武陵”明明是常德的古称。三国时，常德归吴国管辖，名武陵郡。西晋时，常德市分属武陵、天门、南平三郡。而且，《辞海》中有个“桃源山”条目，在解释中称，桃源山“在湖南省桃源县西南，下有桃源洞，又名秦人洞、白马洞，是东晋陶渊明所记桃花源的遗址”。

在常德境内，有非常著名的桃花源景区。桃花源景区始建于晋代，孟浩然、李白、韩愈、苏轼等唐宋以来的大文豪都曾在这里留下墨宝。这些大文豪大名人的到访，也成为常德桃源县争夺桃花源原型的强有力证据。

桃花源何处寻？让我们回到原点，将目光回到《桃花源记》这篇文章中，可以发现桃花源至少有三个明显的特征：一、群山环抱的一块平川；二、林木茂盛，溪水环绕，花草鲜艳；三、房屋俨然，家家好客，民风淳朴。

可以说，在中华大地上，有成千上万条溪流，群山之中有无数坪坝，每一处都是人们“甘其食，美其服，安其居”的胜地，每一个地方都可以说是“桃花源”。

陶渊明娓娓道出一个传奇的人间乐土故事，最后却留下一个扑朔迷离的悬念，留下一个千古之谜。这个谜也许永远没有正解，不过“虽不能至，心向往之”，人间那每一处疑似“桃花源”的美景都值得每一个向往幸福平安的人永远珍惜。

寻觅天涯海角

20世纪80年代，一首名叫《请到天涯海角来》的歌曲唱响了大江南北。这首歌不仅让演唱者沈小岑从一个默默无闻的建筑工人成为一个炙手可热的明星，同时也使远在祖国南疆的一个小地方——海南岛三亚，因“天涯海角”这一旅游胜地而闻名天下。

本来，在中国人的传统文化中，天涯海角是一个集亲情、友情、爱情等多种情感于一体的词汇，千百年来积淀了丰富的文化内涵，也在中国人心中植下了深深的天涯海角情结。天涯海角，是一个富有浪漫气息的地方，是一个让无数人梦里都想去的地方。

可是，海南岛三亚为什么会“窃取”千百年来人们心目中那个“天涯海角”的美名呢？

其实，在古代，海南岛可不是什么旅游胜地，而是“鸟飞尚需半年程”之地，交通闭塞，人烟稀少，荒芜凄凉，是封建王朝流放“逆臣”之地，来到这里的人，来去无路，只能望海兴叹，因而难免产生身处“天涯海角”的心情。

传说，北宋文学家苏东坡曾被贬到偏远的海南岛崖县（今三亚）任职。在那段日子里，心中填满忧闷的苏东坡常常到海边散步。一天，苏东坡正在散步时，突然遇到一阵狂风暴雨，他连忙躲到一块巨石之下。只见海面上波涛连天，汹涌澎湃，不一会儿，风停雨消，天气转晴，海面上波光粼粼，白帆点点，格外迷人。看到此番情景，苏东坡诗兴大发，随手在这块大石上题了“天涯”“海阔天空”六个大字。后来，一位石匠发现了苏东坡写的字，就把它刻了下来。从此，人们就把这个地方称做“天涯”，这块大石头被称为“天涯石”。还因为这里原来叫角岭，又紧靠着海边，人们又把“天涯”和“角岭”结合在一起，起了一个新名叫作“天涯海角”。

当然，这只是传说。据《宋史·苏轼传》和《苏东坡全集》记载，苏东坡确实曾被流放到海南，但无其他资料证明苏东坡到过海南的崖县，并在崖县刻石上书写过“天涯”二字。

因此，另一种看法认为天涯海角不只一处，并非专指崖县。根据南宋学者周去非的《岭外代答》记载：钦州（今广西灵山）有天涯亭，廉州（今广西合浦）有海角亭。可见，早在宋代已有“天涯亭”、“海角亭”，而海南省崖县的“天涯”、“海角”得名时代要比钦、廉二州的“天涯亭”、“海角亭”晚得多。

昔日逆臣流放的蛮荒之地，如今已经成为风光秀丽的旅游胜地。

同时，在我国北方还有一个“天涯海角”，那就是山东省威海成山头。成山头是中国大陆与大海交接处的最东端，所以是中国陆地境内最早看到日出的地

方，被誉为“太阳升起的地方”，又有“中国好望角”之称。成山头三面环海，只有西面是陆地，群峰苍翠连绵，大海浩瀚碧蓝，峭壁巍然，巨浪飞雪，气势巍峨壮观。秦始皇曾经两次登上成山头，并留下了“天尽头”之题名。

不管事实真相如何，如今的三亚早已成为旅游胜地，每年有数百万游人来到这块中华民族用情感堆砌起来的向往圣地，以圆心中“走遍天涯海角”的梦想。但是，对于天涯海角究竟在什么地方这个问题，还需人们继续研究、探讨。

二十四桥今何在

“青山隐隐水迢迢，秋尽江南草未凋。二十四桥明月夜，玉人何处教吹箫？”唐代著名诗人杜牧这首名扬千古的《寄扬州韩绰判官》诗，把江南温婉秀色的古城扬州勾画得夺人魂魄，令人神往。

“二十四桥”由此名声大噪，很多人正是因为二十四桥，而认识风景秀丽的瘦西湖，继而认识扬州的。可是，在那些纷至沓来徜徉陶醉于扬州美妙优雅景色中的天南海北客中，又有谁知道，杜牧这首几成绝唱的诗为后人留下了一个悬疑千古的谜题：二十四桥究竟是一座桥，还是二十四座桥？

关于“二十四桥”的得名，有一个神奇动人的传说。传说，唐代有人曾经在一个月色迷人的夜晚，见到二十四个曼妙仙女，身披羽纱，酥手托箫，鼓着粉腮，轻启红唇，飘上一座小石桥，那舒缓柔美的旋律便从二十四支箫管中缓缓地流淌出来……也有的传说版本将时间推至隋炀帝时，称有二十四个美人月夜在桥上吹箫，故名“二十四美人桥”，简称“二十四桥”或“廿四桥”。

依照上述传说而论，这二十四桥就应该是一座桥无疑，不过有些文人雅士却不这么认为，关于二十四桥的猜测，自宋代起就一直众说纷纭。

南宋词人姜白石在一个初冬来到扬州，曾写下关于二十四桥的同样著名的《扬州慢》：“二十四桥仍在，波心荡，冷月无声。念桥边红药，年年知为谁生？”由此观之，“二十四桥”似乎是指一座桥。

除此之外，南宋时期，另外几位诗人所描写的二十四桥也可认为是指一座桥，如赵公豫的“桥在大业间，今日已倾圮”，吴文英的“二十四桥南北，罗荐香分”等等。

到了清代，人们的观点逐渐倾向于“二十四桥”就是一座桥的名称。清代扬州人李斗在《扬州画舫录》中写道：“二十四桥即吴家砖桥，一名红药桥”，“跨西门街东西两岸”。

而更多的人认为“二十四桥”乃是实实在在的二十四座桥梁。最先提出这种说法的是北宋科学家沈括。沈括曾在扬州生活多年，他以科学家严谨、务实的态度，在名著《梦溪笔谈·补笔谈》中，对扬州的二十四座桥逐一作了落实，详细记载了二十四座桥的桥名和地理位置。不过，后人发现，其实只有二十三座，因为其中下马桥出现了两次。而唐代扬州城里极负盛名的禅智寺桥、月明桥、红板桥、朱雀桥、扬子桥等，沈括均没有将之列入书中，这引起后人无尽猜测。

南宋学者王象之则明确指出二十四桥是二十四座桥的总称。他在《舆地记胜》中称：“二十四桥，隋置，并以城门坊市为名。后韩令坤省筑州城，分布阡陌，别立桥梁，所谓二十四桥者，或存或亡，不可得而考。”虽然王象之言之凿凿，但对桥名也没有提及。

以上论证，都是从考证的角度出发，另一种观点是从文学角度来进行猜测。自古以来，中国文人对数字的概念都采取一种含糊、朦胧的方式——虚指，即只求在诗文中恰当地表达出自己的意思即可，不会关注数字是否精确。譬如“山道十八弯”、“七十二般变化”、“三百六十行”等等，都并非确数。那么，杜牧的“二十四桥”是否也用了这样的手法来泛指扬州桥梁之多呢？

二十四桥今何在，青山依旧水长流。或许，我们永远无法知道这“二十四桥”究竟何指，也许恰恰是这种无解的谜团，才更让人对盛世扬州充满了眷恋，唐诗意境中的绰约古城，也就是在这朦胧面纱中更加曼妙无比。

古寺名钟背后的故事

“月落乌啼霜满天，江枫渔火对愁眠。姑苏城外寒山寺，夜半钟声到客船。”唐代诗人张继的这首《枫桥夜泊》诗，令寒山寺声名远扬。名刹听钟为其一大特色。每逢除夕，人们不远千里，专程前往寒山寺，聆听那一百零八下祈祝新年的钟声。

但是，令人奇怪的是，寒山寺里现在有两口钟，却都不是张继诗中提到的那口古钟，它们分别是清朝时期所铸的一口钟和近代日本所赠送的青铜钟。那么，张继诗中提到的那口古钟到底去了哪里呢？

据史料记载，寒山寺原名妙利普明塔院，初建于南朝梁天监年间（公元502～519年）。相传唐贞观年间，当时的名僧寒山和拾得曾由天台山来此当主持，遂改名寒山寺。

因寒山寺在唐朝时期更名，张继诗中所写的那口古钟，后世便多称之为唐钟。据说，那口唐钟声音异常宏亮，夜深人静时敲起来，连十几里外的苏州城内也能隐约听见。

不幸的是，元朝末期，整个中国烽烟四起，战乱不断，寒山寺因此而毁灭，唐钟也因此遭受劫难，不复存在。

到了明朝嘉靖年间，寒山寺的本寂禅师又一次主持建楼铸钟。大画家唐伯虎还曾为此写了一篇《姑苏寒山寺化钟疏》，记载了化缘募钟的始末：“本寂禅师悟真筌而古德赞颂。实名法器，厥号大音。本寺额号寒山，建始普明。殿宇粗备，铜钟未成……”唐伯虎的好友文徵明手书张继的《枫桥夜泊》，刻碑立于寺内。但很不幸，时隔不久，这口钟却因为日本侵袭而被毁灭，文徵明的手书诗碑也毁于战火。据《寒山寺志》记载：“钟遇倭（即倭寇，公元14至16世纪侵扰劫掠我国和朝鲜沿海地区的日本海盗）变销为炮。”

关于这口嘉靖年间重新铸造的铜钟，在民间流传着两种说法。一是说，当时为了抗击倭寇，把钟熔化用来铸造大炮了。另一说法是并未“销为炮”，而是在明朝末年流入了日本。明朝晚期，倭寇频繁骚扰江浙沿海地区，嘉靖三十三年（公元1554年）正月，倭寇从江苏太仓登陆后入侵苏州地区，可能是在这一年掠走了寒山寺的明钟，带去了日本，随后不知所终。

直到清朝光绪三十二年（公元1906年），江苏巡抚陈夔龙才又一次重修寺庙，并又铸了一口大钟。如今，这口钟仍然悬于寒山寺内的八角钟楼上。值得一提的是，就在这口钟铸成的同时，日本各界人士募捐集款，铸成了一对青铜姐妹钟，一口悬挂在日本馆山寺内，一口送给了寒山寺，时任日本首相的伊藤博文还亲自撰写了铭文和铭诗刻于钟上。

唐钟和明钟究竟流向何方，一直是人们关注的焦点，很多人都曾考证过。当年，康有为到苏州寒山寺游览时，大为感慨，写下了一首七绝：“钟声已流海云东，冷尽寒山古寺枫。勿使丰干又饶舌，他人再到不空空。”在题款中又云“唐人钟已为日人取去”。因为康有为博学多览，后人认为他所说的话必有所据，所以很多人相信古钟流入了日本，只可惜康有为并没有说明自己的结论是依据什么证据而得出的。

寒山古寺依旧在，但名钟踪迹难寻。

伊藤博文在赠送寒山寺的铜钟铭文中，曾写下“尝闻寺钟转入我邦，今失

所在”之语，也就表明他同样承认有古钟流入日本，只是这口古钟究竟是唐钟还是明钟，无人能知。

寒山寺古钟现在何处，是亡佚了，还是仍在某个不为人知的地方？是在国内，还是流出国门？如今，寒山寺已有一千四百余年的历史，然而古钟踪迹杳杳难寻。但愿有一天，那令国人思之念之的古钟能再次在寒山寺内响起。

聚焦女娲传说之地——女神庙

1983年的秋天，辽宁省牛河梁一带的山区内格外宁静。一队人匆匆地行走在一片山坡上，他们就是牛河梁红山文化遗址的考古勘察人员。这一天，他们发掘出一座祭祀遗址，位于牛河梁顶部，地势极高，坐北朝南，无形中给人一种高高在上、庄严神秘的感觉。当地人称之为女神庙。据说，这座神庙供奉的正是传说中人类的始祖——女娲。

据古籍记载，女娲是中国神话传说中的一位无所不能的女神，是在大地上创造人类、化育万物的母亲，曾“炼五色石以补苍天”。但是，多少年来，关于女娲的故事有几分真几分假一直是个谜。

于是，带着怀疑而又兴奋的心情，考古工作者们开始了紧张的发掘工作。

1983年11月2日，中国远古女神在地下埋藏了五千年后，终于露出了她那端庄而高贵的容颜。这是一件与真人头大小一样的人面雕像，只见她有着方圆形脸孔，平鼻阔嘴，五官比例和谐，头顶有发饰，具有蒙古人种特征。最令考古队员惊讶和着迷的是，女神的眼睛里边镶嵌有玉片，目光深邃，并且带着一丝神秘而若有若无的微笑。

《伏羲女娲图》表现了传说中的人类始祖。对于女娲，人们满怀崇敬之情，也充满探秘之心。

这件作品完美地塑造出一个极富生命力而又神话了的女神面相，整个面部的艺术刻画比例协调，造型健美柔和，又追求内蕴神态和情感流露。毫不夸张地说，她不仅是我国远古文明时期艺术高峰的标志，也是炎黄子孙第一次看到的五千年前用黄土塑造的祖先形象。对此，中国著名考古学家苏秉琦曾经说道：“她是红山人的女祖，也是中华民族的共祖。”

和女神头像同时出土的还有六个大小不同的残体泥

塑女性裸体群像。这些女神有着圆润的肩膀，还有着完整的手臂，最小的泥塑与真人大体相近。

值得注意的是，已出土的女神上臂雕塑内带有肢骨，因遭火焚多成灰渣，专家推测极有可能是人骨。这不得不令人联想到，古籍记载中的女娲“抟黄土做人”的故事。

在距离女神庙1千米的地方有一座小土山，经初步发掘证实，这座土山竟全部是用人工夯筑起来的。围绕小土山周围的山头上，还有三十多座积石冢群址，和古埃及的金字塔布局是一样的。所以，考古专家们将这座小土山称为中国的“金字塔”。在这座“金字塔”的顶部，有一处炼铜遗址，共有一千五百多个炼红铜的坩埚（一种用极耐火的材料所制的器皿），每一坩埚约有30厘米高，埚口约有30厘米，像现代人用的水桶一般大小。

那么，这座“金字塔”式建筑物到底是干什么用的？莫非，这里就是当年“女娲炼石补天”的地方？

此后，考古工作者又发掘出了大批玉器，其中出土的玉龟均无头无尾无足，浑然一体。它们的用途是什么？它们到底意味着什么？联想到古籍记载的女娲补天时“断龟足以立四极”的神话传说，这个无头无尾无足的玉龟不也与神话传说相契合吗？

女神庙与传说中的女娲之间究竟有什么关系？女神庙中的女神真的就是中华民族的创始祖先女娲吗？这一切的疑问只能等待进一步的考古发掘。

同时，女神庙带给人们的疑问还远不止这一层面。在中国人的传统观念中，中华文明是从黄河的摇篮里孕育出来的，然后再传至华夏各地。如果女神庙真的就是当年祭祀女娲的场所，那就说明它和原始宗教有着密切的关系，进而有人推论，中华文明的源头除了黄河流域和长江流域之外，东北地区会不会也是源头之一？这是一个更值得进一步研究的谜题。

女书秘史

多年以来，在中国湖南江永——瑶族的发祥地，有这样一种神秘的文字，它只在女人中流传，记载着历史的悠长、祭典的庄严、少女的情怀、老妇的哀歌……所有的作品都是歌词，用来传递深闺中的话语。这就是世界上唯一的一种性别文字——女书。

这是一种美丽和神秘的文字，由点、竖、斜、弧等笔画组成，字形为斜体和菱形，如弱柳扶风一般。用这种文字书写的时候，由上而下、自右而左，没有标点符号，不分段落，一书到底。如果把汉字比作一个男人，女书就是一个女人，散发着一种温柔的、浪漫的气息。

女书在20世纪80年代被人发现的时候，曾一度引起轰动，并很快就进入了世界吉尼斯纪录。这种由女人创造、供女人使用、记录女人生活和情感的文字，被学术界称之为“难以捉摸的玄想”。

“女书”是怎样产生的？它为什么仅仅在江永县方圆不到百里的范围内流传，而且仅为妇女使用？由于史志不载，族谱碑文不述，这些“难以捉摸的玄想”充满了神秘。

有人说，女书是甲骨文时代的文字，与甲骨文有密切的关系，起源于商周时期的古文字。还有人说，女书与出土的仰韶文化时期的彩陶上的一些符号很相似，所以可以说女书是直接继承了史前的刻划符号，在新石器时代就已经存在了。

学者的争论是一回事，老百姓的信仰是一回事，江永的女人，尤其是那些懂得女书的女人坚定不移地认为，是一个叫盘巧的姑娘创造了这种奇特的文字。

很久以前，江永桐口村有一个叫盘巧的姑娘，她生下来的时候有九斤重，于是又被当地人称之为“九姑娘”。一个恶少看中了美貌灵秀的九姑娘，将她抢到了家中。九姑娘虽然不识字，但她灵机一动，在手帕上绣出了一个含有特殊意思的图案。后来，这块手帕被送到了九姑娘的家人手里，她的父亲和兄弟们都猜不出图案的意思，只有九姑娘的妹妹用土话读懂了姐姐的意思。于是，在全村人的帮助下，九姑娘得救了。从此，这种图案字就在当地女性中流传开来。

传说总是美好的，可要考证其中几分真几分假就实在是太难了！目前能确定的是，江永女书的出现绝非偶然，它与当地的历史、传统存在着千丝万缕的联系。

就在人们刚刚为发现这一神秘的文字而兴奋之时，随着高银仙、义年华、阳焕宜等一批高龄女书传人的相继去世，刚浮出水面的女书正濒于失传的危险。

为此，从20世纪末开始，在一批学者的努力下，这种罕见的女性字符“密码”终于从偏僻的山乡进入了世界的视野，引起了海内外学者的浓厚兴趣和广泛关注。不少专家认为，作为一种罕见的历史文化遗存，女书对古文字学、语言学、考古学、人类文化学、妇女学、民族学、社会学、文学和哲学研究都具有不可估量的价值，抢救女书意味着对文明的尊重。

女书具备独特的、相对完整的字形和字音系统，这也是它被称为与甲骨文并列的文字的原因之一，但这种承载着太多女权和文化意义的古老文字，在注重实用的现代社会里，该何去何从呢？也许，保护好女书生存的环境，让女书可以很好地自然传承下去，才是早日揭开女书之谜的关键所在。

千古之谜话九鼎

在修缮一新的中国国家博物馆的青铜厅内，陈放着一尊造型庞大雄浑、纹饰精美细腻的大鼎，每一个前来参观的游人都会在它面前驻足良久，并发出由衷的赞叹声。这就是大名鼎鼎的司母戊鼎，中国国家博物馆在2011年3月正式将其更名为后母戊鼎。

后母戊鼎是迄今为止世界上最大的青铜鼎，被人视为国之象征，但就历史价值而言，它却远远比不上一件传说中的“国之重器”——夏王九鼎。因为，这九鼎是王权的象征，是中华九州的象征。

据《春秋左氏传》记载，夏朝初年，夏王划天下为九州，令九州贡献青铜，铸造九鼎。为了使一鼎象征一州，各鼎所刻图形能反映该州的山川名胜，夏王事先派人把全国各州的名山大川形胜之地、奇异之物画成图册，然后派工匠按图仿刻于九鼎之上。从此，九鼎成了国家政权的象征，是夏、商、周三朝一千八百多年历代帝王的定国传世之宝。

后来，更是把一代王朝的开国建号叫“定鼎”，朝代的更迭叫“鼎迁”或“鼎革”，图谋王权的不轨行为叫“问鼎”。

据史料记载，周武王灭商建立周朝，举行了定鼎仪式，武王还“命南宫括、史佚展九鼎宝玉”。足见，周朝王都所在就是九鼎之所在。西周后期，周朝王室衰弱，诸侯争强，危及九鼎。

后母戊鼎已经是惊世之作，而传说中精美的九鼎更加令人神往。

从公元前606年楚庄王问鼎开始，九鼎争夺战历经了三百五十年之久。到了公元前256年，秦国灭西周，九鼎最终被秦国所占有。史载“秦取九鼎宝器”，说明九鼎落入秦国。但是，有关九鼎下落之谜却一直说法不一。

首先，《史记》中的说法就自相矛盾。《史记·秦本纪》说“周民东亡，其器九鼎入秦”。这很明确表明，九鼎被秦国所取。《史记·孝武本纪》则说“周德衰，宋之社亡；鼎乃沦伏而不见”。说的是，九鼎在秦灭周之前就已经消失了。

现代《辞海》则注明“秦攻西周，取一沉泗水，余无考”。即，其中的一个鼎沉于泗水之中，其余则不知所踪。

各种史籍中的说法莫衷一是，但有人确信鼎沉于泗水，于是便有了泗水寻鼎的典故。公元前219年，秦始皇出游东行，返回时过彭城，“欲出周鼎泗水。使千人没水求之，弗得”。秦始皇寻鼎无得，相隔五十二年后，汉文帝也想试之，只是方法不同。汉文帝的大臣新垣平对文帝建议说：“周鼎亡在泗水中，今河溢通泗，臣望东北汾阴直有金宝气，意周鼎其出乎？兆见不迎则不至。”既然要“迎之则至”，于是，汉文帝派人在汾阴南、临河建筑了祭祀庙宇，“欲祠出周鼎”，但周鼎始终没有出现。

清代学者王先谦则说：周王室为了防止大国觊觎，加上财政困难，入不敷出。于是毁九鼎以铸铜钱，对外则谎称九鼎不知去向，免得诸侯国兴兵前来争夺鼎。这种说法也不能令人信服。九鼎铸于夏初，器形不会太大，东周帝王能为了少量的铜而毁鼎铸钱么？再说了，九鼎是周朝的镇国之宝，天命之所在，它只能与社稷共存亡，岂有自行销毁之理？

迄今为止，出土的商、周时期的铜鼎数以千万计。如，著名的后母戊鼎，是世界上最大的青铜器；毛公鼎，铭文长达四百一十个字，是青铜器铭文中最长的一个。但是，这其中竟没有一件夏朝的鼎。这就不得不让人产生疑问，夏朝究竟是否制造过鼎？虽然当时的人们已经掌握了炼铜技术，但铸鼎的技术工艺要求较高，如果连一件普通的鼎都无法铸造，那么精致绝伦的九鼎又从何谈起呢？

九鼎，一直被认为是中华文明的代名词，如果传说中的夏王九鼎终有一天能够得以重见天日，那么中华文明史的开端肯定要重新书写，补上一个辉煌序幕！

迷雾重重和氏璧

公元前283年的一天，在秦昭王的章台大殿内，正上演着剑拔弩张的一幕。一个人站在立柱前，双手高高举起一物，正欲向柱子猛力撞去。秦昭王以及众大臣被吓呆了，连忙劝阻他。为了不让此人将手中之物损毁，秦昭王宁愿用十五座城池来做交换。

读到这里，相信大家都已经知道了，这就是非常有名的历史故事——“完璧归赵”。这个故事的焦点就是那传世珍宝——和氏璧。

传说，和氏璧是一位名叫卞和的人发现的，秦始皇得到后将其制成了“传国玉玺”。随后，和氏璧便辗转流传，最后迷失在唐末五代烽火遍野的兵荒马乱之中。在漫长的历史中，虽然它时隐时现，乍沉乍浮，诱发了无数刀光剑影、血腥厮杀，演绎了无数狂欢与巨痛、惊险与神秘的传奇，但其下落也最终成了一件千载悬案。

围绕着这一千古名璧，有着数不清的谜团，其中最让人好奇的是，和氏璧究竟是什么材质的呢？

古往今来，不少学者都试图揭开和氏璧的材质这一千古之谜。中国近现代地质学奠基人之一的章鸿钊先生，在其划时代的学术巨著《石雅》中第一次应用近代自然科学方法研究了和氏璧的材质。他主要根据唐朝末年道士杜光庭在《录异记》中有关和氏璧雕刻传国玉玺“侧而视之色碧，正而视之色白”的记载，提出和氏璧可能属于“月光石”、“拉长石”、“绿松石”、“蛋白石”、“碧玉”、“软玉”、“蓝田玉”、“玛瑙”的八种观点。

在章鸿钊之后将近一个世纪的时间里，后辈学者基本上都是围绕着章老先生的几种观点继续展开探讨，即使提出了一些新观点如“独山玉说”、“翡翠说”等，也是以章老先生对于《录异记》的解释为论证基础的。

2010年，中科院院士王春云提出了一个令人不可思议的论断：和氏璧是一颗超级大钻石！

经过研究，王春云发现：研究和氏璧的材质，既没有考古实物，又没有现场目击证人，更没有直接实物描述，只有一些历史学者作出的间接描述和研究心得，于是，历史文献就成了研究和氏璧唯一所能依赖的资料了，而春秋战国时期有关和氏璧的记载最接近真实的历史，因而最具学术研究价值，比如《晏子春秋》、《墨子》、《楚辞》、《战国策》、《上秦昭王书》、《吕氏春秋》、《荀子》。王春云认为：《韩非子》、《谏逐客书》等典籍中都有关于和氏璧的论述，其中特别是战国著名学者韩非所著的《韩非子·和氏》首次详细记载了“和璧三献”，堪称经典文献。《韩非子》中的“璞”、“玉”、“宝”、“理”、“璧”五个汉字与“和氏”、“玉璞”、“玉人”、“楚山”、“宝玉”五个词语构成了差不多全部的“和氏璧密码”。

传世珍宝和氏璧竟然是一颗超级大钻石?

经过一系列评判证据和论证命题，王春云最终确定和氏璧是一颗千古美钻，颠覆了过往所有学者论述和氏璧材质的观点。

尽管王春云自己宣称“和氏璧之谜作为中国自然历史文化之谜已经得到破解”，但他对于《韩非子》记载中只有两个字描述的“楚山”之地也无法完全解释，而且“和氏璧是一颗超级大钻石”作为一家之言还需要接受中国文史学界、考古学界、宝石学界和地质学界的严密审查和检验。

和氏璧的故事流传千载，给不同时代的人们带来了无尽的激情和幻想。然而，这件神秘的天下之宝到底是什么东西？这个千古之谜还在等待后世的智者们来彻底破解，就让我们静静等待吧。

追寻古滇国的背影

两千多年前，在云南滇池沿岸曾经存在过一个古老的王国，司马迁在《史记》中称之为“滇”，当时住在滇池之畔的古滇国人发髻高耸，以农耕为主……然而，就在司马迁将它载入典籍后不久，滇国就销声匿迹了，再没有踪影，没有传说，没有人知道它的臣民去了哪里。古滇国成为了历史上一个亘古之谜。

1953年，云南考古工作队刚成立不久，昆明街头的废品收购站零零星星出现了一些锈迹斑斑的青铜器。这些神秘的器物与学者们所熟知的中原青铜时代的文明毫无相同之处，它们透露出一股独有的古老世界的神秘气息。

经过长达三年的努力，时间来到了1956年，考古学家终于在滇池东岸一个不高的小山岗上，揭开了云南考古史上最伟大的发现：一个消失了千年的王国——古滇国墓葬群。

据考证，古滇王国是云南古代少数民族建立的王国。它勃兴于滇池之滨，鼎盛于战国至西汉时代。由于偏居西南一隅，远离中原文化视野，古滇国曾长期湮灭于历史尘埃之中，显得神秘而离奇。

这个名叫石寨山的小山岗极普通，没有碑石，没有封土堆，它平淡到了没有一点足以引发盗墓者贪婪的幻想，因而得以安宁了两千年。如果没有这次发现，可能永远也没有人知道《史记》中这短短的记录背后是一段多么辉煌灿烂的历史。

1956年秋天，正式的发掘开始了，源源不断出土的器物，接连不断的惊喜让考古学家兴奋不已，但让考古学家始料未及的是，墓葬中出土了一枚金印——滇王之印，《史记》对这枚金印有过确凿无误的记载，那是元封二年汉武帝赏赐给滇王的。

随之出土的文物几乎代表了滇国时代青铜文化的精品，有滇国重器铜编钟、黄金珠、玛瑙、玉、车马饰和造型奇异的铜扣饰。每一件文物都价值连城，它们证实了云南历史上第一个地方政权——古滇王国的真实存在。

深埋于地下的文物静静地诉说着古滇国的神秘历史。

精美绝伦的青铜文化是这个古老王国的背景。它们极为精美，工艺水平极高，其风格和造型与中原地区的文化绝无相同之处，是一种在独立的地域中产生和发展起来的毫不逊色的文明。这个神秘的古代文明，似乎也按捺不住寂寞，在消失了很多世纪之后，又悄悄地向世人掀开了一条缝隙。

从新石器时代进入青铜时代，云南比世界上其他古老文明晚了一千多年。但是在接下来的年代里，古滇国人靠其才华与智慧，将青铜时代的文明发挥到了极致。这至今仍然让历史学家们迷惑不解，这个几乎是突然之间出现在云南高原上的高度发达的青铜文明，是从哪里发源的？

学者发现，古滇国的工匠们具有高超的艺术水平，已经能够掌握铸造技术中铜和锡的合适比例。兵器中锡的比例较大，能使兵器的硬度提高；装饰品中锡的比例较小，便于雕刻和造型，这反映出古滇国人已熟知不同金属的性能。有的器物表面经过了镀锡、错金、鎏金的处理，镶嵌以玉石纹案，有着对称和端庄的外形，花纹精致繁缛。贮贝器和一些扣饰上的人物，虽不过3厘米大小，但都眉目清晰，面部表情生动真实。器物上线刻的纹饰很浅，但技法却很熟练，都是两千年前工匠们凭手工刻画的。这些精美的文物表明，古滇国是一个自成体系的、独立发展起来的青铜文化类型。

随着考古发掘的进行，发现越来越多，随之而来的问题也越来越多。比如这个消失得无影无踪的王国的都邑建在哪里？

在以滇池为中心的区域里，古墓连着古墓，在不深的土层下，到处散落着各式各样的青铜器件，在滇池沿岸不深的土层下，人们修路、建房时不断地从地下挖出锈蚀的剑矛或斧钺，然而却始终没有人找到滇国的古都。

古滇国消失了，但它的故事并没有结束。两千多年后，滇——这个创造过辉煌青铜文明的王国，成为了云南的简称，这不就是那一段似乎已经消失的历史留下的宝贵遗产吗？也许有一天，我们能用身边这些残存的历史碎片，再现出那段灿烂的青铜文明。

神秘消失的绿洲古国——月氏

公元前138年，踌躇满志的张骞挺身而出，挑起了出使西域的重担。他此次出行的目的，就是去寻找传说中的月氏，与其结盟，共同对付匈奴。

无论是在中国历史上，还是在世界历史上，月氏都是一个极为重要的古代民族。然而不知为何，这个曾经的绿洲古国突然消失在了历史长河之中。

月氏人原居住于中国敦煌与祁连山一带。匈奴兴起之前，月氏很强盛，地处丝绸之路，控制着东西贸易，曾迫使匈奴屈服于自己，并屡次侵扰东汉。《史记·匈奴列传》称："东胡强而月氏盛，匈奴介乎其中，东西皆臣事惟谨。"后来，匈奴崛起，月氏人不得不向西迁徙。他们先到了伊犁河，然后又到了中亚大夏地区。这些西迁的月氏人被称为"大月氏人"，留下的部分则被称为"小月氏人"。

大月氏人在四个世纪后，历经兴盛、分裂和战火的煎熬，终于消失在了历史长河之中。

小月氏人往东南迁至今日中国甘肃及青海一带，与羌族杂居。当时的甘肃和青海，尚在中原统治区域之外，为匈奴所管治，小月氏人中的一部分融入匈奴，被称为"匈奴别部卢水胡"。其他小月氏人则多被羌族、汉族所同化。三国以后，"小月氏人"这个名字逐渐消失，不再见于史书之中了。

由于月氏人存在的时间不长，所以有关月氏人人种特征、语言词汇的记载很少流传下来，这给判断月氏人的民族属性带来了困难。

在中国古代史书中，月氏被称为析枝、禺氏或禺知，在商代的时候就居住在了我国西北地区。《史记·夏本纪》曾记载说："弱水既西……三危既度……织皮、昆仑、析枝、渠搜，西戎即序。"其中的析枝，就是指月氏。《逸周书》"王会"篇中也记载说："禺氏陶涂。"这是指禺氏向西周成王朝贡的事。

曾经的绿洲古国今天早已湮没于黄沙之中。

《穆天子传》记载，周穆王十三年，周穆王西巡，来到黑河流域的"禺知之平"。有学者考证，"禺知之平"就是今天甘肃的张掖一带。当时，张掖一带叫作蒯邦，是月氏首领蒯柏綮统辖的地方。周穆王的那一次访问受到了蒯柏綮的热烈欢迎与款待。蒯柏綮献给穆王豹皮十张、良马二十六匹。穆王让他的宠臣井利接受了这些礼物。

虽然月氏在世人面前以一个民族的形象出现，但他们究竟是什么种族，说法却是五花八门。有人认为月氏人是鞑靼族，有人认为是藏族，有人认为是日耳曼族的哥特人，有人认为是突厥族，还有人认为月氏与匈奴同种。

月氏人的由来也是一个不解之谜。有人认为月氏人是土生土长的本地民族，有人认为月氏人是北方民族，有人认为月氏人是秦汉时从雁门西迁到河西的，有人以为月氏人是从塔里木盆地西南角帕米尔一带迁来的，还有人认为月氏人是从鄂尔多斯迁徙过来的。

月氏人的活动范围相当大，从天山中部一直延伸到贺兰山甚至黄土高原，但活动的核心则在河西地区。有人据此提出，月氏人的故乡应当在天山北麓东段的巴里坤草原。但月氏人又不仅仅是游牧民族，他们过着一种筑城定居与游牧相结合的生活，这与吐火罗人非常相似。月氏人在河西留下了众多的地名，这些地名中有很多都能用吐火罗语去解读。例如，月氏故都昭武城的“昭武”二字，其实就是“张掖”的别称，两者都是吐火罗语“王都”、“京城”之意。据此，不少中外学者认为月氏人是吐火罗人。

但是，此说也有不少疏漏之处，持反对意见者为数不少。有学者认为，吐火罗人和月氏人互不相干。吐火罗人是原先居住在新疆喀什南部的睹货罗人，他们先于月氏征服大夏，并将希腊人逐出大夏。但不久月氏人也来了，于是，吐火罗又被月氏所征服。

到目前为止，月氏的族属、由来、消亡之谜仍然悬而未决。

北京猿人化石之谜

1941年11月的一天，北京协和医院的工作人员正在紧张地忙碌着。他们小心翼翼地将一些东西用棉花包裹好，然后分别放入木制盒子里。接着，木制盒子分别被放入木箱，木箱又被放入更大的木箱，再放入钢制的弹药箱里。最后，这些钢制弹药箱交到了美国海军中尉威廉·T.福利的手中。

当时正是烽火连天的抗战时期，这些箱子里究竟放的是什么珍贵的宝贝，竟会如此小心翼翼并且大费周折地转移到大洋彼岸的美国？

原来，这些箱子里所放的就是人类学历史上最珍贵的宝物之一——北京猿人化石。

1929年12月2日，中国古人类学家裴文中在北京周口店发掘出一个完整的猿人头骨。这是一个重大的发现，把最早的人类化石历史从距今不到十万年推至距今五十万年，为研究人类的起源及其发展，为再现早期人类的生活面貌，提供了极其珍贵的第一手资料。

1936年10月至11月，著名古人类学家贾兰坡又在周口店挖掘到了不少北京猿人的化石。这些化石一直保存在北京协和医院的保险箱里，由著名的瑞典人类学家魏敦瑞加以保存和研究。

1937年卢沟桥事变之后，日本侵略者侵占了北平，为了不让这些珍贵的化石落入日本人之手，魏敦瑞建议将北京猿人化石转移到美国的史密森学会，等战争结束之后再还给中国。

美国人福利是一名医生，因为负有照顾美国使馆人员之责，所以享有外交豁免权，幸运的话这些化石将作为他的个人财产被带走。但是，珍珠港事件爆发了，日本人告诉福利，他已经成为了战俘，不能再享有外交豁免权。

两个半星期之后，福利和他的助手戴维斯，连同几名美国海军陆战队队员被带到了北京近郊的火车站，日本人准备把他们送往战俘营，福利的行李包括那些箱子在内也被一同带走了。在途中，日本士兵曾多次上来搜查他们的行李，然后离开，没有人知道他们在找什么。最后，火车在一个港口停下来，福利等人被一队日本士兵押进一个工棚，他们的行李被放在路边又被搜查了一次。其中一个海军陆战队队员略懂一些日语，他听到带头搜查的日本军官说道："有了，在这里！"随后，这一队日本士兵就离开了，当福利等人被从工棚里带出来时，发现那些装有北京猿人化石的铁箱子已不见了踪影。

从此以后，极具科研价值的五块北京猿人头盖骨，连同牙齿、头骨碎片、面骨、下颌骨、股骨、锁骨等，以及全部北京山顶洞人的资料，全部神秘失踪，留下了一桩至今难解的历史悬案。

关于北京猿人化石的去向，民间流传着各种推测。有的人说，它们已经被日军销毁了；有的人说，北京猿人化石在秦皇岛港被运上"哈里逊总统号"邮船，在赴美途中与邮船一起沉入了海底；也有人说，邮船被日军俘虏，化石

这个神秘的山洞中是否也曾经生活着我们远古的祖先呢?

被日军截留，后来几经易手，终于下落不明。凡此种种，不一而足。

而曾经肩负运送重任的福利总是对人说：“我可以对《圣经》发誓，这些化石和其他的财宝一起被放在了（日本）皇宫的地下室里。”

真相到底如何，尚是一个未知数。而唯一能够肯定的是，北京猿人化石的丢失之谜，是一个包含着创造与毁灭、文明与野蛮的跨世纪之谜。

“国宝”北京猿人化石已遗失多年，但国人并未停下探寻的脚步。在抗战胜利六十周年之际、北京猿人化石遗失六十四年后，2005年7月2日，北京市房山区政府正式宣布成立“北京人头盖骨化石工作委员会”，统一协调民间积极力量和政府力量，准备在全球范围内寻找北京猿人化石。由于丢失时间长，有价值的线索不多，这次再度搜寻北京猿人化石将是一项艰难的工作，谁也不能保证找到的可能性有多大。但是，寻找北京猿人化石，并不是单纯地为了化石本身所具有的科学价值，更多的是为了它们所承载着的那份深厚的历史情结和民族情结。

无人能解的古老天书

1995年，一则“百万悬赏”消息被新闻界报道之后，轰动了海内外。一时间众说纷纭，有人认为这是炒作，有人认为这无可厚非。这场热议的焦点是远在我国西南腹地的贵州省安顺关岭布依族苗族自治县。

一个并不是很富裕的地区，竟然能有如此大的手笔，这是为了什么呢？原来，这是为了一个至今无人能解的“天书”之谜。

在关岭布依族苗族自治县晒甲山上，有一处神秘景观，不知是谁，在一面崖壁上留有一处用铁红色颜料书写的碑文，其字大小不一，参差排列，似篆非篆，也非甲骨文，神秘而优美，当地百姓世代相传为“天书”，此处也因此而得名“红崖天书”。数百年来，红色岩壁上那些赭红色的神秘符号，非雕非凿，了无刻痕，经数百年风雨剥蚀，却能依然如故，色泽似新，似乎蕴藏着无穷怪异、穿越时空的非凡意义。

长期以来，相关专家、学者为破译“天书”纷至沓来，对“天书”的解释也层出不穷，但都没人能给出一个令人信服的答案。为早日破译神秘的红崖天书，关岭布依族苗族自治县这才开出一帖“猛药”——悬赏一百万元征集破译密码。

关于红崖天书的最早文字记载是在公元1500年前后，那时红崖天书被人们称为“红岩碑”。据《贵州图经新志》记载：“红岩山，在永宁州西北八十里。山间居民，间闻洞中有铜鼓声，或岩上红光如火，则是年必有瘴疠。世传以为诸葛武侯驻兵息鼓之所。”

据介绍，红崖天书的发现者并非地理学家、考古学家或探险者，而是一位古代诗人。明代的贵州籍文人邵元善，在游山玩水之余写了一首《红崖诗》，由此，“天书”被世人所知，史学家、考古学家随之蜂拥而至。

虽然红崖天书发现至今已有数百年，但这些似画如字的古怪符号，困惑着一代又一代的中外史学家。对天书的破解，可谓是众说纷纭，莫衷一是。

因为当地有孔明塘、孟获屯、关索岭等与诸葛亮南征有关的传说和遗迹，有专家便把它说成“诸葛武侯碑”。有人根据《华阳国志》记载诸葛亮为夷人所作图谱，认为红崖天书是诸葛亮教夷人所作图谱的遗迹。

还有人从地理环境去考证，认为夏禹治水时引黑水入三危，治水成功之后刻石以纪念。这个“三危”就是红岩山，红岩上的石刻便是大禹纪功的遗迹。

还有人从民族学着眼，认为红崖天书是少数民族文字。

也有人认为，这不是什么文字，而是石头的自然花纹。

而近期，更有人大胆提出红崖天书与明朝建文帝有关。江南造船集团公司高级工程师林国恩经过九年考证，认为红崖天书是建文帝的“讨燕檄诏”。

林国恩认为，建文帝在被燕王朱棣篡位之后，在亲信随从的保护下隐居于贵州的山谷之间。在躲避了数月后，建文帝很想号召臣民支持他推翻朱棣，但苦于自己身单力孤，便想出了这么一个讨伐朱棣的檄文，让随从以金文的变体加上篆体、隶书、象形文字、草书以及图画的形义综合成一种“杂体”，然后用皇帝诏书的形式写于红崖之上。

将红崖天书破译为明朝建文帝所写，这一结论在海内外的学术界都引起了非常大的反响，因为很多人猜测建文帝失国后很有可能逃到贵州隐居，所以很多学者认为这个说法是对的，确实让人信服，但是反对的声音也不少。

也许，红崖天书的真实面目，就像历史长河当中的很多不解之谜一样，都会成为一个永恒的话题，留待有缘人，留待后人研究品评。

千古悬念画中谜

在我国西南广西境内，明江带着远古的情致，从上游滚滚而来，绕过荷城，迂回着、静静地向西流去，在龙州上金汇入左江。富有灵性的明江河水，滋润着两岸青山，孕育着古老的灿烂文化。这条母亲河不仅孕育了勤劳善良的壮乡人民，也给后人留下了一连串的不解之谜。勤劳的壮乡祖先用智慧和勇气在明江狭岸陡峭的悬

神秘的花山崖壁画吸引着众多国内外旅游者前来一睹风采。

崖上留下多处崖壁画，而花山崖壁画就是这古老文化中一颗熠熠闪亮的明珠。

巍巍花山，屹立在广西宁明县境内的明江下游北岸边，大自然赐给了她独特的身姿：300多米的山峰从河边拔起，顶天立地，临河立面仿佛被一把神剑从头削到脚，形成一块巨大的绝壁。壮族先民在这块绝壁上描绘了一千三百八十个大小不一、形态各异的图像，组成了一幅长200多米、高40多米的壁画。隔河而望，那密密麻麻的朱红色线条组成的粗犷古朴的图像，仿佛是一团团燃烧的火，在银灰色的石屏上跳动、奔腾。整个壁画气势恢宏，神奇诡秘，蔚为壮观，与四周青山绿树和澄碧的明江河水交相辉映，让人叹为观止。

除花山之外，在广西的宁明、龙州、崇左和扶绥等县境内的左江和明江两岸的其他峭壁上，也有类似的壁画，只是规模较小，它们也被统称为“花山崖壁画”。

花山崖壁画的图像以人物造型为主，也有铜鼓、箭镞、野兽之类。人像大的有3米多高，小的只有30余厘米。头为方形或圆形，身为三角形，腰为鼓式长方形，四肢为粗壮线条。人物有的侧身前奔，虎虎生威；有的平踩马步，举手打拳，给人一种矫健和勇武之感；有的脚踩长身的动物，头戴饰品，腰佩环首刀，俨然是个“首领”。“首领”周围簇拥着许多“小人”，他们手舞足蹈，像是击鼓鸣钲，祝颂战争胜利；又像是向祖先祭祀祈祷，求得神灵保佑，消灾弭祸……

神奇的花山崖壁画，给人以深切的情思和无限的遐想，因而，美妙的传说随着潺潺的江水代代相传。其中流传最广的一则传说是这样的：很久以前，花山脚下有一个岩洞，每当夜深人静时，洞里就会传出敲锣打鼓、弹琴唱戏的声音，而且灯火辉煌，人马来往不息。洞里面藏有许多奇珍异宝，村里的人都可以拿来借用，但必须当日归还。有一次，一个贪心的家伙借了东西不还，岩洞上便掉下一块大石，堵塞了洞口。村人急忙筹钱做法事，祈求洞中之人宽恕。法事做完，洞门打开，露出一口金锅，众人都去抢夺，锅耳被拉断，洞门又紧闭，从此再也没有打开过，洞里的人则搬到了高高的悬崖峭壁上，这就是壁画上的人物。

传说虽然美妙传神，但毕竟不是事实。

目前，花山崖壁画成画年代尚未定论，考古学家们的研究结果也不尽相同，但

时间至少是在两千至三千年以前。那么，这些崖壁画所表现的内容和主题是什么？是什么人绘制的？崖壁画绘在江边的悬崖峭壁上，它又是怎样画上去的呢？赭红色的崖壁画久经千年风雨至今仍鲜艳清晰，它用的是什么颜料？

为解开这些谜团，至今还陆续有专家学者前往考察。也许，在未来的某一天，我们能够揭开这些谜题。

盘点十八般武艺

在众多戏曲评书、武侠小说中，说一个人武艺高强时，总爱用到“十八般武艺样样精通”这句话。那么，“十八般武艺”究竟是哪几般呢？

“十八般武艺”一词，最早见于南宋人华岳所写的《翠微北征录》一书中，其中卷七云：“臣闻军器三十有六，而弓为其首；武艺一十有八，而弓为第一。”但是，具体有哪“十八般武艺”，书中并没有说明。

元朝以后，“十八般武艺”一说开始变成了人们的习惯用语，在戏曲、小说中被经常使用。在元曲《古今杂剧》收录的《敬德不伏老》一剧里面就有“他十八般武艺都学就，六韬书看的来滑熟”的唱词。纪君祥所写《赵氏孤儿大报仇杂剧》中有“教的他十八般武艺，无有不拈，无有不会，这孩儿弓马到强似我”。

但是，在元曲中提到的“十八般武艺”的武术器械实际只有十二种。如《逞风流王焕石华亭杂剧》第三折中有“若论着十八般武艺，弓弩枪牌，戈矛箭戟，鞭链挝槌，将龙韬虎略温习”。

剑是十八般武艺之一，深受当代武术爱好者喜爱。

清朝以来，“十八般武艺”的说法是：一曰，刀、枪、剑、戟、镗、棍、叉、耙、鞭、锏、锤、斧、钩、镰、扒、拐、弓箭、藤牌；二曰，与上述“十八般”的排列一样，只是最后三件改为代、抉、弓矢。

我国近代戏剧界则认为，“十八般武艺”系指刀、枪、剑、戟、斧、钺、钩、叉、鞭、锏、锤、抓、镗、棍、槊、棒、拐、流星锤。

以上说法虽然不尽相同，但无疑指的都是兵器。

此外，还有一些说法认为“十八般武艺”

是我国古时候习武之人所学武艺的总称，比喻我国武术门类齐全，武林高手林立，身手不凡。持这种观点的人认为，“十八般武艺”指的是习武之人所学对九种长兵器、九种短兵器的熟练使用。九种长兵器是指枪、戟、棍、钺、叉、镋、钩、槊、环，九种短兵器是指刀、剑、拐、斧、鞭、锏、锤、棒、杵。

历史上，对“九长九短”兵器的演绎很多。在明代谢肇淛所著《五杂俎》中记载：“正统己巳之交，招募天下勇士。山西李通者，行教京师，试其技艺，十八般皆能，无人可与为敌。”这里所说的“十八般”指的是“一弓、二弩、三枪、四刀、五剑、六矛、七盾、八斧、九钺、十戟、十一鞭、十二锏、十三锤、十四殳、十五叉、十六耙头、十七绵绳套索、十八白打”。其中的“白打”，指的是不拿武器的拳脚打斗，亦即“拳术”。而章回体小说《水浒传》中写史进每天请王教头点拨的“十八般武艺”，包括矛、锤、弓、弩、铳、鞭、锏、剑、链、挝、斧、钺、戈、戟、牌、棒、枪、叉。

可见，我国各个历史时期对于“十八般武艺”的说法不尽相同。究竟哪一种说法更正确而全面，目前还没有定论。

如果抛开“十八般武艺到底是哪几般”这一谜题，从对我国兵器历史的梳理中，我们倒是可以得出一个结论：“十八般武艺”既是中国传统武术的术语，也是我国古代兵器或武术器械的通称，“十八般武艺”在历史的发展过程中，随着时间、地点的变化有着深刻而丰富的内涵。

因为，无论是兵器还是武术器械，也都在与时俱进，不断地发展变化，经历了一个长期的发展演变过程——即先由笨重到灵巧，再由简单到复杂，在此基础上再经过“实用、美观、方便”三方面要求的比较、遴选，最后才逐渐形成了具有代表性的兵器械。至于说我国兵器械的种类，那可远远不止十八种，近代整理出来的仅“少林兵器谱”就列出了二百多种。

十八般武艺究竟是哪几般呢？就让有兴趣的人继续去探索吧！

千古迷阵——八阵图

“功盖三分国，名成八阵图。”这两句古诗赞颂了三国时期蜀国丞相诸葛亮的丰功伟绩。诸葛亮一直以来都被人们视为极具智慧的人物，而八阵图更被视为诸葛亮成名之亮点，可见这八阵图的意义和价值。

在《三国演义》中，作者不惜笔墨，将八阵图描写得神乎其神：当时，东吴大都督陆逊正在追杀刘备，却遭遇了诸葛亮预先埋设的“八阵图”。陆逊进入阵内，一霎间，飞沙走石，遮天蔽日，怪石嶙峋，狰狞可怖，狂风中还传来阵阵厮杀声。陆逊不管三七二十一，冲入了阵中。不进则罢，一进去就迷失了方向。原来，这八阵图非常厉害，共有八门，有八八六十四种变化。阵中还有三十九天罡星、七十二地煞星、二十八宿之类人物。陆逊走进去后，被围得水泄不通，杀得筋疲力尽，眼看就要束手就擒了。正在这时，只听见前面有人在喊他。陆逊昏昏沉沉睁眼一看，见是一位白发苍苍的老者。老者说道："牵着我的拐杖，跟我走就行了。"陆逊跟随老者弯弯拐拐不知走了多久，才走出八阵图来。

这八阵图真够神奇的，但它到底是什么呢？

其实，所谓"阵"，是我国古代两军交战时兵力部署的一种行列状态。有作战用的"阵"，也有屯驻时用的"阵"。"阵"必须依照敌情、地形、天气的变化来设计，也就是一般兵书中所称的"阵法"。所谓"图"是规划的意思，阵图便是经过特殊设计的基本部署阵形。由此可见，"八阵图"应该是阵形的一种，是诸葛亮率领部队在练兵、行军、宿营、打仗时，根据不同的情况而制定的不同部署和作战方案。

由于唐宋以来众多猎奇者的附会、神化，八阵图被说得玄乎其玄，千余年来引起了不少人一探究竟的兴趣。

据两晋南北朝的文献记载，八阵图的遗迹主要有三处：

一是根据南朝时期的《益州记》，认为八阵图在现四川省成都市新都县北三十里弥牟镇。直到今天，还有这样一个离奇的传说：清朝初期果亲王允礼在去四川的途中，经过八阵图，便命人挖开其中的一处察看，挖地三尺之后发现了一块石碑，碑下有一石缸，里面装满了油。石碑上刻着这样一句话："×年×月×日有果亲王至此，破吾一阵，罚油500斤。"果亲王看区区一个石缸，哪里容得下500斤油？便立即命人称量，果然是整整500斤油。果亲王大惊，马上焚香礼拜，并恢复了原样！

二是根据东晋时期的《晋记》和北魏郦道元的《水经注·沔水》，认为八阵图在陕西沔县（今勉县）东南定军山诸葛亮墓东。

而记载最多的八阵图遗迹是在重庆市奉节县白帝城下的长江江边。北魏郦道元在《水经注·江水一》中说，"石碛平旷，望兼川陆，有亮所造八阵图，东跨古垒，皆垒细石为之，自垒南去，聚石成八行，行相距二丈。"唐代诗人刘禹锡的《八阵图录》和宋代文学家苏轼的《东坡志林》都描述过这个八阵图。但据考古学家与史学家考证，这里非实战遗址，而是演习八阵阵法的地方。那么，真正的八阵图落脚何处呢？

据说，诸葛亮死后，八阵图就失传了。直到唐代，安禄山叛乱前夕，有个隐士欲献八阵图给唐玄宗，但被玄宗皇帝拒绝了。从那以后，一千多年来，这图就再也没有出现过了。

于是，神秘的八阵图最终成了千古难解之谜！

众说纷纭的围棋起源

南朝梁任昉在《述异记》中记载了这样一则神奇的故事：晋朝有一个名叫王质的人上山砍柴，看到两个小童正坐在一起下棋，于是王质把斧子放在地上，驻足观看。看了多时，童子说："你该回家了。"王质这才想起自己是来砍柴的，于是起身去拿斧子，结果发现斧柄已经腐朽了。王质回到村中，竟无人认得他。原来，他误入了仙境，仙界虽一日，人间却已百年。

故事中，令王质流连忘返的棋就是围棋。围棋，是一种蕴涵着丰富智慧的游戏，令无数人为之痴迷。对于围棋，我们除了感叹之外，还不禁会问：围棋究竟是怎么来的？它的发明者是谁？

目前，最为人们所熟知的是"尧造围棋"。传说，有一次，尧到一个地方去视察政情，遇见了一位叫伊蒲子的老人。他与伊蒲子商谈，说自己本想把帝位传给儿子丹朱，但丹朱没有治天下的大器，他一直为此而忧虑。伊蒲子便给了尧一首诗，说有一个地方隐居着一位了不起的人，他才应该是你的继承人，把你的两个女儿嫁给那个人吧！尧一回到都城，马上派人找到了那个农夫，并把两个女儿嫁给了他。此人就是后来的圣君舜……之后，尧把围棋传授给了丹朱，说："你研究天文吧！做占卜以及祭祀的工作吧！"

关于"尧造围棋"的记载，能考证到的文字有战国时期的文献《世本》："尧造围棋，丹朱善之。"西晋张华《博物志》记载："尧造围棋，以教子丹朱。或云舜以子商均愚，故作围棋以教之。"从这里的文字记载来看，围棋一开始便作为"教"的工具，具备开智功能，是为大家所接受的。

在围棋棋盘简洁的方寸之间蕴涵着无数玄机。

"围棋由尧发明"这一传说，居然连远在日本的围棋棋手也深信不疑。公元1727年，日本围棋四大门派掌门人——本因坊道知、井上因硕、安井仙角、林门入曾经共同签署了一张承诺书："围棋创自尧舜，由吉备公传来。"由此可见，尧舜发明围棋之说源远流长，广为人知，而且迄今仍有学者为论证它的真实性而孜孜不倦地探索着。

除了“尧造围棋”之外，还曾经有另外两种观点，但后来都被学者推翻了。

唐代学者皮日休在《原弈》一文中断言：“弈之始作，必起自战国，有害诈争伪之道，当纵横者流之作也。”意思是说，围棋是由战国时期的纵横家、军事家发明的。但关于围棋的最早文字记载是春秋时期的《左传》，“卫献公自夷仪使与宁喜言，宁喜许之。大叔文子闻之，曰：‘……今宁子视君不如弈棋，其何以免乎？弈者举棋不定，不胜其隅，而况置君而弗定乎？必不免矣……’”文中的“弈者”指的是下围棋的人，可见围棋在春秋时期就已经存在。

所以，围棋的“战国起源说”抹掉了春秋时期的一段历史，大大推迟了围棋发明的时间，其谬误是显而易见的。

明清时期，人们曾掀起“乌曹创始说”。乌曹，相传是夏桀的臣子。《世本·作篇》有“乌曹作博”的记载，明清人将“博”理解为围棋，故《潜确类书》、《广博物志》中有“乌曹作博、围棋”之类的言论。现如今，学界已经取得共识，认为将“博”解释为围棋是错误的，所以这种说法不可凭信。

究竟围棋是不是尧发明的，这一观点还是有待商榷的。不过，我们相信，随着对围棋历史的深入研究，特别是考古工作的深入进展，围棋起源之谜迟早会大白于天下。

《霓裳羽衣曲》由谁而作

公元740年的某一天，大唐王朝的华清宫内流光溢彩，金碧辉煌。在一曲缥缈婉转动听的乐声中，一位美貌非凡的仙子翩然舞进了华清宫。只见，她一袭霓裳羽衣，仙子般翩翩起舞，悠扬玄妙的乐声，轻盈舒缓，柔软缥缈，优雅浪漫，使人忘记此处究竟是天上还是人间，竟有如此美妙绝伦的乐曲，如此雍容华贵、婀娜多姿、婉约动人的舞姿。唐玄宗看着娇媚多姿的舞者，激动地大加赞赏道：“仙姿妙乐、仙姿妙乐啊！绝配、绝配！”

这美貌的仙子就是日后的贵妃杨玉环，而这美妙绝伦的乐曲就是著名的《霓裳羽衣曲》，这两者也成为了大唐盛世的专属代名词。

“霓裳一曲千峰上，舞破中原始下来”，被誉为“历史上最有名的舞”的《霓裳羽衣曲》，经过一千多年岁月激流的冲刷，作品本身早已荡然无存，而唐代诗人们的这些锦绣诗篇，以及其他一些零星的文献记载，在给我们留下几许瑰丽的霓虹片羽影像的同时，也留下了许多扑朔迷离的谜题。

《霓裳羽衣曲》由何人所作？唐玄宗是不是它的作者？这一问题至今仍未能详其究竟。

一种说法认为《霓裳羽衣曲》是由外国传来的。

据《唐会要》记载：公元720年，突厥侵犯至甘、凉等州，凉州都督杨敬述守城失败。杨敬述虽战败，但他向唐玄宗献上了《婆罗门曲》。婆罗门即天竺，也就是今天印度的古称。这是一支与唐朝乐曲风格大为不同的外国乐曲，结束时轻声渐缓，不像一般唐朝乐曲终声音高亢，戛然而止。唐玄宗听后满心喜欢，对此曲稍加润色后配以歌词，遂改名为《霓裳羽衣曲》。

另一种说法认为《霓裳羽衣曲》是唐玄宗登高远望女儿山仙女庙后有感而作的。女儿山在今河南省宜阳县境内，为唐朝东都连昌宫的一大美景，是唐玄宗东巡的览胜之地。中唐时期的诗人刘禹锡在《三乡驿楼伏睹玄宗望女儿山小臣斐然有感》诗中就这样写道："开元天子万事足，唯惜当时光景促。三乡陌上望仙山，归作霓裳羽衣曲。"

按这种说法，唐玄宗登高远望仙女庙，产生了奇幻的联想，归来后创作了《霓裳羽衣曲》，但只写了前半部分，等到后来杨敬述带回《婆罗门曲》，才续成全曲，并配以歌舞。

但最为大众接受的一种观点，是唐玄宗游月宫后作《霓裳羽衣曲》。这种传说荒诞神奇，却有其特殊的生活体会和历史依据。唐玄宗崇奉道教，所创作的不少乐曲都与道教神话传说有关，所以在梦中闻奏仙乐而领悟创作灵感，也合乎情理。

晚唐诗人郑嵎在《津阳门诗》中就引述了当时流传的一个故事：唐玄宗中秋月夜梦游仙界，在月宫见到了数百个"素练霓裳"的仙女"舞于广庭"，就默默记下了曲调。可是当他回来后，只记起了前半部分。正好，杨敬述随后献曲，与仙乐的声调相符，就用梦中所闻的曲子创作了"散序"，用杨敬述所进的曲子创作成基本曲调，命名为《霓裳羽衣曲》。

这种说法实际上也是说，《霓裳羽衣曲》完全由唐玄宗所创作。

如今，我们只能从文学作品、绘画中想象《霓裳羽衣曲》的意境。

“此曲只应天上有，人间能得几回闻。”霓裳羽衣，即天上仙女翩翩起舞，多么美丽、多么令人神往的意境。而一个皇帝，竟有如此高的艺术创作水准，在中国历代是很少见到的，也许正因为如此，人们对《霓裳羽衣曲》才会有各种各样的猜测和幻想。

指南针争夺战

提起中国古代的四大发明，尽人皆知。可以说，四大发明是古老的中国对世界的最大贡献之一。

在四大发明之中，小小的指南针，原理简单，结构也不复杂，不过要说起它的身世，你就会发现许许多多的谜团。

长期以来，指南针“族史”上最成问题的问题是：它究竟产生于何时？

我们知道，指南针是根据物理学上的磁学原理发明的，它的出现与人们对磁力的发现及磁的指极性的发现是分不开的。明确提出磁石能吸铁的最早记载，是公元前3世纪时的《吕氏春秋》：“慈（磁）石召铁，或引之也。”与其时代相隔不远的《鬼谷子·谋篇》上也有“若磁石之取针”的话。

现代磁学告诉我们，地球本身就是一个大的磁体，它的两个极分别接近于地球的南极和北极，所以当我们把磁体平放好，无论如何拨动，当它静止时，必然是一端指向北方，一端指向南方的。对于磁体这种指极性的记录，在公元前3世纪时的《韩非子》中已有披露：“夫人臣侵其主也，如地形焉，即渐以往，使人主失其端，东西易向，而不自知。故先王立司南（指南针的一种），以端朝夕。”所谓“端朝夕”就是正四方的意思。显而易见，我们的祖先最晚在公元前3世纪时就已经普遍地认识到了磁的指南性和吸铁性了。

“司南”简单的造型中却蕴涵着丰富的内涵，不得不令人赞叹古人的智慧。

那么，磁的吸铁性和指极性最早究竟发现于何时呢？虽然不少学者辛苦探究，但终因文献记载的缺乏和局限，而使它们成为数千年来争论不休的一个谜。

由于磁体的吸铁性及指南性最早发现于何时还不能确切地断定，所以指南针这样的磁指南器最早产生于何时也就自然而然地不甚了了。

就目前而论，“司南说”最占上风。这是根据《韩非子·有度篇》中的“故先王立司南，以端朝夕”，认为战国时期就有了我国最早的磁指南器——司南。

并且，有学者依据《论衡·是应篇》中的“司南之杓，投之于地，其柢指南”，从而考证出司南是用天然磁石琢成勺形，它的勺底呈球状，将其南极磨成勺子的长柄，然后放在地盘上，盘的四周刻着“八干”（甲、乙、丙、丁、庚、辛、壬、癸）、“十二支”（子、丑、寅、卯、辰、巳、午、未、申、酉、戌、亥）、“四维”（乾、坤、巽、艮），盘子中央有直径5～10厘米磨得很光滑的地方用来放勺。使用的时候，将勺轻拨，使之转动，等勺停下来，它的长柄便指向南方。

但有些细心的学者发现了问题：史料中不是说“先王立司南”吗？那么，这位“先王”到底是指哪位先王呢？这不可不谓是对“司南说”的最大挑战。

天然磁石磁性不强，很难想象经琢磨后还能指南。同时，当时的人很难定出磁石的南北极，如不按南北极方向制勺，则勺子即使有磁性也不会指南。为什么要制成勺形，而不能制得更简单些呢？

此外，学者们发现，除《韩非子》、《论衡》二书中有“司南”的资料外，六朝以前的其他文献中都没有“司南”的记载，甚至还把“司南”与“指南车”混淆。因此，在对“司南说”的重重质疑之下，有人提出了“指南鱼说”。

持“指南鱼”观点的学者认为，目前发现的关于磁性指南仪器的最早明确记载是北宋曾公亮著的《武经总要》中的“指南鱼”。这是一种用薄铁叶剪成的二寸长的鱼形物，通过淬火、磁化等手段而赋予磁性，“用时置水碗于无风处，平放鱼在水面令浮，其首常南向午也”。

无论是“司南说”，还是“指南鱼说”，都各言之有理。究竟孰是孰非呢？或者说还有没有第三种可能呢？这有待于矢志于此的学者和读者从浩瀚的文献资料中去发掘，另外也有待于新的考古发现了。

揭秘候风地动仪

公元132年，东汉科学家张衡发明了世界上第一台测定地震方位的仪器——候风地动仪。张衡将候风地动仪安置在了都城洛阳，但满朝文武都不相信它能够测出地震的方向。凑巧的是，公元138年3月1日，地动仪朝向西北方向的铜球落了下来，掉进了仪器下面的蟾蜍口里。几天后，陇西驿者日夜奔驰来京报告：西北方的陇西地震，二郡山崩。在事实面前，人们相信了张衡，相信了候风地动仪。

今天，在中国国家博物馆里陈列着一架“张衡地动仪”。一直以来，人们都把它视为张衡的原作。但事实上，候风地动仪在被制造出来的几十年后就消失了，至今无踪。现在人们看到的，其实是原文化部文物局博物馆处处长王振铎根据史书中的记载，加入想象，并遵循“直立杆原理”设计制作的1∶10的木质模型。

当时，王振铎的概念模型受到了空前的关注，片面的宣传导致这个简单的木质模型被大多数中国人误以为是完全定论的、不可更改的唯一模型，甚至被当做出土文物来仿制和收藏。

直到20世纪60年代，随着国际学术交流的不断深入，中、日、美、荷、奥等国的学术界发表了一系列对于张衡地动仪复原模型措辞严厉的论文。学者们普遍认为，地动仪是地震学的一种专业仪器——验震器，复原模型需要也必须同时具备两种基本功能：对非地震的干扰震动不反应，只对地震引起的特殊地面运动才有稳定的反应。也就是说，它需要具备区分地震和非地震的能力。

仅仅依靠“直立杆原理”的复原模型，显然无法做到这一点。更重要的是，这个模型确实面临着现实的尴尬。有记载显示，1976年7月28日，唐山发生里氏7.8级地震，160千米外的“张衡地动仪”竟然毫无反应。

之后，学术界一直在试图用新的原理、结构与造型替代它，先后共提出了8个替代模型试图解决矛盾，但这些研究依然处于概念模型阶段，没有实质结果。

2004年，“张衡地动仪科学复原”课题组成立，采用“悬挂摆原理”再次进行了张衡地动仪复原模型研制。在地震时，悬挂的物体就会随之摆动，而且非常敏感。而汉代的生活中已经普遍出现了悬挂物，比如编钟、吊锤、吊桶等，这很可能给当时的张衡提供了物质基础。

这版张衡地动仪复原模型陈列在了河南博物院。但2008年四川汶川地震时，新模型还没组装好，失去了证明自己的机会。2010年青海玉树地震时，该复原模型没有任何反应。目前，这个复原模型需要放在一个模拟地震的振动台上进行模拟实验的时候，其内部构造模型才会有反应，所以，目前就这个模型本身来讲肯定是无法监测真实地震的。

那么，历史上的候风地动仪到底是不是一个摆设呢？由于候风地动仪留在史书中的记载只有短短一百九十六个字，而且晦涩难懂，所以后人很难从中看出它的真实面貌。

虽然困难重重，几次复原工作都遇到了失败，但是大家对于候风地动仪的热情并没有减退，相信终有一天我们能够看到一台真实的候风地动仪！

MYSTERIOUS

5 CHAPTER 奇异的民俗现象

中华民族不仅有着辉煌灿烂的文化，而且有着神秘多彩的民俗。经过世世代代的锤炼和传承，民俗中凝聚着中华民族的性格、民族的精神、民族的真善美。那么，这些民俗中会隐藏着哪些神秘之处呢？翻开这一章，一系列奇异的民俗现象将一一展现在你的面前，它们将带你走进远古的历史，揭开那一个个奇异的民风民俗的神秘面纱。

龙的身世之谜

“古老的东方有一条龙，它的名字就叫中国。”这深情的词句，让每一个中华儿女都以龙的传人而自豪。

龙，这种神奇的灵物以其变化莫测的形象在中华大地上盘旋飞翔，在天空中喷云吐雨，在江湖中兴风作浪。历代帝王年年岁岁都要向着无限苍穹中的幻影顶礼膜拜，一切文学艺术都不断为它献上虔诚的祭品。可是，当代世界，谁曾亲眼见过一条龙？千古神州，谁又曾目睹过真正的龙？可以说，龙是最古老的民俗之谜。

汉代学者许慎在《说文解字》中说：“龙，鳞虫之长，能幽能明，能细能巨，能短能长。春分而登天，秋分而潜渊。”这种描写，给永远也见不到龙的人们带来了更多神秘感。

关于龙的起源，从古至今不知有多少文人学者进行过考证。今天，人们最终得到了一种比较一致的结论：龙起源于原始民族社会的图腾崇拜，它是许多种动物图腾的综合体。作为一种共同的观念和意识形态，龙代表着整个中华民族的“图腾”，它浓缩着、沉积着原始社会晚期到阶级社会初期人们强烈的感情、思想、信仰和期望，乃至最后成为中华民族的象征。

既然追溯到了原始社会晚期，问题的答案似乎有了眉目。那么，龙究竟是什么图腾？或从哪几种图腾中产生的呢？

有的考古学家认为，龙是一种对于爬行动物的原始宗教崇拜的延续和发展，最早的龙就是有角的蛇。

另一些考古学家认为，除了龙身可能与蛇有关外，龙首的形象，最先可能同猪——这种与人类日常生产和生活关系最密切、最熟悉的动物有关。

神奇的龙的形象真的来源于凶残的鳄鱼吗？

也有的人指出，龙的起源最早可以追溯到蜥蜴，因为在新石器时代的一些陶器上就有了这种动物形象逼真的浮雕。

还有民族学家说，最早的龙应该是鳄鱼，传说中的“豢龙”就是古代人工驯养的鳄鱼。现代古史学者许进雄也曾说过：“龙的特征，脸部粗糙不平，嘴窄而扁长，且有利齿，是鳄鱼之外，他种动物所无的异征。扬子鳄每在雷雨之前出现，有秋天隐匿，春天复醒的冬眠习惯。古人每见扬子鳄与雷雨同时出现，雨下自空中，因此想象它能飞翔。”

更多的学者根据今天所见到的“龙”的形象，同意著名学者闻一多先生早年的分析：他认为，龙的主干部分和基本形态是蛇。所谓龙者，只是一种大蛇，这大蛇的名字便叫做“龙”，后来有一个以这种大蛇为图腾的部族，兼并、吸收了许多别的形形色色的图腾部族，大蛇这才接受了兽类的脚、马的头、鬣的尾、鹿的角、狗的爪、鱼的鳞和须……于是便成为我们现在所知道的龙了。

此外，还有闪电说、云纹说、彩虹说等等的说法，凡此种种，都有一些根据，但包含更多的无疑是推测。

近年来的考古发现为探索龙的起源提供了一些材料，从中我们似乎有理由确认龙的主体是蛇。从考古发现中可以看出，在我国新石器时代晚期，以蛇为图腾的原始氏族遍布黄河中下游流域和大江南北。蛇是中国古代最普遍的一种动物图腾，在许多遗址的陶器上都有描绘和刻画。上古传说中，人类的始祖女娲和伏羲也是人首蛇身的。这可以说是龙起源的证据之一。

但迄今为止，关于龙的起源，在学术界仍然有许多种意见，众说纷纭，极难统一，争论看来还要继续下去。在没有文献记载的原始社会中，对某种传说中事物的验证唯有借助于考古发现来推断。所以，我们只能寄希望于考古新发现了。

“十二生肖”从何而来

2009年，法国巴黎举行的一场拍卖会引发了中国民众空前的热议，引发这场热议的焦点就是因英法联军劫掠而流失海外的圆明园生肖兽首之兔首和鼠首。随着人们对于圆明园生肖兽首的关注，十二生肖也成为了人们谈论的话题。

十二生肖，也称十二属相，它们早已经融入了中国人生活的方方面面，我们一年年经历着生肖的变迁更替，对生肖所代表的意义可以说是熟悉极了，但你知道十二生肖是如何而来的吗?

长期以来，不少人将东汉唯物主义思想家王充的名著《论衡》视为最早记载十二生肖的文献。《论衡·物势》中记载：“寅，木也，其禽，虎也。戌，土也，其禽，犬也。……午，马也。子，鼠也。酉，鸡也。卯，兔也。……亥，豕也。未，羊也。丑，牛也。……巳，蛇也。申，猴也。”以上引文，只有十一种生肖，所缺者为龙。该书《言毒篇》又说：“辰为龙，巳为蛇，辰、巳之位在东南。”这样，十二生肖便全齐了。

鸡有司晨之职，在古代人日常生活中有着重要的作用，也许正因如此它才入选了十二生肖吧！

将十二生肖用于纪年，至少在我国南北朝时期就已经开始了。《北史·宇文护传》中记载了宇文护的母亲写给他的一封信，信中说："昔在武川镇生汝兄弟，大者属鼠，次者属兔，汝身属蛇。"这表明当时民间已经有了十二生肖的用法。

据古籍记载，我国古代的中原地区，最初使用的是"干支纪年法"，即用十个天干符号（甲、乙、丙、丁、戊、已、庚、辛、壬、癸）和十二个地支符号（子、丑、寅、卯、辰、巳、午、未、申、酉、戌、亥）相配合来纪年。

在我国西北地区的少数游牧民族则以动物来纪年。《唐书》中记载："黠戛斯国以十二物纪年，如岁在寅，则曰虎年。"《宋史·吐蕃传》中也记载说，吐蕃首领在说话时以物纪年，所谓"道旧事则数十二辰属日，兔年如此，马年如此"。

后来，在中原同少数民族的交往中，两种纪年法相互融合形成了现在的十二生肖。正如清代赵翼在《陔余丛考》中指出的那样，"盖北俗初无所谓子丑寅卯之十二辰，但以鼠牛虎兔之类分纪岁时，浸寻流传于中国，遂相沿不废耳。"

这种关于十二生肖来历的解释，已经得到了大多数人的认可。

另外，有人认为，十二生肖是华夏族自生自长的"特产"。在中国古代，有所谓十二辰的概念，就是把黄道（即古人想象中的太阳周年运行的轨道）附近的天空分成十二等份，由东向西配以子丑寅卯等十二地支，用来纪年。由于古时候受动物图腾崇拜的影响，人们总是习惯于把各种自然现象同动物形状或别的东西联系起来，因此古代人就想象出了巨蛇、蝎虎、飞马、孔雀、天猫等星座名称，来配合那抽象的十二地支，从而形成十二生肖。

其他的说法还有很多，诸如：天帝要选拔十二种动物在天上按时值班，通过竞赛而选中了鼠、牛、虎等十二种动物；十二生肖来源于原始社会一些氏族的图腾崇拜；十二生肖可能是从天竺（即现在的印度）引进的等等，不一而足。

关于十二生肖，有各种传说、故事，或似开心解闷的笑谈，或似贬恶扬善的寓言，它们的真实性确实有待商榷。尽管人们不能确定十二生肖的确切来历，但因为它通俗、方便又具有趣味性，所以一直沿用至今，成为古人留给我们的一种仍有实用价值的宝贵遗产。

“八仙”外传

在我国民间传说中，有一个非常特别的神仙组合，他们是七男一女，名号“八仙”。

一日，八仙在蓬莱阁上聚会饮酒，酒至酣时，商议到海上一游。汉钟离便把大芭蕉扇往海里一扔，袒胸露腹仰躺在扇子上，向远处漂去；何仙姑不甘示弱，将荷花往水中一抛，顿时红光万道，仙姑伫立荷花之上，随波逐游。其他诸仙也纷纷将各自宝物抛入水中，借助宝物游向东海。这一举动惊动了龙宫，八仙与东海龙王发生冲突，引起争斗，东海龙王还请来南海、北海、西海龙王，掀起狂涛巨浪，双方打得难分难解。幸好观音菩萨从此经过，经劝解双方才罢战。

这就是人人都熟知的“八仙过海”的故事。大家都知道八仙里有铁拐李、汉钟离、张果老、吕洞宾、何仙姑、蓝采和、韩湘子、曹国舅。可是，关于八仙的来历，却很少有人能够说得清楚。

据有人研究，汉晋时已经有了“八仙”一词，原是指汉晋以来人们所幻想的一组仙人；直至唐代，“八仙”都只是一个空泛的名词。而上述八仙中的具体人物，是到明代中叶吴元泰的《东游记》和汤显祖的《邯郸梦》问世后，才被正式确定下来的。

在道教形成之前，汉代有“淮南八公”，此即汉代八仙。据载，淮南八公是苏飞、李尚、左吴、田由、雷被、毛被、伍被、晋昌。后来，刘安与八公一道成仙。人们传说，八公和刘安临去的时候，把盛放丹药的器皿留在了屋子里，鸡和狗吃了丹药，也得道升天了，这就是“一人得道，鸡犬升天”典故的出处。

事实上，这淮南八公是八个当时著名的文人，他们都是淮南王刘安的门客，并不是什么神仙，后来因为有淮南王成仙之说，后世便附会这八个人也成了仙，称其为“八仙”。

晋代谯秀所著《蜀纪》中，载有“蜀之八仙”，依次是：“首容成公，隐于鸿闬，今青城山也；次李耳，生与蜀；三董仲舒，亦青城山隐士；四张道陵，今鹤鸣观；五庄居平，卜肆在成都；六李八百，龙门洞在成都；七范长生，在青城山；八尔朱先生，在雅州。”上述的“八仙”与现在所传的八仙毫无关系。

到了唐代，淮南八仙的故事在社会上广为流传，文人墨客的诗文中也都用这个典故来说神仙长生不老的故事。

真正集八人合称“八仙”的，是在元人创作的杂剧中。这些杂剧都并称八位神仙，但人名有出入，各家不尽相同。

马致远的杂剧《吕洞宾三醉岳阳楼》中，以吕洞宾的口吻依次介绍八仙道：

"第一个是汉钟离，现掌着群仙箓；这一个是铁拐李，发乱梳；这一个是蓝采和，板撤云阳木；这一个是张果老，赵州桥骑倒驴；这一个是徐神翁，身背着葫芦；这一个是韩湘子，韩愈的亲侄；这一个是曹国舅，宋朝的眷属；则我是吕纯阳，爱打的简子愚鼓。"上述八仙，都是男性，没有现在所传八仙中的何仙姑，却多了个徐神翁。

这种变化，与金元时全真道之兴起有关。全真道所奉的北五祖中有钟离权和吕洞宾，而钟、吕二仙在八仙故事中占有重要地位。

自从明代吴元泰的演义小说《东游记》一书问世后，"上洞八仙"才明确选定了。吴元泰排定了八仙的顺次：铁拐李、汉钟离、蓝采和、张果老、何仙姑、吕洞宾、韩湘子、曹国舅。这八仙的组成及排名次序，已经与现在所传八仙完全吻合，说明大多数人接受了吴氏的说法。

综上所述，可见八仙并不是人们凭空杜撰出来的，而是有真实的历史人物为依据的，但到底是哪几位历史人物，说法一直各异。

端午节起源之谜

"粽子香，香厨房。艾叶香，香满堂。桃枝插在大门上，出门一望麦儿黄。这儿端阳，那儿端阳，处处都端阳。"这首童谣所唱的便是我国的传统节日——端午节。

农历五月初五端午节，是中华民族古老的传统节日之一。在这一天，我们会赛龙舟、吃粽子。每当小朋友们问起，端午节是怎么来的，大人们便会告诉他们：端午节是纪念大诗人屈原的。这是真的吗?

迄今为止，影响最广的端午起源观点就是纪念屈原说。

史料记载，公元前278年农历五月初五，楚国大夫、爱国诗人屈原听到楚国都城被秦军攻破的消息后，悲愤交加，毅然写下绝笔作《怀沙》，抱石投入汨罗江，以身殉国。沿江百姓纷纷引舟竞渡前去打捞，沿水招魂，并将粽子投入江中，以免鱼虾蚕食他的身体。这一习俗绵延至今，已有两千多年。

千百年来，屈原的爱国精神和感人诗辞，深入人心。人们"惜而哀之，世论其辞，以相传焉"。在民俗文化领域，中国民众从此把端午节的龙舟竞渡和吃粽子等，与纪念屈原紧密联系在了一起。

而事实上，端午节在春秋战国时期已经存在了。

在我国江浙一带，人们一般认为端午节是纪念春秋时期的名将伍子胥的。伍子胥是吴国的名将。后来，吴王夫差听信谗言，令伍子胥自刎。伍子胥在临死前交

赛龙舟是端午节的一大盛会，与端午节的起源之谜息息相关。

代部将：“我死后，请挖出我的眼睛，悬挂在东门上，我要亲眼看着越国军队入城灭吴！”说罢，自刎而死。夫差听闻伍子胥死前之言，大怒，令人将伍子胥的尸体装入皮革中，于五月初五投入大江。伍子胥含冤死后，“后世遂划龙舟，作救伍员状”，传说中伍子胥变成了“波涛之神”。就这样，在江浙一带，端午节就成为了纪念伍子胥的日子。

在浙江的东部地区，当地居民则把端午节看做是纪念孝女曹娥的日子。据史书记载，曹娥是东汉上虞人，父亲溺于江中，数日不见尸体。年仅十四岁的曹娥沿江号哭，昼夜不停，在五月初五这一天也投入江中。又过了五日，曹娥终于抱着父亲的尸体浮出江面。此事传到县府，县令为之作文立碑，以颂扬她的孝行。后人为了纪念曹娥的孝节，在曹娥投江之处兴建了曹娥庙，将她曾居住过的村镇改名为曹娥镇，曹娥所投之江更名为曹娥江。

此外，还有端午节来源于越王勾践操练水军之说。而龙舟竞渡活动，被认为是为了纪念越王勾践操练水师、打败吴国的历史。在春秋时期，越王勾践战败被俘后，在吴国过了三年忍辱含垢的生活，骗得了吴王夫差的信任，被放回越国。回国后，勾践卧薪尝胆，立志雪耻，于当年五月初五成立水师，开始操练。数年后，终于一举消灭吴国。后人为弘扬勾践这种坚忍不拔的精神，便效仿越国水师演练时的情景，于五月初五这一天划船竞渡，以示纪念。

虽然端午节的由来之说各异，但是不可否认的是，端午节凝聚着中华民族几千年的历史和文化，将端午节所包含的爱国、求真、向善的核心内涵传承下去，是我们今天最应该做的！

中秋何时成佳节

“八月十五月正圆，中秋月饼香又甜。”说到这里，我们便可以马上联想到一个佳节——中秋。

每年农历八月十五日，是传统的中秋佳节。在这一天的晚上，全家老幼围坐在一起，赏月，吃月饼，表达对生活无限的热爱和对美好生活的向往。

关于中秋节由来的传说有很多，如嫦娥奔月、吴刚伐桂、玉兔捣药之类的神话故事流传甚广，最为人熟悉的当然是嫦娥奔月。

相传，远古时候，天上出现了十个太阳，直烤得大地冒烟，海水枯干，老百姓眼看无法再生活下去。这件事惊动了一个名叫后羿的英雄，他登上昆仑山顶，运足神力射下了九个太阳。后羿立下盖世神功，受到百姓的尊敬和爱戴，不少志士慕名前来投师学艺，而一个名叫逄蒙的奸诈小人也混了进来。

不久，后羿娶了个美丽善良的妻子，名叫嫦娥，夫妻俩非常恩爱。

一天，后羿在昆仑山巧遇王母娘娘，求得了一包不死药。三天后，后羿率众徒外出狩猎，心怀鬼胎的逄蒙假装生病，留了下来。待后羿走后，逄蒙便威逼嫦娥交出不死药。危急之时，嫦娥将不死药吞了下去。没想到，她立时飘离地面，向天上飞去。

傍晚，后羿回到家后，得知了白天发生的事情，气得捶胸顿足。悲痛欲绝的后羿，仰望着夜空呼唤爱妻的名字。这时，他惊奇地发现，今天的月亮格外皎洁明亮，而且里面有个晃动的身影酷似嫦娥。后羿急忙摆上香案，放上嫦娥平时最爱吃的蜜食鲜果，遥祭在月宫里的嫦娥。

百姓们闻知嫦娥奔月成仙的消息后，纷纷在月下摆设香案，向善良的嫦娥祈求吉祥平安。从此，中秋节拜月的风俗在民间传开了。

在后世的演绎中，嫦娥奔月的故事也有了多个版本。千百年来，美丽而又充满幻想的神话故事“嫦娥奔月”寄托着人类探索月球的大胆设想和美好愿望，但传说毕竟是传说。

月亮在古人的眼中是如此神秘，因此才有了种种关于月亮的美丽故事和节日。

关于中秋节的起源，还有一种说法，认为中秋节起源于古代秋季祭祀土地神的活动。在传统的农耕社会里，春播、夏收、秋获、冬藏是主要的劳作活动。土地收成的情况，对于以此为生的人们来说至关重要。因此，人们对于土地有着深深的敬畏之情。每到春天播种之时，人们就会祭祀土地神，祈求土地神赐予五谷丰登，这种活动被称为“春祈”。到了秋季，正是收获的季节，也要祭祀土地神，拜谢神的庇护，称为

“秋报”。八月十五是秋季收获的季节，各家都要拜土地神，所以，中秋节可能是古人“秋报”遗传下来的习俗。

此外，另有一种说法认为中秋节与古代的祭月风俗有关。在古代人的心目中，月亮是仅次于太阳的神灵，一直是人们重要的崇拜对象。《礼记·祭法》中记载：“夜明，祭月也。”根据史籍记载，周代已有“中秋夜迎寒”“秋分夕月（拜月）”的活动。后来，贵族和文人学士也仿效起来，在中秋时节对着天上的一轮皓月，观赏祭拜，寄托情怀。就这样，这种习俗传到民间，形成了一个传统的活动，一直到了唐代，成为了固定的节日。

总的说来，中秋节有着悠久的历史，和我们的其他传统节日一样，也是慢慢发展形成的，它的由来可能是一个无法说清、无法明确给出答案的谜题，就留给对此有兴趣的人继续去探索吧！

元宵节的传说

在农历新年过后，我们就会马上迎来又一个非常热闹的节日——元宵节。

“正月里来正月正，正月十五挂红灯。”在这天晚上，满月悬空，家家户户张灯结彩，处处灯火通明，烟花腾空，锣鼓喧天，吃汤圆，响鞭炮，放烟花，可谓是一年之中最迷人、最热闹、最繁华的时光。

然而对于如此一个盛大的节日，我们却至今无法确认它究竟由何而来。

许多历史资料都认为，由于古代把正月十五称为“上元”，所以元宵节是由“上元节”演变而来的。可是再追问一下，上元节又是如何起源的呢？这就难免语焉不详了。

根据一般的资料和民俗传说，元宵节早在两千多年前的西汉时期就有了。在汉文帝时，正月十五已经被定名为元宵节了。汉武帝时，“太一神（主宰宇宙一切之神）”的祭祀活动就定在正月十五。司马迁创建“太初历”时，就已将元宵节确定为重大节日。

相传，汉武帝时期，有个名叫元宵的宫女，不仅姿色绝佳，而且心地善良。由于常年身居宫禁，不能与家人团圆，致使她痛不欲生。有个名叫东方朔的大臣决意要帮助元宵与家人团聚。他心生一计，谎称天上的火神奉玉皇大帝的旨意，要在正月十五晚上火烧长安。汉武帝立刻慌了。东方朔便建议：因为火神最爱吃汤圆，可以让京城中家家户户都来做汤圆和张挂红灯，还要求帝王、后妃、文武百官上街观灯，杂在人群中以“消灾避祸”。于是，正月十五这天，元宵就有机会与家人团聚了。从此，做汤圆、挂红灯便成了一年一度的风俗。

这传说自然不是真实的历史，由于灯笼最早出现于南北朝时期，所以元宵节的诞生自然也不会早于这个时期，但从赏灯之中，可以发现元宵节的出现与古人对火的崇拜有关。

《后汉书》中有宫廷隆重举行祭祀火神典礼的记载，“先腊一日大傩，谓之驱疫”，主要内容之一是用火把来驱疫打鬼，这便是古人对火的神秘性崇拜的具体运用。在乡间野地，除了驱疫之外，乡民中多有持火把在田野里驱虫赶兽的活动。这一内容便逐渐演变成了火把节。

“火把节”以及后世元宵节的含义可谓一脉相承。时至今日，在湖南宁乡的元宵节上还有“焚田”的活动，俗称“烧元宵”。农民们手持一束稻草，点燃田边枯草，口中还会高呼：“正月十五元宵节，害虫蚂蚁高山歇。”足可证明这两者的相通之处。

但对于元宵节在汉朝之前的历史，我们就不清楚了，无法在典籍中找到相关记载，从而梳理出元宵节的由来之源。

关于元宵节的来历，民间还有几种有趣的传说，其中一则是：

传说在很久以前，人间有很多凶禽猛兽，它们四处伤害人和牲畜，百姓们只好联合起来去捕杀它们。

有一天，一只神鸟因为迷路而降落到了人间，却意外地被不知情的猎人给射死了。天帝知道后十分震怒，立即传旨，让天兵天将在正月十五这一天到人间去放火，把人们通通烧死。天帝的女儿心地善良，不忍心看百姓无辜受难，就冒着生命危险，偷偷驾着祥云来到人间，把这个消息告诉了人们。众人听说了这个消息，吓得不知如何是好。

过了好久，才有一个老人家想出个法子，在正月十四、十五、十六这三天，每户人家都在家里张灯结彩、点响爆竹、 燃放烟火。这样一来，天帝就会以为人们都被烧死了。大家听了都点头称是，便分头准备去了。

到了正月十五这天晚上，天帝从天上往下一看，发觉人间一片红光，响声震天，连续三个夜晚都是如此，以为是大火燃烧的火焰，心中大快。就这样，人们保住了自己的生命和财产。为了纪念这次成功，从此以后，每到正月十五，家家户户便都悬挂灯笼，燃放烟火。

其实，民俗节日如同任何传统文化的演变一样，它经历了漫长的历史过程，是民众的意愿和民族共同文化心理素质的一种集中表现。如果你对这个问题有兴趣，就继续探索下去吧！

对联溯源

每逢新春佳节，千家万户都会张灯结彩，对联更是人们习以为常的必有之物。当然，对联并不一定只在春节使用。在民间，婚丧嫁娶的时候也要在门旁贴副对联，以渲染气氛。然而，假如要问：对联产生于何时？它是怎样产生的？或许许多人都会被问倒。

这也难怪，虽然对联就存在于我们的生活中，而且有着非常悠久的历史，但有关研究对联的作品却寥寥无几，更何况关于对联的发生、形成，一直以来都没有一个统一的说法。

对联，是诗词形式的演变，加上优美的书法，真可谓是一种特殊的艺术品。

春联仅是对联中的一种。宋朝文学家王安石有一首著名的《元日》诗，诗中云：“爆竹声中一岁除，春风送暖入屠苏。千门万户曈曈日，总把新桃换旧符。”这表明，早在北宋时期我国人民就普遍地将春联作为更新除旧、渲染气氛的一种民俗形式了。

既然如此，那么春联产生于何时呢？北宋人张唐英在《蜀梼杌》中说：“蜀未归宋之前，一年除夕日，昶令学士辛寅逊题桃符板于寝门，以其词非工，自命笔云：新年纳余庆，嘉节号长春。”因此，人们普遍认为五代时期后蜀主孟昶命人题写的这副楹联便是中国的第一副春联。由此看来，春联早在五代之前就出现了。

但是，这个说法未免太绝对化了。据说，东晋著名书法家王羲之， 有一年春节前夕，先后写过几副对联贴在门上，都因字体妍美雅丽、内容新颖而被人悄悄揭走。除夕将至，门上仍空无一字。王羲之又精心构思一副对联而后拦腰斩断，先分别贴出上半截，联云：“福无双至，祸不单行。”这副不吉利的对联自然没有人去揭。到了大年初一的早上，王羲之又将截下的下半截分别接上，就成了“福无双至今朝至，祸不单行昨夜行”的妙联。

春联是人们辞旧迎新时的必有之物。

其实，对联在唐代已经风靡全国。《资治通鉴》记载：天宝元年，有人送给惯于玩弄权术、排斥异己而又无德无才的宰相李林甫一副对联，上联

为“口蜜”，下联为“腹剑”。这表明，此时的对联已变成反映人们政治倾向的一种文学形式了。

其实，要说清楚对联起源于何时，必须辨明对联是为何产生的。

在我国古代，有一种带有迷信色彩的风俗习惯，即挂“桃符”。据说桃木有压邪驱鬼的本领，古人在辞旧迎新之际，用桃木板分别写上“神荼”、“郁垒”二神的名字，或者用纸画上二神的图像，悬挂、嵌缀或者张贴于门首，意在祈福灭祸。东汉应劭的《风俗通义》说：“《黄帝书》称上古之时，兄弟二人，曰荼与郁，住度朔山上桃树下，简百鬼，鬼妄搰人，援以苇索，执以食虎。于是，县官以腊除夕，饰桃人垂苇索虎画于门，效前事也。”

桃符最初为书写二神的名字或描绘图像，后来演变为书写吉祥语，进而发展成对偶的诗句，这就是造纸术产生之前的对联了。同时，这也说明至少在东汉时已盛行春节挂桃符的风俗。

还有人主张，对联的起源应在距今两千多年的春秋战国时代，理由是保存此时资料的《山海经》也有此类记载。

看来，对联究竟起源于何时，仍旧是中国民俗文化史上的一个谜。

三寸金莲的前世今生

在过去，无数中国女孩在童年时代都要经历一个痛苦的仪式：从五岁左右开始，双脚就被紧紧裹住，以便在成年后有一双漂亮的三寸金莲。当时，人们把妇女裹过的脚称为“莲”，不同大小的脚就是不同等级的“莲”，其中三寸为金莲。三寸金莲被认为是女人最美的小脚。

关于三寸金莲的起源，可谓是众说纷纭，莫衷一是。

在中国古代的神话传说中，就已经有了小脚的痕迹。传说大禹治水时，曾娶涂山氏女为后，生子启。而涂山氏女是狐精，她的脚很小。又有传说，商纣王的妃子妲已是狐精变的，由于法力有限，她的脚没有变成人类的脚，就用布帛裹了起来。由于妲已受宠，宫中女子便纷纷仿效，也把脚用布裹了起来。

美丽的绣鞋中留下了无数女孩痛苦的泪水。

根据民间传说和历史记载，“三寸金莲”的起源有多种说法。

相传秦始皇广选天下美女时，就把小足

列为美女标准之一。当然，那时的小足应当是天然纤足，并未缠过。但由此可以看到，小足当时已经成为评价女子美丑的条件之一了。两千多年来，甚至在今天，仍有以足娇小为美的思想观念存在。

据《南史·齐东昏侯记》中记载，南齐东昏侯曾命宫女用金箔剪成莲花贴在地上，然后让备受宠爱的潘妃在上边走，一步一姿，千娇百媚，走过的路上就像开出了许多金莲，这就是所谓的“步步生莲花”。虽然没有足够的史料证明当时的女子已经缠足，但可以肯定的是，那时已把“金莲”与女子之足联系在一起了。

在民间流传最广的是隋炀帝的故事。相传隋炀帝东游江都时，征选百名美女为其拉纤。一个名叫吴月娘的女子被选中，她痛恨炀帝暴虐，就让做铁匠的父亲打制了一把长三寸、宽一寸的莲瓣小刀，并用长布把刀裹在脚底下，同时也尽量把脚裹小。然后又在鞋底上刻了一朵莲花，走路时印出一朵朵漂亮的莲花。隋炀帝见后龙心大悦，召她近身，想玩赏她的小脚。吴月娘慢慢地解开裹脚布，突然抽出莲瓣刀向隋炀帝刺去。隋炀帝连忙闪过，但手臂已被刺伤。吴月娘见行刺不成，就投河自尽了。经过这一风波之后，隋炀帝下旨：日后选美，无论女子如何美丽，裹足女子一律不选。但民间女子为纪念吴月娘，便纷纷裹起脚来。因此，女子裹脚之风日盛。这一说法在运河一带的民间广为流传，如同吃粽子纪念屈原一样，都是一种有可能的民间传统习俗。如果这一传说真实的话，那说明用布裹足的现象已经被当时的妇女所了解。

目前，史学界一般公认“三寸金莲”起源于五代南唐。中国著名历史学家翦伯赞先生在《中国史纲要》一书中说道，中国妇女缠足从五代便开始了。

缠足始于五代之说，源自南唐李后主的嫔妃窅娘。据说，窅娘能歌善舞，李后主专门制作了高六尺的金莲，用珠宝绸带璎珞装饰，命她以帛缠足，在莲花台上翩翩起舞，从而使舞姿更加优美。

以上几种起源说，虽然有很大的时间分歧，但它们有一个相同之处，就是起源环境都源于宫廷。这说明，“三寸金莲”曾是当时最高统治阶层奢侈的象征，随着时代的更迁，“三寸金莲”从皇宫内院走向了民间。

但具体哪种说法更为可信，还有待于进一步的探讨和研究。

小耳环中的大秘密

“何以致区区？耳中双明珠”，其中的“双明珠”指的就是耳环。耳环作为首饰的一种，具有悠久的历史和璀璨的文化渊源。但是，你可知道戴耳环的习俗是怎样来的吗？

“辟邪说”是较为普遍的耳环起源传说。

对于人类的远祖来说，佩戴各种各样的动物牙齿、植物果实以及加工过的木石，主要是为了免遭天灾和妖魔的暗算。传说中，魔鬼和其他妖魔总想进入人的体内，强占人的身体，因此人身上所有可能进出的孔窍都必须加以特别守护，而耳环就是在耳朵上戴的幸运符。

近年来，在考古出土的原始人类遗址文物中多处都发现了耳饰，如江苏常州圩墩遗址中出土的滑轮状骨器、辽宁大连郭家村遗址中出土的扣状陶器。这些都足以证明，在原始社会时期，我们的祖先就开始打耳洞、佩戴耳饰了。

“美容说”是关于人们佩戴耳环的原因中最纯朴的说法。

从很早以前，我国女性就开始用各种耳饰打扮自己了。有关于耳环的最早记录，见于《山海经》中的“青宜之山宜女，其神小腰白齿，穿耳以鐻”。

清初，李笠翁在《闲情偶记·生容》里将小巧简洁的耳环称为“丁香”，将繁复华丽的耳坠称为“络索”。他说女子“一簪一珥，便可相伴一生”，可见耳环在古人审美观念中有很重要的地位。

耳环可以用来修饰自己的容貌，戴上耳环后走起路来会发出悦耳的声响，也可以用来吸引异性的注意。这就可以解释为什么戴耳环的习俗被保留了下来，而现代社会耳环的第一作用也是装饰作用。

虽然如今戴耳环是一种时尚，但在中国古代，穿耳戴环曾经是“卑贱者”的标志。明代《留青日札》一书中说：“女子穿耳，带以耳环，盖自古有之，乃贱者之事。”由此，有人认为耳环的最初意义，并不在于装饰，而是为了起到警戒的作用。它本是少数民族的一种风俗，因为有些女子过于活跃，有人便想出在她们的耳朵上扎上一孔，并悬挂上耳环，以提醒她们生活检点，行动谨慎。后来，这种风俗逐渐变成了汉族人的礼俗。

那个时候，女子对打耳洞、戴耳环这件事，并不像今天的女子这般热衷，而是被迫的。一般的女孩子在十岁以前，往往要经过这么一关，到一定的年纪便要由她的母亲或其他长辈来专门做这件事。母亲一边给女儿打耳洞，一边还要对孩子进行教育，教她们懂得如何做一个循规蹈矩的女人。在有些地区，女孩刚满三四岁，就要为之穿耳戴环了。时间一长，穿耳戴环便形成了风气。

此外，还有一个比较牵强附会的起源传说。说是古代有一位俊俏的姑娘患了眼病，不久后双目失明。一天，有一位名医路过，动了恻隐之心，于是在她两侧耳垂上各刺入一根银针。说来也怪，这神奇的银针竟使姑娘重见了天日。为铭记名医之恩，姑娘专请银匠精制了一副耳环戴在耳上。此后，这位姑娘越发眉清目秀，令人羡慕。戴耳环能明目的奇迹随即传开，许多女子都纷纷穿耳戴环，并流传至今。

虽然在我国古代医学中确有一种“耳针治疗”法，即用针刺激耳朵上的穴位进行治病，但这不可能是耳环的诞生原因。这个传说带有太多的虚构性，有太多编造的痕迹。

随着岁月的流逝，耳环的许多象征意义变得模糊以至完全消失了，但是这些曾经蕴涵其中的意义仍然引发着人们的好奇与思索。小小的耳环里沉淀着厚重的历史，昭示着历史发展的轨迹，让我们继续探索耳环中那些未解之谜吧！

追寻铜鼓之谜

1988年的一个冬日下午，云南省文山县古木镇小河村村民熊家发和妻子正在山坡上挖地。突然，他的锄头碰在一块金属物体上，一件意想不到的事情发生了。

夫妻两人放下锄头，小心翼翼地扒开泥土。渐渐地，一件锅状的器物显露了出来。这件物体碧绿光润，上面布满漂亮的花纹，令熊家发充满好奇。看样子好像一面铜鼓，但又和一般的铜鼓大不一样。他试着用手轻轻敲了敲，器物发出“铛铛”的响声，声音在寂静的山谷中悠悠回荡着。

尽管熊家发并不知道自己挖出的到底是什么，但凭直觉，他确信这件东西不同一般，于是他专程赶到文山壮族苗族自治州州府，请文物专家鉴定。

熊家发挖出的器物让文物专家感到十分震惊，这竟然是一面极其罕见的青铜鼓。从铜鼓的纹饰和造型，专家推测这面铜鼓应该属于汉代铜鼓，特别是人物的造型非常生动逼真，上面还有鹭鸟纹、三角纹、点线纹等罕见的纹饰。因为在古木镇被挖出，所以这面铜鼓后来被命名为古木铜鼓，被众多专家视为鼓中极品。

面对精美绝伦的古木铜鼓，大家不禁心生疑问：古木镇小河村处在群山环抱之中，这里既没有古村落遗址，也没有王室墓地，为什么会出土如此珍贵的铜鼓？是怎样的变故使得这件稀世珍宝被它的主人遗忘在这个偏僻遥远的地方？为了解开铜鼓之谜，我们不妨了解一下当地盛行的一种家族祭鼓仪式。

每一面精美的铜鼓背后都隐藏着一个神秘的故事。

在文山壮族苗族自治州的大山深处，一个神秘的仪式正在子夜时分进行。每到大年三十的晚上，贵马村戴氏家族的族人要在凌晨子时到村外小河边，挑新年的第一桶水清洗他们家族的圣物。戴氏家族的圣物是一面铜鼓，平时珍藏在楼上，不容外人接近。

铜鼓清洗完毕后，被抬到神桌前，族长致祈祷祭词。在这个祭鼓仪式中，没有通常节日的喧闹，而是始终笼罩在神秘的气氛中，每一个族人对铜鼓都充满了虔诚。

夜深之后，祭鼓仪式渐入高潮。族长把酒倒在鼓面上，全族男女按辈分次序，轮流吸吮鼓面上的酒。在他们的信念中，铜鼓是神圣有灵的，喝铜鼓酒可以直接得到神灵庇护，保佑新的一年平安吉祥。

从大年三十到正月十五，祭鼓活动终于曲终人散，铜鼓也该收藏起来了。在文山，不同的家族藏鼓的方式不尽相同，有的是把鼓供在祠堂里，有的则是藏在谷仓中，还有的家族保持着一种特殊的藏鼓方式——由族中的长老寻找一个隐蔽的地点，悄悄挖好一个深坑，把铜鼓埋藏在地下。

参与藏鼓的人要守口如瓶，默默地等待和守望在铜鼓身边，直到下次活动时再亲手把铜鼓挖出。在他们看来，这是比生命更重要的秘密，不能让任何人知道。

戴氏家族神秘的祭鼓仪式在子夜进行着，遥远的山乡，古老的习俗，是否能让我们回到过去，与那消逝的文明重逢呢？

历史考古研究告诉我们，在远古时候，天雷的巨响使古人产生崇敬与神秘感，于是他们便模仿雷鸣发明了鼓，作为祭祀祈福、与上苍沟通的神秘法器。

古时，铜鼓在南方相当于中原地区的鼎的作用和地位，也是权力的象征。不同的是，中原的青铜鼎在商周时代达到顶峰，到战国便趋衰微，秦汉之后几乎消失，而铜鼓却始终流传不衰，一直被许多民族虔诚膜拜，成为部落或家族的象征。

那么，铜鼓如此珍贵，理应伴随在主人身边，为什么文山出土的铜鼓却单独埋藏在荒山野岭，找不到主人的踪影呢？

戴氏家族族长的一席话道出了个中原因："铜鼓是我们的珍宝，是我们的生命，是我们血脉的传承，是用钱也买不到的，整个宗族要世世代代把这个传家之宝继承下去。"

学者们由此得到了启示，这是一面被一个神秘家族埋藏起来的圣物。但这是怎样一个神秘家族呢？这面铜鼓的背后又隐藏着怎样不为人知的故事呢？探索的脚步仍在继续。

探秘酒的起源

从古至今，美酒与英雄豪杰相得益彰，多少侠义之举中都少不了酒的身影。千百年来，多少文人墨客饮酒吟诵，留下佳作无数。也正因为酒，才会有那么多美妙神奇的故事流传至今，一直为人们所津津乐道。可关于酒的起源，恐怕很少有人能说清楚。

关于酒的历史，在我国可以追溯到上古时期。其中，《史记·殷本纪》关于纣王“以酒为池，悬肉为林”的记载，以及《诗经》中“十月获稻，为此春酒”的诗句等，都表明我国酒之兴起至少已有五千年的历史了。

然而，据考古学家证明，在近现代出土的新石器时代的陶器制品中，已经有了专用的酒器，这说明酒在我们的原始社会就已经很盛行了。之后，经过夏、商两代，饮酒的器具越来越多。在出土的商殷文物中，青铜酒器占相当大的比重，说明当时饮酒的风气确实很盛。

酒是生活中常用之物，它的起源却充满神秘的色彩。

自此之后的文字记载中，关于酒的记述不胜枚举，但关于酒的起源的记载却寥寥无几。

那么酒到底是谁、在何时酿出来的呢？在我国民间，有许多关于酒之起源的传说，我们的古代先民在创造了酒的同时，也给后人留下了一段段令人心驰神往的美丽故事。

一是仪狄酿酒说。传说，仪狄是夏禹的一个属下，成书于公元前2世纪的《吕氏春秋》云：“仪狄作酒。”汉代刘向在整理《战国策》中也支持了这种说法：“昔者，帝女令仪狄作酒而美，进之禹。禹饮而甘之，曰：后世必有饮酒而亡国者。遂疏仪狄而绝旨酒。”

另一则传说认为酿酒始于杜康。杜康也是夏朝时代的人。东汉《说文解字》解释“酒”字的条目中有：“杜康作秫酒”“杜康造酒”。经过曹操“何以解忧，唯有杜康”的咏唱，在人们心目中，杜康已经成了酒的代名词，被广为流传。

还有一种传说则表明在黄帝时代人们就已开始酿酒。汉代成书的《黄帝内经·素问》中有黄帝与医家岐伯讨论“汤液醪醴”的记载，《黄帝内经》中还提到一种古老的酒——醴酪，即用动物的乳汁酿成的甜酒。但《黄帝内经》一书是后人托黄帝之名而作，可信度尚待考证。

以上几种说法都带有明显的神话传说色彩，这是因为在中国人的传统观念中，习惯性地将某一种事物的发明创造与某一位历史名人联系起来，其中的是与否，我们无法进行准确的判断。

对于酒的起源这一谜题，还是需要进一步的考古发现。相信终有一天，我们能够揭开酒的起源之谜。

稻作起源地之争

1993年的金秋时节，一大队考古工作者开赴江西万年县的仙人洞。考古人员一寸一寸地挖，一段一段地推进，小心翼翼地逐层取样。经过三年的辛勤探索，他们终于有了可喜的收获，而其中最引人注目的是在距今一万二千年到七千年之间的地层中，发现了稻谷标本。

这消息一经传出，立刻轰动了全世界。

长期以来，稻作起源是国际考古学界和农学界的一个热门话题。苏联著名遗传学家瓦维洛夫肯定了我国是世界上最早、最大的作物起源中心之一，但认为水稻起源于印度。自20世纪50年代以后，我国考古事业蓬勃发展，各地出土的稻谷标本年代越来越早，远远超过了印度及东南亚其他国家。于是，中国是世界稻作起源地已成为全世界考古专家、学者的共识。

那么，我国稻作农业又起源于何地呢？学术界先后有华南说、云贵高原说、黄河下游说、长江下游说、长江中游说和多元说等等，迄今尚未定论。

华南说是由著名农学家丁颖教授率先提出来的。丁教授通过对我国浩瀚的古文献进行详细研究，因而认定我国稻作基本发轫于距今五千年前的神农时代，扩展于四千年前的禹稷时代，发源地就在华南。

以我国柳子明教授和日本渡部忠世教授为代表的一派提出了云贵高原说。柳子明教授认为，云南拥有热带、亚热带和温带植物种类多达一万五千余种，素有“植物之国”之称，现在稻种资料达三千多个品种，从海拔40米直到2600米都有分布，更因其地理环境、气候特点，成为作物变异的中心，因而稻作起源于云南的可能性最大。稻作自云贵高原发源开始，然后沿着西江、长江顺流而下，分布于其流域或平原地区各处。

长江下游说为闵宗殿先生率先提出的，而对此全面论证的是严文明教授。严文明教授从考古学角度结合作物学、生态学、历史地理学和文化人类学进行研究后，认为中国史前栽培稻的分布图是以长江下游为中心逐级扩大的；大约在公元前五千至前四千年，史前栽培稻已分布于长江下游到杭州湾一带，长江中游也可能有个别分布地点；大约在公元前四千至前三千年，整个长江中下游平原和江苏北部已有较广泛的分布；大约在公元前三千至前两千年，湖南、江西中部和浙江的中南部均有分布，有的已达到广东北部，北面则扩展到淮河流域以北；大约在公元前两千至前一千年，水稻已进一步传播到福建、台湾、广东，向西到四川、云南，向北已达山东、河南和陕西，大致已接近于现代水稻分布的格局。

仙人洞中稻谷标本的发现，将中国稻作历史一下子提前到了距今一万多年前，万年仙人洞由此成为世界稻作之源，也为中国稻作起源说提供了新的可参考的证据，那么稻作起源之谜是不是能很快被揭开呢？让我们拭目以待。

半个蚕茧引发的争论

1926年春天的一个傍晚，山西夏县西阴村仰韶文化遗址上，考古工作者正在进行紧张地挖掘工作。突然，一名考古队员从一堆残陶片和泥土中发现了一颗花生壳似的黑褐色物体，引起了众人的关注。这是一颗被割掉了一半的丝质茧壳，已经部分腐蚀，但仍有光泽，而且茧壳的切割面极为平直。

有关这半个蚕茧的报道很快飞过千山万水，传到了全国各地。这个当时发现的最古老的蚕茧的孤证，密切关系着一个考古学界长时期争论的话题——桑蚕的起源之谜。

传说，黄帝的妻子嫘祖发明了养蚕。有一天，嫘祖在一株桑树下搭灶烧水。她一边向灶下添火，一边观望着桑树上白色的蚕虫在吐丝作茧，越看越出神。忽然，一阵大风吹过，一只蚕茧掉进了烧沸的水锅里。嫘祖赶紧用一根树枝去打捞蚕茧，谁知没有捞起蚕茧，却捞起了一根洁白透明的长丝线，而且越拉越长。嫘祖又用一根短树枝将丝线绕起来，绕成很大一团。嫘祖望着这一团洁白的丝线，忽然产生了用这种丝线纺织的念头。她动手一试，果然织成了一块白白的丝绸，往身上一披，又雪白柔软又漂亮。部落里的姑娘看了都感到十分惊喜。嫘祖便开始采桑养蚕，缫丝织绸，并推广了这项技术。

古老的织布工具彰显着我们远古始祖的聪明智慧。

后来，嫘祖被后世祀为先蚕

神，历朝历代都有王后嫔妃祭先蚕神的仪式。

神话传说、文献记载以及出土实物，都揭示了中国是世界上最早驯育野蚕并缫丝织绸的国家。不过，在中国学者内部，却对中华蚕桑丝织业最早起源于黄河流域还是长江流域颇有争议。

1926年发现的这半个蚕茧告诉我们，早在距今六千年至五千五百年前，蚕已经为黄河流域的人们所熟识和利用，但据此不能肯定当时的人们已经认识到蚕茧可以抽丝织衣。

1958年，浙江吴兴的钱山漾出土了一批丝线、丝带和没有炭化的绢片，经测定这些物品距今有四千七百多年，这是目前发现的中国南方最早的丝绸织物成品。这块绢片呈黄褐色，为家蚕丝织成。据此，专家们推断当时长江流域内可能已有原始的织机。

那样平整的绢绸，那样细巧的丝带，且表面光滑，条纹清晰，必然是先缫后织的产品。可以想见，在距今五千年前，蚕不单是进入了家养时代，而且人们在缫丝技术上也达到了相当娴熟的程度。这样熟练的生产技术绝不是一个早晨得来的，在原始生产条件之下，它必然经历了一个漫长的经验积累的时间过程。那么，它的前一站在什么时代呢？之后的考古发掘又给我们作出了进一步回答。

1973年和1977年，考古工作者两次对距今七千年前的浙江余姚河姆渡文化遗址进行了发掘。在1973年第一次发掘出土的有关纺织的工具有陶纺轮（缚）、骨针、管状针、织网器、刀、匕、小棒等。考古工作者认为这些都是原始的纺织工具，有学者据此推断河姆渡人已经有了原始的织机。这个推断在1977年第二次发掘中被完全证实了。在这次发掘中，相继出土了木卷布棍、骨机刀和木经轴，毫无疑问，这些都是织机的组件。而且，在一个盅形器物上刻有四条蚕纹，仿佛四条蚕在向前蜿蜒爬行，头部和身躯上的横节纹也非常清晰。这说明当时长江流域的人们对于蚕已经有了一定的认识，而且已经将蚕丝用于了纺织之中。

根据迄今为止的考古发现与典籍记载，可以发现，桑蚕似乎不是从一个单一的发源地发展而来的，在中国的好几个地方，都有着各自的发明或传播路径。其实，不管是由黄河流域发源，还是由长江流域发源，或者是其他地方，桑蚕都是由我们勤劳、智慧的祖先发现和创造的，这是一项永远令我们骄傲的发明。

哥窑谜踪

有这样一种瓷器，它的美丽叫人惊叹，它的故事充满传奇，它叫作——哥窑。

哥窑是我国古代著名的瓷窑，在我国数千年陶瓷发展历史上占有光辉灿烂的一

长久以来，人们都错误地将龙泉窑视为哥窑。图为龙泉窑弦纹贯耳壶。

页。清代乾隆皇帝曾写下十首赞颂哥窑瓷器的诗篇，赞叹道“从合澄泥邺官瓦，未若哥窑古而雅”。然而，这种名列宋代五大名窑、被后世鉴赏家奉为至宝的宫廷雅器，其身世却扑朔迷离！

从文献资料上看，关于哥窑的最早记载是在明朝初期的宣德年间。据《宣德鼎彝谱》记载：“内库所藏：柴、汝、官、哥、钧、定。”这是哥窑之名的缘起。

清朝人许之衡在《饮流斋说瓷》中解释说：“哥窑，宋处州龙泉县人，章氏兄弟均善冶瓷业，兄名生一，当时别其名曰哥窑，其胎质细，坚，体重，多裂纹，即开片也。”就是说，南宋处州龙泉县（今属浙江省）有章姓兄弟俩以烧瓷为业，哥哥章生一烧的瓷器以胎细质坚、断裂开片为特色，因而被命名为哥窑。而弟弟烧制的瓷器叫“弟窑”，也叫龙泉窑。

从这段传说看，哥窑窑址在龙泉几乎是毋庸置疑的了。因此，人们一直把传世的那些哥窑瓷器当做章生一在龙泉烧造的产品，认为哥窑就在龙泉。

于是，在民国时期，人们在龙泉进行了疯狂的盗掘活动，可是挖了十年竟连一个瓷片都没有找到。哥窑窑址之谜变得更加扑朔迷离，对哥窑的研究陷入了僵局。

新中国成立以来，特别是近一二十年来，对哥窑的研究才有了突破。近年来，一些专家的新见解更引起了国内外陶瓷研究者的瞩目。

1960年，浙江省文物管理委员会对龙泉县的大窑、金村遗址进行了发掘。在大窑和溪口等五处窑址中发现了一种黑胎青瓷，器身带开片，其特征与文献中的哥窑特征酷似，但同各大博物馆收藏的那种传世的哥窑瓷器截然不同。

为了从科学研究的角度验证这种黑胎青瓷是不是传说中的哥窑瓷器，中国科学院上海硅酸盐研究所曾对龙泉大窑出土的黑胎青瓷和由北京故宫博物院提供的“传世哥窑”（所谓“传世哥窑”，特指现藏于北京故宫博物院、台北故宫博物院及上海博物馆等少数博物馆内的一类形似哥窑器物的青瓷器。）瓷片进行对比研究，研究者分别对标本的胎、釉组成进行了化学测试，结果表明：“传世哥窑”与龙泉黑胎青瓷有明显的不同。这就清楚地表明了哥窑不在龙泉。

就这样，烧造传世瓷器的哥窑在哪里就成了一个新的、有争议的问题。有人认为可能在江西景德镇，也有人判断也许在江西吉安（宋代吉州窑的产地），还有人怀疑哥窑在杭州。

历经百年沧桑，神秘的哥窑仍旧留给我们一个未知的背影。或许所有的对哥窑的探究的乐趣，也正是在于它谜一样的身世，而研究者们严谨的治学精神和在探寻历史真相过程中的经验，才是留给后人的真正财富。

神秘瓷器背后的疑云

相传，在唐代，浙江地区一个特别的瓷窑里专门为皇家生产一种叫作“秘色瓷”的神秘瓷器。五代人徐夤称赞它：“巧剜明月染春水，轻旋薄冰盛绿云。”这种瓷器除了皇室成员之外，其他任何人无权享用。凡是有幸见到秘色瓷的人，无不为它的精美绝伦所倾倒。要烧成这种瓷器，必须使用一种秘密配方。

可惜的是，不知从何时起，这个秘密配方和这种神秘的瓷器就一同消失了，几百年来，再也没有人亲眼见过这秘色瓷，秘色瓷几乎成了一个虚无缥缈的美丽传说。然而，在距离浙江千里之外的陕西，发掘埋藏有佛指舍利的法门寺地宫时，人们竟意外地找到了有确切记载的秘色瓷器十三件！

法门寺秘色瓷的出土并没有结束人们对“何谓秘色瓷”的争议，观点分歧主要是对“秘色”一词的解释。

“秘色”一词最早出现在唐代陆龟蒙的《秘色越器》诗中：“九秋风露越窑开，夺得千峰翠色来。好向中宵盛沆瀣，共嵇中散斗遗杯。”

一种观点认为：应该把秘色瓷之“秘”释为“神秘”之秘，秘色瓷是一种专作供奉的越窑精品，也就是说它的釉料配方、制作技术、烧制技术都是隐秘而不轻易示人的。

研究者列举了大量的史料，如宋代周辉《清波杂志》所记载的：“越上秘色器，钱氏有国日，供奉之物，不得臣下用，故曰‘秘色’”。此外，宋代赵令畤的《侯鲭录》、曾慥的《高斋漫录》、叶寘的《坦斋笔衡》也都有相似记载。总之，认为“秘色”指的是“秘色瓷器因服务于特殊对象——封建宫廷，世人难得一见的神秘瓷器”。

而另一派学者通过文献与实物的互证，即《秘色越器》诗中 “千峰翠色”，五代徐夤《贡余秘色茶盏》诗中“捩翠融青瑞色新”、“明月染春水”、“薄冰盛绿云”等描绘，将“秘色”解释为瓷的釉色，认为秘色瓷就是指釉色滋润青翠的越窑精品。

法门寺出土的十三件青釉色的秘色瓷精品最终印证了后者的论断——秘色瓷是越窑青瓷精品。我们可以想见，一千多年前，在南方专门烧制青瓷的越窑，聪明的匠人们试制出了一种特殊的瓷器，这种瓷器从一开始就被区别对待，选用精良的胎料，施涂特殊的釉料，在入窑前还要加以特殊的处理，最终烧成了润泽如玉、盈透似水的秘色瓷！

产自越窑的秘色瓷，并不是一般意义上的青瓷，而是由越窑创烧出来的一个新品种！这个直接脱胎于青瓷的特殊品种，曾经是中国陶瓷史上登峰造极的佼佼者，但它却伴随着一个王朝的衰落而沉寂了。直到几个世纪后，秘色瓷再次出现，人们才真正了解了它的传奇。

然而，关于它的故事并没有结束，釉料上的秘密配方到底是什么？在某个不为人知的角落，古人会不会为后世留下些什么线索？这一切，仍旧等待着人们去发现。我们相信，在探索真相的路上，总能拾回那些隐藏在历史深处的记忆残片。

辟谷术，神功还是骗局？

千百年来，“人是铁，饭是钢，一顿不吃饿得慌”已经成为常识，“吃”的观念早已深入人心。不过“世界之大，无奇不有”，还真有“奇人”敢向常规发起挑战。

2003年，美国人大卫·布莱恩曾创下了四十四天的人类饥饿纪录。但是，随后英国早安电视台就揭露出：这原来是一场骗局，布莱恩找了一个与自己一模一样的替身，在英国策划此事的电视台的帮助下，两人悄悄轮流进入玻璃房，轮流“绝食”。

在云雾缭绕的深山之中真的有因辟谷术而得道的仙人吗？

2004年，四川泸州的陈建民又在成都宣称，将利用“辟谷神功”连续绝食四十九天，冲击大卫·布莱恩的纪录。

辟谷术，在我国可谓历史悠久，据说是中国方士道家修炼成仙的一种神功，通过这种修炼，人可以达到一种不吃不喝的状态。这是真的吗？翻查史籍，我们发现辟谷术起于先秦。《大戴礼记·易本命》中就有这样的记载："食肉者勇敢而悍，食谷者智慧而巧，食气者神明而寿，不食者不死而神。"这是辟谷术最早的理论根据。

早在1948年4月，《申报》记者撰发了题为《杨妹九年不食》的报道，说在重庆出现了来自四川省石柱土家族自治县桥头坝村的农家女杨妹，她"九年不吃饭，照样活着"。当时国民党统治区粮荒严重，饿殍遍野，国统区数以百计的报纸、通讯社、广播电台为了粉饰太平，纷纷炒作此事。《新民报》报道，"各地的'杨妹'相继出现。先是'上海杨妹'，接着是'无锡杨妹'、'西安杨妹'、'东北杨妹'，最近并有'华南杨妹'。"当时的重庆市卫生局在1948年5月组织了对"杨妹不食"的观察，媒体更是每天大量报道"杨妹不食"的情况。后来，专家们提议延长观察，由专家组织研究委员会秘密监视，终于发现杨妹偷吃的情况，这场政治闹剧才悄然收场。

杨妹不食、布莱恩不食等闹剧，曾在众目睽睽下获得"成功"，最后却都被揭穿是骗局。

而陈建民的绝食活动结束后，得到了雅安市公证处的公证书，证明活动结果真实有效。一时间，辟谷术究竟是神功还是骗局，社会各界对此议论纷纷。

科学工作者认为，从医学和生理学角度来看，这是不可能的。即使陈建民的绝食活动是在一个看似完全透明的空间内进行的，但眼见不一定为实，如同大卫·布莱恩的那场骗局一样，有很多人们看不到的机关巧设之处。

而另外一些气功大师则坚持，这是对"辟谷神功"的一次证实。

如今，这场争论战早已烟消云散。辟谷术究竟是神功还是骗局，便也成了一个不解之谜，孰是孰非，就让实践去检验，让时间去考验吧！

神奇的中华经络

现如今，中医保健方法越来越受到人们的重视和青睐，针灸、按摩、推拿、刮痧、拔罐，真可谓是五花八门，然而万变不离其宗，它们都有一个共同的理论基础——经络原理。

经络是一个使用了几千年的中医名词，虽说我们对它已经耳熟能详，但长期以来，经络是否真的存在，却一直是一个谜。

在我国，经络学说有着悠久的历史，早在两千多年前的医学著作《黄帝内经》中就有了系统的经络记载。

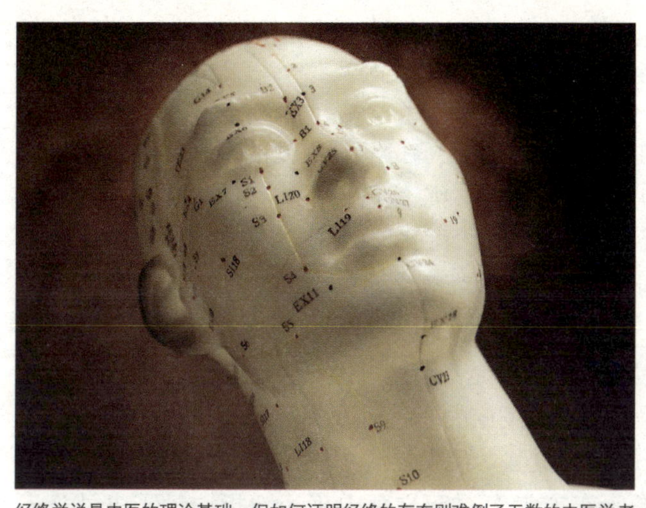

经络学说是中医的理论基础，但如何证明经络的存在则难倒了无数的中医学者。

传统中医理论认为，经络贯通了人体全身，经络中的“气”润养着五脏六腑。经络线上有数百个穴位，刺激这些穴位便可对应作用于全身。

中医里有句术语，叫“诸病于内，必形于外”。这就是说，只要观察一下我们的哪一条经络有不正常的反映，就可以知道哪个脏腑器官出了问题。比如说，心脏病患者觉得心慌、头晕，只要按摩一下手臂上的内关穴，病情就能够得到控制，这是因为内关穴能通过心包经控制心脏的活动；按摩足三里穴，胃病就能得到缓解，也因为足三里这个穴位中有胃经经脉和胃直接联系，从而控制着胃的功能。这就是经络的奇妙之处。

尽管许多中医工作者都普遍承认经络的存在，但现代医学始终对经络的存在表示质疑，因为不但在人体解剖中不能观察到经络及运行于其中的“气”，而且无论哪一种现代的精密仪器都无助于人们看到它的存在。

针对这样的质疑，北京市第六医院主任医师李定忠教授认为，经络本身是在活体中才存在的系统，所以说在人体解剖过程中没有看到经络是正常的。在活体中，经络并不是静止不动的，它是动态的，而且是一个连动的过程。

然而，针对李定忠教授的说法，其他中医学者们似乎有不同的说法。

中国中医药研究院针灸研究所副所长朱兵说，现代医学基本上是通过神经系统理论来解释经络学说的，有很多人会反对经络学说，认为经络并不存在，这主要是因为经络存在与否和相关功能认定都拿不出有力的证据，因为经络是无形的。中医，是从实践的过程中总结出来的理论，并不是根据理论研究出的方法，所以实际上是，在证实了针灸有效的情况下，为了解释针灸的原理，才总结出了经络学说以及相关的穴位。

目前，经络研究远未达到将“经络、穴位和气是什么”清楚地呈现在人们眼前的水平，揭示经络之谜，还需要应用多种学科的知识和研究手法，对经络、穴位和气的物理特性作深入的研究，积累材料，才有可能揭示其实质。

经络究竟是什么，仍是个谜。

荆楚先民来自何方

楚国是春秋战国时期的大国，在中国历史上曾扮演过重要的角色，创造了灿烂的楚文化，涌现了无数杰出人物。楚庄王称霸中原威震天下，楚国大夫屈原以其感人的作品享誉海内，西楚霸王项羽诛暴秦、勇冠三军，他们都是楚国人。然而，楚人源自何方，自古以来却说法不一，成为一个难解之谜。

在20世纪20年代，郭沫若在《中国古代社会研究》一书中提出了“东来说”，并在《青铜器铭文研究》、《中国史稿》等论著中做了进一步的论述。他认为楚人的先祖曾经居住在淮水下游，后来随着周民族的东扩以及黄河流域气候的变化，东方民族大多南迁。而其中的楚民族势力最强，便发展到了江汉流域。

之后，胡厚宣在《楚民族源于东方考》这篇文章中确切地指出楚国先民是来自东方鲁地的民族。他还对楚人的先祖高阳氏的出生地空桑山和墓葬地帝丘做了详细考证，认为空桑山在山东曲阜附近，帝丘在河南濮阳，因出生地、墓葬地均在东方，故称为“东夷族”。

以翦伯赞为代表的学者，则主张楚民族“西来说”，认为楚民族与夏、周同族，属于戎夏集团。

姜亮夫在《楚辞今译讲录》中提出，高阳氏来自西方的新疆、青海、甘肃一带，即是来自昆仑山的民族。

拜火教是一个古老而神秘的团体，他们会是楚民族的祖先吗？图为拜火教墓门。

岑仲勉的《楚为东方民族辨》认为，楚人的先祖颛顼、重黎、祝融等都是“西方人”。楚王名“熊”，与古代流传于中亚拜火教经文中的“君主”、“首领”读音相同。楚官“莫敖”是古伊朗文、古波斯文中的“火教士”。这样，楚国的先民又成为来自西亚拜火教的米底亚人了。

还有一种观点认为楚民族来源于北方。

范文澜等人根据古代文献典籍《史记》、《楚辞》等记载，认为楚人先祖祝融氏是古代高阳颛顼部落的后裔。“祝融八姓”的封国皆在中原一带，他们原是夏王朝的同盟部落，夏之后，东方商族兴起，“祝融八姓”相继为商所灭。祝融氏的一支部落被迫南迁到江汉流域，与当地的土著居民相结合，形成楚民族，通常称为“荆楚”或“荆蛮”、“楚蛮”、“蛮荆”等。这一说法得到了较多学者的认同。

考古发现也表明，江汉流域的北部文化与长江流域的原始文化有联系，内有仰韶文化的因素，彩陶风格也近似半坡阶段。这说明南北文化的交流自古以来就一直进行着。此外，还有“北来华夏说”、“苗蛮即土著说”等。

看来，荆楚先民起源何方的争论仍在继续，破译这一未解之谜尚需时日。

犹太人来华之谜

《出埃及记》中一页页血泪交织的迁徙历程，灭国千年之后重建以色列国，以及连绵几十年的中东战争……这些似乎都离我们中国很遥远，也构成了我们对犹太人的全部印象。但在千年前的宋代，却有一批亚伯拉罕的子孙悄然来到中国，并安然定居于当时的首都——汴京，也就是今天的河南开封。

近年来，随着研究的深入，开封犹太人后裔正渐渐退去神秘的面纱走入公众的视野，而争议也再度出现：他们究竟是不是犹太人？犹太人何时来到中国？又是怎么来到中国的？

作为历史上曾经繁华一时的七朝古都，开封的建筑布局依稀可见当年雍容平稳的形态，甚至至今还保留着一个内陆城市处变不惊、不疾不徐的节奏。从开封博物馆出门，绕过包公祠和包公湖，穿自由路，穿鼓楼广场，再北行千米，就来到了历史上开封犹太人最著名的一个聚集地——教经胡同。

教经胡同，早年叫挑筋胡同。因为在犹太人的传说中，他们的祖先在和大力士角斗中扭伤了筋，所以犹太人在食用牛羊肉时，会把其中的蹄筋剔除。在开封民间，曾经称这些犹太人为“挑筋教”。他们所聚居的胡同，也被开封人形象地命名为“挑筋胡同”。后来，冯玉祥率兵进入开封，觉得这个名字不雅，就改成了教经胡同。

开封犹太人号称七姓八家，主要有七个大姓：赵、艾、李、张、石、金、高。另外再加上源出张姓的章姓，总共八个家族。这些姓氏的由来，也充满了历史印记。比如，“李”由“列维”而来，“石”由“示巴”而来，“艾”就是“亚当”，“赵”姓则是中国宋代皇帝的赐姓。

虽然中国古代史籍中对开封犹太人的记载非常少，但一位16世纪欧洲传教士的手稿却提供了宝贵的证据。这位传教士就是利玛窦。在1605年，他偶然遇到了一个叫艾田的中国犹太人。艾田说他来自开封，那里有许多犹太人居住。随后，多位欧洲学者前往开封，他们的发现更加证实了开封犹太人确实信奉的是犹太教，属于犹太民族。17世纪时期，曾有天主教学者深入开封从事研究与探访，发现开封犹太教堂中存有一部至少五六百年历史的《摩西五经》。令人惋惜的是，这一珍贵典籍竟于19世纪中叶在动乱与战火中流失。开封犹太人是否曾将《摩西五经》译成中文，已无从细考。

1919年，近代著名学者陈垣先生发表了一篇文章，详细考证了开封犹太教与伊斯兰教之异同、教中人物之大略、寺宇之沿革、经文之内容及源流等等，让国内学术界对开封犹太人的身世开始有了明确的认识。后来，著名社会学家潘光旦先生曾撰写了《中国境内犹太人的若干历史问题》一文，在文中对开封犹太人之事迹记述考订颇为详细。

在移居开封的几百年来，开封犹太人曾经一直严格遵从自己的宗教和生活习俗，守安息日、守禁食、守割礼、禁食猪肉、每日三次到会堂祷告。但是，年深日久，开封犹太人终于还是被中国的主流文化所同化了。如今，除了依旧保持不吃猪肉、不吃动物的蹄筋、过安息日之外，开封犹太人后裔已经没有明显的犹太人的外貌特征和风俗礼仪了。

那么，当年的犹太人是从什么时候开始进入中国的呢？他们是通过怎样的途径进入中国的？他们又为什么要选择来到开封安居乐业呢？

光阴似水，沧海桑田。如今，居住在教经胡同内的犹太人后裔越来越少，我们已经很难从他们的身上找寻当年的历史了，再加上中国史书对犹太人的记载是从元朝开始的，能够参考的史料不多，所以围绕在开封犹太人来华历史中的种种谜团，还需要专家们做进一步的研究和探索。

摆手舞的秘密

位于重庆市东南方向的山区中，穿流着一条美丽动人的河流——酉水河，它宛如一条闪亮的玉带镶嵌在大地上，也就是在这片美丽富饶的土地上世代聚居着勤劳纯朴的土家儿女。

土家族是一个喜爱跳舞的民族。摆手舞是土家族最具代表性的民间舞蹈，它集舞蹈艺术与体育健身于一体，有“东方迪斯科”之称。

同治本《来凤县志》卷三十二转载《湖广通志》记载说：五代时，“施州漫水寨有木名普舍树，普舍者华言风流也。昔覃氏祖于东门关伐一异木，随流至那车，复生根而活，四时开百种花。覃氏子孙歌舞其下，花乃自落，取而簪之。他姓往

土家族人正在跳神秘的摆手舞。

歌，花不复落，尤为异也。”这段文字，生动地记述了一千多年前，漫水寨里的土家人围着普舍树摆手起舞的情景。

关于摆手舞的起源说法甚多，与之有关的史籍记载、民间传说、出土文物等，大致有以下几种。

一说摆手舞起源于宗教祭祀活动。土家人尊敬祖先、热爱自己的领袖人物，为不忘祖先的功绩，便创造了纪念他们的摆手舞。在摆手舞流传区域仍保存着摆手祭祀的习俗，祭祀对象除个别地方祭八大神外，大部分祭土司王，如彭公爵主、田好汉、向老官人等，这些都是五代至宋朝时期土家族历史上有名有姓的人物，“生而为英，死而为灵”。《蛮书校注》卷十载：“巴氏祭祖，击鼓而祭。”由此，认为摆手舞是土家人祭祀祖先的一种舞蹈也算有理有据。

二说由白虎舞、巴渝舞演变发展而来。《华阳国志·巴志》载：“巴师勇锐，歌舞以凌殷人。前徒仰戈，故世称之曰武王伐纣，前歌后舞也。”经专家考证，周武王伐纣的歌舞即巴渝舞，而白虎舞乃是巴渝舞的前身。

三说起源于战争。这在土家族民间有多种传说，大体是说彭公爵主率部征战，为振奋军威，激励士气，于是命令部下以歌舞诱惑敌人，或以摆手唱歌驱赶思乡之情。战斗凯旋后，这种摆手舞就流传到了民间。

四说土家人生性喜爱唱歌跳舞，摆手舞纯粹是土家人自我创造、自我娱乐的一种艺术活动。

五说古代土家先民为了征服自然，抵抗外族入侵，便用“摆手”来健身壮骨，逐渐演变成后来的摆手舞。

六说源自考古发现。在湖北省恩施土家族苗族自治州鹤峰县铁炉坪宋代墓葬中，一口陶缸的口沿上，塑有十二个舞者，有的屈蹲，有的左右摇摆，有的舞动长衫大袖，舞姿与摆手舞的动作十分相似。这说明在宋代的时候，土家族的摆手舞就已十分成熟，并且是群舞。沿袭到清代，鄂西的《来凤县志》，湘西的《龙山县志》、《永顺县志》及文人诗词，都有对土家族跳摆手舞的详细记录和实况描叙。

以上种种说法，都足以说明摆手舞的历史相当悠久，但又都不足以证明是它的真正起源，这需要我们进一步去探索。

火的圣典——火把节

火把节是分布在我国西南地区的彝、白、傈僳、纳西、哈尼等各族人民的传统节日，以热烈隆重而闻名中外。

在节日期间的晚上，各家各户燃起松明火把，留一支插在门楼上，然后男女老幼各持火把，奔赴山冈田间，以火照田，舞火为嬉。顷刻间，蜿蜒在山冈上的条条"火龙"上下腾跃，星花飞溅。元代诗人文璋甫曾赋诗一首："云披红日恰含山，烈炬参差竞征还。万朵莲花开海市，一天星斗下人间。"足见气势之壮观。

然后，众人会聚集到村寨的宽阔地带，围着熊熊燃烧的篝火，踏歌起舞，通宵达旦……

那么，这欢乐而独特的火把节究竟是怎么来的？民间中有许多传说。

在白族的传说中，火把节是纪念慈善夫人的。相传，在唐朝时期，云南分为六诏，有六位诏王。其中南诏王野心最大，想吞并其他五诏，便建造了一座特别容易被烧着的松明楼，然后邀请其他五位诏王到此聚会。邓赕诏王的妻子慈善夫人，识破了南诏王的诡计，劝阻丈夫不要去，可是邓赕诏王没有听取妻子的劝告。无奈之下，慈善夫人便把一只铁镯戴在了丈夫的手腕上。果然，五位诏王赴会之后便遭到了毒手。等慈善夫人赶到时，松明楼被烧得只剩一堆废墟。大家从四面八方赶来，点燃火把，帮慈善夫人在黑夜中寻找，终于发现了一具戴有铁手镯的焦骨。慈善夫人悲愤万分，抱着丈夫的尸骨纵身跳入洱海。此后，人们便在这一天燃起火把，表示对慈善夫人的敬仰与怀念。

而彝族人则认为火是太阳的延续，火象征着勇敢、激情和光明。在远古的时候，彝族中有个叫阿提拉巴的大力士，力大无穷，在比武中摔死了天上的大力士斯勒阿比，惹怒了天神。为了惩罚他，天神派出大批害虫来吃地里的庄稼，导致粮食颗粒无收，民不聊生。于是，阿提拉巴砍来许多松树，率领大家点燃火把驱虫除害，最终战胜了天神。从此之后，人们便把这一天定为了火把节。

火把节的仪式庄重而又神秘。

民间传说虽然有着神化、

虚幻的成分，但对于考察火把节的来历仍然有一定的价值。根据这些民间传说，现代学者对火把节的起源有着各种见解。

有人认为，彝族传说中对火把节来历的阐释，应当是各种传说中形态最古老的一种。这个传说表明了火把节与农业生产的密切关系，祝愿农作物免遭天灾、虫灾并祈获丰收，所以火把节应该被认作是我国西南地区最有影响的农事节日。

有人认为，通观火把节的全部内容，特别是宰鸡杀牲的繁复仪式，具有浓厚的原始宗教色彩，还有在门前点燃火把、高举火把在田间庆祝等活动，跟古代汉人驱鬼逐疫的仪式很相近，明显表现出原始巫术残留的痕迹，可见火把节是一个沿袭已久的、由原始的神祀信仰转化而来的公众性庆典。

还有人认为，火把节应该是远古时代先民的火崇拜观念的残存。

以上种种观点，为人们探索火把节的起源提供了许多视角。相信随着相关专家和学者的进一步探究，我们一定能解开火把节起源这个谜。

走近泼水节

每年公历四月中旬，聚居在云南西双版纳和德宏的傣族同胞都要欢庆他们最隆重的节日——泼水节。

节日里，人们用清澈明净的井水相互泼洒祝福，还要举办赛龙舟、丢香包、拜佛等各种活动，充满了吉祥欢乐的气氛。

迷人的傣族泼水节是怎样形成的，民间有各种各样的传说，学术界的看法也不一致，使之成为了一个著名的民俗文化之谜。

傣族民间相传，在很久以前，西双版纳有个好色的魔王，在抢了十一个民女为妻后，又抢来第十二个新娘。这位姑娘长得特别漂亮，而且非常聪明，决心与姐妹们一起除掉这个大魔王。她们趁魔王熟睡之际，用头发勒下了魔王的头。随后，姑娘们想用火烧掉魔王的头，但没想到这颗头燃起了熊熊烈焰，埋在地里，地被烧裂，扔在河中，水被煮沸，无论怎样处置都会造成世间的灾难。为了免除祸患，她们只好每人轮流把头抱在怀里，由其他姑娘向她泼水，以洗掉身上的血污。为感谢她们奋不顾身为民除害的精神，人们也从四面八方赶来帮着泼水。

为了纪念这些姑娘，一年一度的泼水节就形成了。

但另有傣族学者指出，泼水节原是印度婆罗门教的一种宗教仪式，早在公元前3世纪时随婆罗门教传入缅甸，而后传播到我国的傣族聚居区域，所以泼水节早在唐朝之前就已经出现了。

在泼水节中，人们互相泼水以表达祝福之意。

然而又有学者指出，泼水节的真正来历是同佛教的产生与传播密切相连的，泼水节本来是纪念佛教创始人释迦牟尼诞生的，所以又被称为“佛诞节”、“浴佛节”或“花节”。在节日中，互相泼水祝福的活动形式，也是根据佛祖降生时有龙喷香雨以浴佛身的传说而形成的。

还有人认为，类似傣族泼水节习俗的节日也存在于缅甸、老挝、泰国、柬埔寨等中南半岛的其他国度与民族中。各种有关泼水节习俗来历的民间传说虽然不尽相同，但在很多其他方面却又惊人的相似，如大多以制止火灾来免除人类的灾难，又大多以姑娘捧住引起火灾的“魔王”之头，作为战胜干旱迎来雨水的象征等。这就有必要从这些民族相同的生存环境，即地理、气候、生产方式等各种因素着手，探究“泼水节”习俗的原始意义了。

据此，也有人提出，泼水节起源于古老的祈雨仪式，其中蕴涵着古人在天文和气象方面的知识；也有人揣测，在远古时期，这一地区可能发生过特大火灾，古人无法解释引起大火的原因，于是产生了各种充满幻想色彩的神话传说，所以泼水节的源头中可能藏有远古的历史信息。

浪漫迷人的节日风情，优美动人的民间传说，再加上神秘的宗教色彩，使得泼水节的来历被笼罩在了一片神奇的迷雾中，谁能最终揭示它的真相呢？

神秘的象形文古国

在云南西北玉龙雪山脚下，有这样一群人，他们相信巍峨的雪山有灵魂，他们为死去的亲人高诵引导灵魂回归故乡的经文，他们用充满神秘的象形文字记录祖先的事迹……他们就是云南丽江的纳西族人。

关于纳西族的族源，许多学者都进行过深入的研究。虽然有学者主张“夷人说”，但更多的学者则主张“羌人说”，即认为纳西族族源与历史上居住在西北河湟地区的古羌人有关。“羌人说”作为主流观点，几乎已经成为了定论。

但在“羌人说”内部，关于纳西族源于古羌人中的哪一支的问题上，又存在着

“牦牛说”和“白狼说”的分歧。

“牦牛说”是方国瑜先生在1944年发表的《么些民族考》一文中提出的。他认为“么些”就是《华阳国志》中所记载的“摩沙夷”，两者是同音异字，而摩沙夷则是牦牛羌族中的一支。方国瑜先生在后来的文章中更进一步明确指出，“纳西族的先民是从大渡河以北地区迁徙而南”。方先生所说的大渡河以北地区，指的就是今天四川泸定一带。

牦牛羌族，也称牦牛羌、牦牛夷，是公元前4世纪时期，南迁的羌人与西南地区原始先民融合后，形成的一大部落。这是一个以饲养牦牛为主要经济活动的部落，他们的活动范围东起邛崃山脉的大相岭，西至雅砻江中游，南至雅砻江与金沙江汇合处，北到鲜水河上游。如今康巴地区的泸定、康定、雅江、炉霍、道孚、新龙诸地都曾经是牦牛羌的活动范围。

而张增祺先生则认为，纳西族先民摩沙夷与牦牛羌并无关系，而是南下的白狼人中的一支。李绍明先生也认为白狼与纳西族有族属关系，白狼羌的一部分后来沿着金沙江、雅砻江进入川滇边境一带，其后裔即为晋代的摩沙夷，以及唐代的么些和现在的纳西。目前，这一观点得到了更多学者的认同。

白狼是汉代时期在四川康区比较有影响的一个大部落，与汉代中央政府也有比较密切的联系。白狼王曾经亲自赶到洛阳，去朝觐汉明帝刘庄，并在汉王朝宫廷演唱了《远夷乐德歌》、《远夷慕德歌》、《远夷怀德歌》三首白狼语颂歌，表达其“慕义向化”之情。这就是著名的《白狼歌》，是康区古代民族中唯一流传至今的一组诗歌。

对于白狼部落所在区域，《后汉书》称其在“汶山以西”，《北史》、《隋书》称其在“附国南”。一些后世方志则明确指出，如今四川甘孜州巴塘、理塘就是古代之白狼国的故地。

作为纳西族先民的古羌人是何时从康区继续南下的问题，已经无史可查。纳西，这一个神秘的古老民族，还有待于民族学家的进一步了解和研究。

悬棺魅影

在江西龙虎山，沿着卢溪河顺流而下，两岸的千尺绝壁上布满了大大小小的天然洞穴，抬头仔细望去，有些洞阴气森森，似乎暗藏玄机。

其中究竟有些什么玄机？在当地流传着这样的说法，据说洞里面藏着无字天书和无数的金银财宝。

这具棺木历经沧桑，仿佛诉说着一段不为人知的故事。

神秘的洞穴和传说的宝藏，这两者的结合引起了人们更大的兴趣。但是，由于这些洞穴都在距离水面20米到100米的悬崖峭壁上，因此人们无法上去看个究竟。

直到20世纪70年代，一些风化后的木板掉落，洞里的秘密才露出端倪。原来，这是一种崖墓葬。随着更多的封门板跌落，越来越多的棺木重见天日。这些棺木都被置放在峭壁上的天然洞穴里，而且都选择了朝阳的一面，因为从视觉上感觉像悬在空中，故人们把此棺木叫悬棺。它们的位置几乎都在悬崖峭壁之上，高低不等，远远看去大小不一，随着洞穴的变化而变化，形成奇特的景观。

这些墓葬的主人是谁？他们为什么要选择如此特殊的墓葬方式？巨大的疑团笼罩在人们心中。

在1978年，江西省成立了专门的龙虎山崖墓悬棺考古工作队。怎么样才能进入绝壁上的崖洞？这成为工作队要解决的首要问题。

最初，工作队设计了一个汽油桶方案，但是成本太高。汽油桶的方案被否定后，考古队决定用毛竹搭架子试一试。高高的竹架让现代人终于有了与悬棺对视的机会。考古队首先选择了悬棺较多的十三号洞。但是，谁敢徒手沿着几十米高的竹架爬上去呢？

当地几位经常攀岩采药的药农自告奋勇，帮助工作队解决了这个难题。药农从崖洞带下来一些坛坛罐罐和篾片，这些在药农眼里的破烂很快被送往文物鉴定部门，整个考古队边整理其他的棺木，边焦急地等待着消息。

经过国家文物局鉴定，悬棺主人生活在春秋战国时期。而根据诸多的陪葬品，考古队判断，悬棺的主人就是我国古代传说中的百越民族。

至此，悬棺主人的神秘面纱终于被揭开了。百越民族是一支古老的民族，春秋战国时期，他们就生活在今天的武夷山和龙虎山一带，遇水而安，择水而居，死后也选择临水而葬。

考古队一共发掘出了十八具棺木，这些棺木都是独根的楠木制成，有房形棺、船形棺等多种样式，大的有500多千克重，最轻的也有150多千克重。放置悬棺的地方，上至峰顶、下距水面或者空谷，都有数十米甚至一百多米，而且上下左右都是异常陡峭的石壁。

一直以来，悬棺都被包裹在重重迷雾之中，而如何把几百斤重的棺木放到悬崖峭壁之上，成为了这个千古之谜的谜中之谜。

1997年开始，龙虎山旅游集团面向社会悬赏三十万元人民币，招募破解龙虎山悬棺之谜的智慧之士。

有人猜测当时使用了热气球。两千多年前，有没有热气球还尚待考证。试想，古人驾驶着热气球，拉着数百斤甚至上千斤的棺木，就算他能用热气球带着棺木飞到几十米的高空，那他又该怎样做才能把棺木放进去呢？

还有一种是堆土说。从山下堆土至洞口，把棺木放进去后，再把土运走。堆土法遭到了大多数专家的反对，尤其是在龙虎山地区，悬棺大多在临水的悬崖上，显然，堆土法无法实现。

堆土法不成立，有人就提出了地质变迁说。两千多年前，卢溪河的水位比现在高出很多，那些今天看来高高在上的洞穴当时距离水面很近，人们用船把棺木运到洞口，很轻松就放进去了。

为此，江西省贵溪市博物馆馆长谢建根曾访问了一些权威的地质学家。专家们说，在两千六百多年的时间范围之内，地理落差那么大，不太可能。抬升也没有那么快，除非出现突然的地升、山体滑坡、山体移位或者地震。

而且地质研究表明，龙虎山的丹霞地貌早在一亿年前就已经形成，在最近的三千年内，龙虎山地区并没有发生过大的地质变迁。因此，地质变迁造成悬棺现象的说法无法成立。

在四川麻塘坝一个小山村里，研究人员找到了最新线索——悬棺可能是用滑轮吊上去的。利用滑轮，不费多大力气，就可以将棺木吊到足够的高度。在当地身手矫捷的药农的帮助下，这一猜测实验成功了。但是，在龙虎山崖墓的山体上，没有任何打桩或者人工钻凿的痕迹，也就是说没有找到固定滑轮的地方，因此这个模型还缺乏有力的证据。

悬棺究竟是如何被放到高高的悬崖峭壁之上的，目前还不得而知，对悬棺的探索仍然在继续进行，我们只能期待着有一天科学能为我们揭开这个“悬”了几千年的悬棺之谜。

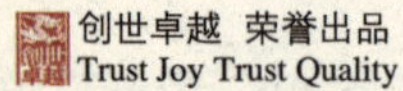

创世卓越 荣誉出品
Trust Joy Trust Quality

图书在版编目(CIP)数据

神秘中国的千古之谜 / 龚勋主编.—杭州：浙江科学技术出版社，2013.7

（青少年神奇科学探秘手记）

ISBN 978-7-5341-5358-7

Ⅰ. ①神… Ⅱ. ①龚… Ⅲ. ①中国历史－青年读物②中国历史－少年读物 Ⅳ. ①K209

中国版本图书馆CIP数据核字（2013）第037573号

丛 书 名	青少年神奇科学探秘手记
书 名	**神秘中国的千古之谜**
总 策 划	邢 涛
主 编	龚 勋

出版发行	**浙江科学技术出版社**
网 址	www.zkpress.com
	杭州市体育场路347号 邮政编码：310006
	办公室电话：0571-85062601
	销售部电话：0571-85171220
	E-mail：zkpress@zkpress.com
设计制作	北京创世卓越文化有限公司
图片提供	全景视觉等
印 刷	大厂回族自治县正兴印务有限公司
经 销	全国各地新华书店

开 本	787×1092 1/16	印 张	12
字 数	220 000		
版 次	2013年7月第1版	印 次	2013年7月第1次印刷
书 号	ISBN 978-7-5341-5358-7	定 价	19.80元

责任编辑 肖 真 **责任校对** 赵 艳 **责任印务** 田 文